香港申訴專員制度研究
以歷史制度主義為視角

陳志勇 編著

目錄

序言

第一章 導論

一、選題的原因和意義 11

二、文獻綜述 17

三、研究的理論依托與方法 24

四、研究的內容和創新之處 31

第二章 申訴專員制度的理論闡述

第一節 申訴專員制度的內涵 41

一、申訴專員的內涵與類型 41

二、申訴專員制度的內涵 46

第二節 申訴專員制度的演化 49

一、申訴專員制度的演化歷史 49

二、申訴專員制度的演化原因 54

第三節 申訴專員制度的要素與功能 59

一、申訴專員制度的主要要素 59

二、申訴專員制度的功能 62

第三章 香港申訴專員制度的生成特點與原因

第一節 香港申訴專員制度生成的特點 75

一、生成過程的長期性：放大的歷史視角 76

二、生成主體的對立性：衝突的分析框架 79

三、生成秩序的合法性：行為 - 制度 - 結果的分析模式 81

第二節 香港申訴專員制度生成的原因 82

一、舊行政申訴制度在新環境中的危機：「關鍵節點」 83

二、申訴專員觀念的輸入：制度 - 觀念結構 95

三、有限的理性設計：制度 - 利益結構 ⋯⋯⋯⋯⋯⋯⋯⋯⋯⋯ 97

　　四、總督的主導作用：權力的非對稱性 ⋯⋯⋯⋯⋯⋯⋯⋯⋯ 98

第四章 香港申訴專員制度的變遷

第一節 香港申訴專員制度變遷的特點 ⋯⋯⋯⋯⋯⋯⋯⋯⋯⋯ 107

　　一、變遷的片斷性：歷史分期 ⋯⋯⋯⋯⋯⋯⋯⋯⋯⋯⋯⋯ 107

　　二、變遷的演進性：路徑依賴 ⋯⋯⋯⋯⋯⋯⋯⋯⋯⋯⋯⋯ 116

　　三、變遷的行政主導性：制度的非中立性 ⋯⋯⋯⋯⋯⋯⋯ 121

第二節 香港申訴專員制度變遷的動因 ⋯⋯⋯⋯⋯⋯⋯⋯⋯⋯ 122

　　一、香港政治制度的變遷：制度—環境結構 ⋯⋯⋯⋯⋯⋯ 122

　　二、香港申訴專員制度設計的缺陷：意外後果 ⋯⋯⋯⋯⋯ 126

　　三、新的申訴專員訊息和觀念的輸入：制度—觀念結構 ⋯ 129

第五章 香港申訴專員制度的運行機制

第一節 香港申訴專員公署的內部管理 ⋯⋯⋯⋯⋯⋯⋯⋯⋯⋯ 139

　　一、公署機構改革：算計途徑 ⋯⋯⋯⋯⋯⋯⋯⋯⋯⋯⋯⋯ 139

　　二、公署文化管理：文化途徑 ⋯⋯⋯⋯⋯⋯⋯⋯⋯⋯⋯⋯ 141

　　三、公署人力資源管理和財務管理：制度提供背景 ⋯⋯⋯ 145

第二節 香港申訴專員公署的外部治理 ⋯⋯⋯⋯⋯⋯⋯⋯⋯⋯ 152

　　一、公署對公眾的宣傳：制度塑造動機 ⋯⋯⋯⋯⋯⋯⋯⋯ 152

　　二、公署爭取政府的合作：制度配置權力 ⋯⋯⋯⋯⋯⋯⋯ 154

　　三、公署與同行的交流：理念影響政策 ⋯⋯⋯⋯⋯⋯⋯⋯ 159

第三節 香港申訴專員公署的業務處理 ⋯⋯⋯⋯⋯⋯⋯⋯⋯⋯ 163

　　一、公署的投訴處理：制度框定範圍 ⋯⋯⋯⋯⋯⋯⋯⋯⋯ 163

第六章 香港申訴專員制度的績效評估

第一節 申訴專員制度績效評估概述 ⋯⋯⋯⋯⋯⋯⋯⋯⋯⋯⋯ 187

　　一、申訴專員制度績效評估的內涵 ⋯⋯⋯⋯⋯⋯⋯⋯⋯⋯ 187

　　二、申訴專員制度績效評估的原因 ⋯⋯⋯⋯⋯⋯⋯⋯⋯⋯ 188

　　三、申訴專員制度績效評估的主體 ⋯⋯⋯⋯⋯⋯⋯⋯⋯⋯ 189

　　四、申訴專員制度績效評估的指標 ⋯⋯⋯⋯⋯⋯⋯ 191

第二節 公眾維度的績效 ⋯⋯⋯⋯⋯⋯⋯⋯⋯⋯⋯ 194

　　一、公眾對香港申訴專員制度的認識度 ⋯⋯⋯⋯⋯ 194

　　二、公眾對香港申訴專員制度的滿意度 ⋯⋯⋯⋯⋯ 199

　　三、公眾對香港申訴專員制度的誠信度 ⋯⋯⋯⋯⋯ 203

第三節 行政系統維度的績效 ⋯⋯⋯⋯⋯⋯⋯⋯⋯ 206

　　一、被投訴的行政部門分布 ⋯⋯⋯⋯⋯⋯⋯⋯⋯ 206

　　二、投訴的行政失當類型 ⋯⋯⋯⋯⋯⋯⋯⋯⋯⋯ 207

　　三、確認的行政失當類型 ⋯⋯⋯⋯⋯⋯⋯⋯⋯⋯ 209

　　四、對申訴專員建議的反應 ⋯⋯⋯⋯⋯⋯⋯⋯⋯ 210

　　五、對申訴專員公署調查的配合 ⋯⋯⋯⋯⋯⋯⋯ 212

第四節 申訴專員公署維度的績效 ⋯⋯⋯⋯⋯⋯⋯ 212

　　一、公署的產出 ⋯⋯⋯⋯⋯⋯⋯⋯⋯⋯⋯⋯⋯ 212

　　二、公署對投訴的調查程度 ⋯⋯⋯⋯⋯⋯⋯⋯⋯ 214

　　三、公署的工作效率 ⋯⋯⋯⋯⋯⋯⋯⋯⋯⋯⋯ 217

　　四、公署的工作質量 ⋯⋯⋯⋯⋯⋯⋯⋯⋯⋯⋯ 220

　　五、公署對投訴人的幫助程度 ⋯⋯⋯⋯⋯⋯⋯⋯ 222

　　六、公署對行政改善的影響 ⋯⋯⋯⋯⋯⋯⋯⋯⋯ 225

第七章 香港申訴專員制度的借鑑與思考

第一節 中國申訴專員制度的構建 ⋯⋯⋯⋯⋯⋯⋯ 237

　　一、建立中國申訴專員制度的原因 ⋯⋯⋯⋯⋯⋯ 237

　　二、建立中國申訴專員制度的可行性分析 ⋯⋯⋯ 240

　　三、建立中國申訴專員制度的設想 ⋯⋯⋯⋯⋯⋯ 241

第二節 中國效能投訴制度的改革 ⋯⋯⋯⋯⋯⋯⋯ 244

　　一、中國效能投訴制度的演變 ⋯⋯⋯⋯⋯⋯⋯⋯ 244

　　二、中國效能投訴制度與香港申訴專員制度的比較 ⋯⋯⋯ 245

　　三、中國效能投訴制度的問題與對策 ⋯⋯⋯⋯⋯ 251

第三節 中國行政覆議制度的改革⋯⋯⋯⋯⋯⋯⋯⋯⋯⋯256

一、中國行政覆議制度的問題⋯⋯⋯⋯⋯⋯⋯⋯⋯257

二、中國行政覆議制度與香港申訴專員制度的比較⋯⋯259

三、中國行政覆議制度的改革⋯⋯⋯⋯⋯⋯⋯⋯⋯264

第四節 中國行政信訪制度的改革⋯⋯⋯⋯⋯⋯⋯⋯⋯⋯266

一、中國行政信訪制度的問題⋯⋯⋯⋯⋯⋯⋯⋯⋯266

二、中國行政信訪制度與香港申訴專員制度的比較⋯⋯268

三、中國行政信訪制度的改革對策⋯⋯⋯⋯⋯⋯⋯272

後記

序言

加強和改進行政權力監督，改善和發展公共行政，既是行政管理研究的永恆主題，又是有效政府治理的必然要求，也是當前全面深化改革的重要內容。《中共中央關於全面深化改革若干重大問題的決定》指出，「強化權力運行制約和監督體繫」。從世界範圍看，申訴專員制度是行政監督叢林中的一朵奇葩，它的主要特色在於申訴專員調查「行政失當」（maladministration），提出不具有強制約束力的改善行政建議。這種制度具有 200 多年歷史，分布在大部分國家或地區。

瑞典在 1809 年率先建立申訴專員制度，成為這種制度的發源地。香港於 1989 年構建和運行申訴專員制度。25 年來，香港申訴專員制度在監督行政權力、改善公共行政、提高公共服務、救濟公民權利等方面發揮了重要作用。因此，研究香港申訴專員制度具有重要的理論意義和實踐價值。

研究香港申訴專員制度可以豐富、加強和發展行政學在行政監督內容體繫方面的成果。香港申訴專員制度的建立、發展及其績效，都屬於行政發展的範疇。從現實出發，治理行政失當是中國當前一項重要的任務。雖然中國政府採取了多種措施來解決這個問題，如建立和實施行政效能投訴制度、行政覆議制度和行政信訪制度等等，但其收效並不明顯。為了更加有效治理行政失當，中國可以學習和借鑑香港申訴專員制度。

為了凸顯研究的理論意義，避免就制度而論制度，作者運用歷史制度主義來研究香港申訴專員制度。這是本書的一個重要創新點。歷史制度主義是一種主流制度分析方法，實際上是政治學中出現的第一個新制度主義學派，對「什麼是制度？」「制度是如何形成的？」「制度如何變遷？」「制度如何設計？」等問題作出獨特的回答。在這一理論的指導下，本書的研究邏輯是制度安排——制度運行——制度績效。除了第一章導論外，本書其餘六章可分為四個部分。

香港申訴專員制度是世界申訴專員制度的組成部分。申訴專員制度的基本理論為具體分析香港申訴專員制度提供背景和指導。本書的第二章界定了

申訴專員和申訴專員制度的內涵，劃分了申訴專員的類別，追溯了申訴專員制度的演變過程，分析了它的四個演變原因，剖析了它的五個主要要素，總結了它的六項功能。第二部分包括本書的第三章和第四章，分析法律文本中的香港申訴專員制度。第三章從歷史制度主義的視角分析香港申訴專員制度的生成特點，解釋它的生成原因。香港申訴專員制度的生成具有生成過程的長期性、生成主體的對立性、生成秩序的合法性等特點。它的生成是舊行政申訴制度在新環境中出現的危機、申訴專員觀念的輸入、有限的理性設計和總督主導作用等因素相互作用的結果。第四章運用歷史制度主義理論分析香港申訴專員制度變遷的特點，解釋它變遷的動力。香港申訴專員制度的變遷具有片斷性、演進性、行政主導性等特點。它的變遷是由香港政治制度環境的變遷、香港申訴專員制度設計的限制、新的申訴專員訊息和觀念的輸入、香港申訴專員的理解與行動等原因造成的。在其生成和變遷中，香港申訴專員制度是個因變量，它可以是個自變量。這體現在本書的第五章和第六章。第五章使用歷史制度主義的理論觀點分析香港申訴專員公署的內部管理、外部治理、業務處理。香港申訴專員公署的內部管理包括機構改革、文化管理、人力資源管理、財務管理。香港申訴專員公署的外部治理包括它對公眾的宣傳、爭取政府的合作、與國內外同行的交流。香港的業務處理主要包括投訴調查和直接調查。第六章在概述申訴專員制度績效評估的基礎上，從公眾、行政系統和申訴專員公署三個維度，構建了十幾個一級和二級評估指標，採取歷史比較法，評估香港申訴專員制度的績效，得出香港申訴專員制度是有效的結論。該章試圖在一定程度上彌補歷史制度主義在制度的績效評估或結果分析方面的不足。第四部分為本書的第七章。它分析了香港申訴專員制度在兩個方面給中國帶來的借鑑與思考，即應該建立申訴專員制度和改革效能投訴制度、行政覆議制度、行政信訪制度。這是本書的重要落腳點，也是前面幾部分的合理延伸。

　　本書作者陳志勇是我指導的第二屆博士生，他的本科、研究生也在廈門大學公共事務學院就讀。十年的廈大學習，給我留下深刻的印象：勤奮好學，吃苦耐勞，敢於挑戰新課題，善於提出新觀點。志勇有多年的律師執業經驗，也為研究香港申訴專員制度這一選題提供了有利條件。為了獲取第一手資料，

志勇專程到香港申訴專員公署實地觀察、訪談相關人員，也到香港圖書館、香港大學等機構查閱、複製相關資料。本書比較全面地分析了香港申訴專員制度、改革中國效能投訴制度和行政信訪制度，有厚實的理論支撐，詳實的數據資料，運用了多種研究方法。本書有獨到的見解，為申訴專員制度這一研究領域作出了新貢獻，創造了新價值。

第一章 導論

英國歷史學家阿克頓勛爵在 200 多年前已指出：「權力導致腐敗，絕對權力導致絕對的腐敗。」作為國家權力中比較積極、比較活躍的部分，行政權力特別需要監督、約束和規範。監督行政權力或救濟公民權利是行政管理研究的永恆主題，也是行政管理實踐的重要內容。古今中外的行政管理實踐者和研究者已設計、執行、分析了多種多樣的行政監督制度或行政救濟制度。本書要分析其中的一種制度，即申訴專員制度。

一、選題的原因和意義

1、選題的原因

（1）糾防不當行政的迫切需要

不當行政（maladministration），又稱失當行政、失當行政行為，或不良行政，是指失當或不當的行政行為。學術界和實務界對這個概念存在爭議。中國學術界在行政訴訟立法過程以及行政訴訟法頒布後對行政訴訟法進行的闡釋中，將失當行政行為作為與違法行政行為相對應的一個概念予以分析和研究。行政法學者張尚鷟認為，失當行政行為是違反行政合理性原則的行為，是在自由裁量權範圍內作出的不適當、不合理的行為[1]。《香港申訴專員條例》把失當行政解釋為「行政欠效率、拙劣或不妥善」。從表現形式上看，行政失當行為是與合法行政行為、違法行政行為相區別的一種行為。日本行政法認為，不當行政行為是指行政行為雖不違反法令，但或是違反內部規則（訓令、通知等），或是判斷有錯誤，與違法行政行為一道構成有瑕疵的行政行為[2]。英國第二任行政監察專員區分了兩種廣泛的行政失當類型。第一種是程序性；第二種是指雖然程序正確，但是做出了一個理性的人明顯不會作出的決定。[3] 這就是說，行政失當或不良行政既包括行政行為的結果合法但不當，也包括行政決定做出過程中的不當。

不當行政的重要組成部分是不當具體行政行為。不當具體行政行為是一個法律概念，因為中國法律對其進行了明確規定。《行政覆議法》第一條規

定，「為了防止和糾正違法的或者不當的具體行政行為，保護公民、法人和其他組織的合法權益，保障和監督行政機關依法行使職權，根據憲法，制定本法」。它與違法具體行政行為並列成為有瑕疵的具體行政行為。由於法律沒有明確解釋這一概念，學術界對不當具體行政行為的概念界定存在差異。關保英認為，不當具體行政行為的不當性主要表現為行為目的的偏離、行為內容的難以實現、行為依據不準確、行為方式不恰當、行為對象不能承受、執法工具不規範、行為過分關注程序等。[4]

作為一種特殊類型的行政行為，失當行政或不當行政也不同程度地、較長時期地存在於中國。中國前任國務院總理溫家寶在第十屆中國人民代表大會第四次會議上所作的《政府工作報告》指出了各級政府工作中存在不少缺點：如政府職能轉變滯後，一些工作落實不夠，辦事效率不高，形式主義、做表面文章的現象還比較突出，一些政府工作人員弄虛作假、奢侈浪費，甚至貪汙腐敗，等等。這些問題中的大部分與行政失當或不良行政有關。[5] 溫家寶總理在 2010 年 8 月 27 日召開的全國依法行政工作會議上指出，支持新聞媒體對違法或者不當行政行為進行曝光。2010 年 11 月 8 日頒布的《國務院關於加強法治政府建設的意見》指出，上級行政機關要切實加強對下級行政機關的監督，及時糾正違法或者不當的行政行為。

這些失當行政行為與違法行政行為一樣，也會侵害公民的利益，也會使公民遭受不公平待遇。正如王名揚指出，「行政機關侵害公民利益的行為不限於違法的行為。各種行政管理不良的行為同樣可以侵害公民的利益。例如行政機關的官僚主義作風，拖拉推諉惡習，不負責任的言行等，都可以對公民的利益造成直接的損害。」[6] 事實上，在中國，行政不良行為侵犯公民權益的案件頻頻見諸新聞媒體。如「麻旦旦」案、「孫志剛」案、「夫妻看黃碟」案、「上海釣魚執法」案等等。因此，監督失當行政行為，已成為中國一個重要而現實的緊迫問題。

中國雖然對這個問題採取了多種措施，如建立和實施效能投訴制度、效能監察制度（政府績效管理監察制度）、行政覆議制度和行政信訪制度，但其效果不夠明顯。為了更加有效地解決問題，一個便利的方法是引進、吸收、

轉化其他國家和地區在這方面的經驗。世界上許多國家和地區為了糾防失當行政，已經建立和實施了一種特殊的制度，即申訴專員制度。1989 年，香港也建立了申訴專員制度。基於內在共性因素的考慮，我們認為，中國可以借鑑其他國家和地區的申訴專員制度來提高解決這個問題的成功率。這種借鑑的一個不可缺少的對象就是香港申訴專員制度，因為香港與中國有著密不可分的聯繫。而要借鑑香港申訴專員制度，就要對其進行系統和深入的研究。只有了解它的產生與發展過程，解釋它的產生與變遷原因，熟悉它的制度規程安排，掌握它的運行機制，才能自覺地借鑑香港申訴專員制度。

由此可見，研究香港申訴專員制度是糾防失當行政的迫切需要。

（2）研究行政發展的必然要求

研究行政發展（Administration Development）的學科可以稱為發展行政或發展行政學（Development Administration）。這只是對行政發展和發展行政的關係的多種認識中的一種。[7] 在發展行政學創始人裡格斯（Fred W.Riggs）看來，行政發展只是發展行政學的一個研究對象。學術界對行政發展的內涵也未形成一致的認識。有的學者從過程的角度來認識行政發展，認為：「行政發展是指各國政府為滿足本國社會發展的需要而採用科學方法，變革與健全行政體制及制度，調整行政活動方式和行政關係，提高行政效能，以促進本國政治、經濟、文化、社會各領域協調共進的行政活動過程。」[8] 有的學者從過程和結果相結合的角度來認識行政發展，認為：「行政發展就是行政主體（政府）通過一定的方法和途徑，創造、維持和加強行政能力，改變原有的傳統的行政系統及其運行狀態，使其沿著預定目標取向發展到更高一級形態。」[9] 有的學者從描述性和目的性兩個角度來認識行政發展，認為：「作為描述性概念的政府發展把政府發展理解為一個單一的或一組的過程；作為目的性概念的政府發展把政府發展設想為達到某個目標的運動。」[10]。這些概念的一個共同內容是行政改革是行政發展的手段和途徑，行政發展是行政改革的目標與方向。

從發展行政學的角度看，香港申訴專員制度的建立、發展和績效都是一種行政發展。就香港申訴專員制度的建立而言，申訴專員制度在香港建立是

香港行政改革與發展的結果。維克因斯認為，「這個職位的建立只好在香港的政治覺醒和更負責與顧客導向的公共服務要求的背景中被認識。」[11] 就申訴專員制度的改革與發展而言，它也是香港行政發展的一項重要內容和一個亮點。斯科特認為，「申訴專員制度經常被看成行政改革的一個重要的要素。」[12] 就香港申訴專員制度的績效而言，它顯然是一種行政發展。香港申訴專員制度促進了香港行政的發展。這種效果具體表現在：它促使了香港的行政改革，增強能力，提高了香港的行政效率，更新觀念，改造了香港的行政技術，改進了香港的公共服務質量，促進了香港的行政公平，再造了香港的行政程序，提出建議，提高了香港行政的民主化程度，改善了香港的公共管理。總之，這些發展既有組織層面的發展，又有技術層面的發展，還有價值層面的發展。這些發展都是行政發展研究或發展行政學的研究對象和研究內容。所以，為了豐富發展行政學研究主題，健全發展行政學的內容體繫，必須研究香港申訴專員制度。

2、選題的意義

（1）香港申訴專員制度研究具有理論意義

制度對任何一個國家或其他組織來說都是非常重要的。因此，「制度研究已經處於當代政治科學理論的中心地位」。[13] 與政治科學有著天然聯繫的行政學也把制度研究作為其主要內容。作為一種制度，申訴專員（含香港申訴專員）應是行政學重要研究對象和研究內容。但由於中國行政學界長期以來對申訴專員制度（含香港申訴專員制度）研究的忽視，所以目前中國的行政學和發展行政學中只有少量的、片面的申訴專員制度內容。[14] 因此，研究香港申訴專員制度也是對填補和加強行政學和發展行政學的空白和薄弱之處的一種努力。

從行政學來看，申訴專員制度是一種行政監督制度。研究香港申訴專員制度的一個必要前提是闡述申訴專員制度的基本理論。研究香港申訴專員制度需要揭示申訴專員制度的內涵，劃分申訴專員的類型，追溯它的產生過程，解釋它生成和變遷的原因，形成一定的因果規律，剖析它的要素，分析它的功能。這些研究內容和成果必將豐富行政學的行政監督知識體繫。

從發展行政學來看，香港申訴專員制度的建立是一種行政發展。研究香港申訴專員制度必須回答以下問題：申訴專員制度在世界範圍內如何發展？香港為何和怎樣建立申訴專員制度？香港申訴專員制度為何和如何變遷？香港申訴專員制度為何和如何影響香港的行政發展？香港申訴專員制度能夠給中國的行政效能投訴制度、行政覆議制度和行政效能制度的改革和發展帶來哪些啟示？

等等。要得出這些問題的答案，就得建立理論概念，建構理論模型，運用理論方法，陳述理論命題。這些研究內容和研究成果也必將豐富發展行政學的內容體繫。

以上理論意義和下文即將闡述的實踐意義的實現是具有可行性的，或者說作者研究香港申訴專員制度是可行的。這種可行性體現在以下幾個方面：首先，作者擁有比較詳實的香港申訴專員制度資料，如所有的香港申訴專員公署的《年報》、《申報》。這些資料為研究香港申訴專員制度提供了良好的基礎。其次，作者具有一定的對香港申訴專員制度的感性接觸。2007 年 7 月 10 日－15 日，作者親自到香港申訴專員公署參觀訪問，觀察和體驗香港申訴專員制度的運行，並當面與申訴專員公署的職員交流，傾聽他們對申訴專員制度的觀點。這使作者對香港申訴專員制度有了較多的感性認識，也使作者掌握了較多的第一手資料。

最後，作者享有比較扎實的法律知識和比較豐富的法律經驗。作者曾是一名專職律師，目前是兼職律師。香港申訴專員制度的主要內容是《香港申訴專員條例》，因而香港申訴專員制度主要是一種行政法律制度。這又增加了作者研究香港申訴專員制度的優勢。

（2）香港申訴專員制度研究具有實踐意義

第一，研究香港申訴專員制度有助於科學發展觀的落實，實現以人為本。以人為本，就是要把人民的利益作為一切工作的出發點和落腳點，不斷滿足人們的多方面需求和促進人的全面發展。就其實質而言，香港申訴專員制度是一個人權工具。這個制度為香港公民提供了一個伸張冤屈、抒發不滿、撫慰情感的管道。香港申訴專員制度的主體（即香港申訴專員）的使命之一是

處理和解決公民的不滿。它的角色或職能之一是保障人權。在香港申訴專員制度的運行中，香港申訴專員公署為公民提供便利、專業、滿意的服務。因此，香港申訴專員制度具有明顯的以人為本的性質。研究香港申訴專員制度的一個重要內容，是研究香港申訴專員制度實現以人為本的成功經驗。中國引進、消化、吸收、轉化這些經驗，必將有助於中國各級政府實現以人為本。實現了以人為本，科學發展觀就會得到較好的落實，因為以人為本是科學發展觀的核心。2007年6月25日，胡錦濤在中共中央黨校省部級幹部進修班發表重要講話時指出，「科學發展觀，第一要義是發展，核心是以人為本，基本要求是全面協調可持續，根本方法是統籌兼顧」。黨的十八大報告強調「必須更加自覺地把以人為本作為深入貫徹落實科學發展觀的核心立場」。

第二，研究香港申訴專員制度有利於促進中國行政公平，構建和諧社會。香港申訴專員的另一個使命是促進行政公平。它的理想是確保香港的公共行政公平。為了實現這個使命和理想，香港申訴專員把確保官僚習性不會影響行政公平確定為自己的一個重要職能。香港申訴專員主動地履行這個職能，有效地調查和處理行政失當，維護了香港的行政公平。研究香港申訴專員制度，必須研究它促進行政公平的有益做法。中國引進、消化、吸收、轉化這些做法，必將有助於中國實現行政公平。實現行政公平無疑有益於構建社會主義和諧社會。社會主義和諧社會的基本特徵之一就是公平正義。胡錦濤於2005年2月19日在中共中央舉辦的省部級主要領導幹部提高構建社會主義和諧社會能力專題研討班開班式上講話指出，我們所要建設的社會主義和諧社會，應該是民主法治、公平正義、誠信友愛、充滿活力、安定有序、人與自然和諧相處的社會。共產黨的十八大報告指出，「公平正義是中國特色社會主義的內在要求」。行政公平是公平的組成部分，是其他社會公平的重要保障。

第三，研究香港申訴專員制度有益於改進中國行政問責，建設法治政府。建設法治政府的一個重要內容是加強行政監督和問責。《國務院關於加強法治政府建設的意見》指出，「監察部門要全面履行法定職責，積極推進行政問責和政府績效管理監察」。香港申訴專員制度不僅是水平問責機制，也是垂直問責機制。香港申訴專員的理想之一是確保香港的公共行政問責開明。

研究香港申訴專員制度，應該分析香港申訴專員制度與香港公共行政問責之間的因果關係，應該歸納香港申訴專員在確保香港公共行政的成功做法。中國引進、消化、吸收、轉化這些做法，必將有助於改進中國的行政問責制度建設，改善中國行政問責的效果。

第四，研究香港申訴專員制度有助於健全中國績效管理，打造績效政府。共產黨的十八大報告提出「推進政府績效管理」。績效申訴或績效投訴是政府績效管理的不可缺少的組成部分，是政府績效溝通的應有內容。績效投訴或效能投訴是一種重要的績效反饋制度，是發現績效問題的重要管道，是改善政府績效的壓力和動力。香港申訴專員制度在某種意義上說是一種績效投訴制度，因為香港申訴專員的一個重要職責是依據公民的投訴調查和研判行政行為，並提出改善行政行為的建議。研究香港申訴專員制度應該分析和歸納香港申訴專員調查公民投訴和提出績效提升建議的制度和機制。中國引進、消化、吸收、轉化這些制度和機制，必將有助於健全中國的政府績效管理，改善中國效能投訴制度。

二、文獻綜述

1、香港關於香港申訴專員制度的研究綜述

從英文文獻看，研究香港申訴專員制度的人員主要是香港學者。只有少量的香港申訴專員制度研究的英文文獻不是由香港學者完成的，比如摩根的《香港申訴專員的價值：一個比較的視角》[15] 和邁因納斯的《香港政府與政治》[16]。從英文的文獻來看，較早研究香港申訴專員制度的一個文獻是 1969 年國際司法組織香港分會發表的一個研究報告，即《香港建立申訴專員公署的可行性報告》（Report on the Feasibility of Instituting the Office of Ombudsman in Hong Kong.HongKong：Hong Kong branch of JUSTICE，1969）。從 1989 年香港申訴專員制度建立後到 20 世紀 90 年代末，出現了一股香港學者研究香港申訴制度的小高潮。在這段時間內，大約發表了 10 篇研究香港申訴專員制度的論文。但進入 21 世紀以來，香港學者研究香港申訴專員制度的熱情似乎在減退。從 2000 年到 2007 年這八年的時間中，只有幾份研究香港申訴專員制度的英文文獻。從香港申訴專員制度

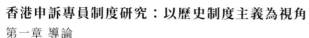

的研究成果來看，比較有名、多產的學者有戴維·克拉克（DividClark）、庫瑞（Cooray，M.J.A.）和斯科特（Ian Scott）。包括這三位內在的香港學者對香港申訴專員制度的研究主要集中在四個方面。

（1）香港申訴專員制度的演變

所有研究香港申訴專員制度的文獻都會或多或少涉及香港申訴專員制度的起源與發展。比如，斯科特的《香港》一文對與香港申訴專員制度起源有關的《建立香港申訴專員公署的可行性報告》進行分析。[17] 戴維克拉克的《走向一個更加開放的公共行政》對與香港申訴專員制度建立有關的香港 1986 年綠皮書進行了介紹與分析。[18] 斯科特的《改革申訴專員：香港行政事務申訴專員的發展》從改革背景、改革過程和改革建議等方面對 1994 年申訴專員制度的改革作了較為詳細的分析。[19] 庫瑞的《香港申訴專員：第一個十年》分析香港申訴專員制度的憲法和法律制度背景、香港申訴專員制度的到來、香港申訴專員的加強、香港的第一個申訴專員和香港的第二個申訴專員。[20] 艾麗絲·泰的《香港社會和經濟環境的影響和申訴專員工作的作用》主要分析與香港申訴專員制度的產生和發展有關的社會和政治環境。[21] 魏克因斯的《趨向一個責任和質量的香港公共行政：通過申訴專員救濟行政冤屈》論文的第二部分「香港責任和質量行政觀念的興起」從政治民主化和公開、責任的公共行政的出現、作為服務質量改革的公共部門改革、公眾政治意識、處理行政冤屈的現存制度等方面分析香港申訴專員制度的產生背景。[22]

（2）香港申訴專員制度的安排

所有研究香港申訴專員制度的文獻都會或多或少涉及香港申訴專員制度的安排。比如，克拉克的《行政事務申訴專員條例》從任命、管轄範圍、調查權力、調查結果等層面描述了香港申訴專員制度。[23] Chan，J. 的《香港行政申訴系統》詳細地分析了《香港申訴專員條例》的第七條、第二條和第十條，深入地解釋了與香港申訴專員制度有關的行政功能、行政失當等術語。[24]

（2）香港申訴專員制度的比較

庫瑞的《亞洲的申訴專員：香港和斯裡蘭卡的案例研究》從可見性、公正與獨立、能力、職權範圍、調查權力、運作規模、產出速度、救濟行動等十幾個方面對香港的申訴專員和斯裡蘭卡的申訴專員進行比較。[25] 周柏均的研究報告《選定地方申訴專員制度的職權範圍》（香港立法會祕書處資料研究及圖書館服務部，2006 年）對英國、紐西蘭、加拿大大不列顛哥倫比亞省省、澳洲的申訴專員進行了職權範圍（包括申訴委任程序、受調查的事宜、受調查的機構、不列入職權範圍的事宜、調查權力）的比較。

（3）香港申訴專員制度的評估

李曼凱特的《香港申訴專員公署：從基層官僚、公眾和立法會議員的角度的評估》從基層官僚、公眾、立法會議員等三個角度，構建一個理論框架（包含獨立、可進入、公眾意識、幫助能力和有效救濟等評估標準）對香港申訴專員制度進行評估，並得出結論：申訴專員通過它的建議，改善過香港許多部門的慣例、程序和政策。[26] 庫瑞的《香港申訴專員：第一個十年》對第二個申訴專員的績效進行評估。魏克因斯的《趨向一個責任和質量的香港公共行政：通過申訴專員救濟行政冤屈》的第四部分根據處理的行政投訴評估申訴專員的有效性。秦的《香港申訴專員與人權法案》從獨立、管轄範圍、可進入性、調查權力、要求糾正行為的權力、宣傳和資源等方面對香港申訴專員制度進行評估。[27] 克拉克的《行政事務申訴專員條例》從任命、管轄範圍、調查權力、對申訴專員的復核評價了 1988 年的香港申訴專員制度。他得出的一個結論是申訴專員的權力事實上相當有限。[28] 斯科特的《香港公共行政》的第十一章「權利、投訴與救濟」從正直、公正、管轄範圍、自主性、公眾認知等方面評估了香港申訴專員。[29]

2、中國關於香港申訴專員制度的研究綜述

中國較早介紹香港申訴專員制度的文獻是李昌道的《香港法制見聞（三）（四）》[30]、梁子誠的《香港的行政申訴制度》[31]、徐克恩的《香港：獨特的政制架構》[32]。但較早對香港申訴專員制度進行比較、解釋和評價的中國學者則是深圳市法制研究所的鐘曉瑜和武漢大學的林莉紅教授。鐘曉瑜於

1996 在《現代法學》第 1 期發表《大陸香港行政申訴制度比較》一文。而林莉紅於 1997 年在《中外法學》第 5 期發表《香港的行政救濟制度》一文。在這幾位學者的引領下，從 2000 年以後，中國一些學者開始對香港申訴專員制度進行積極的研究，取得了初步的成果。在 2011 年 1 月 30 日通過中國期刊網檢索，在題名中含有「香港申訴專員」的文獻有 9 篇，在正文中含有「香港申訴專員」的文獻有 125 篇。在後者中，期刊文獻 65 篇，博士論文 6 篇，優秀碩士論文 54 篇。但至本書撰寫之前，國內還沒有一本研究香港申訴專員制度的著作，還沒有產生較多、較好的研究香港申訴專員制度的論文。已有文獻的主要焦點有以下五個。

（1）香港申訴專員制度的安排

中國關於香港申訴專員制度的研究文獻都或多或少地介紹和描述它的制度安排。如胡錦光的《香港行政法》的第六章第二節「行政事務申訴專員」就對香港申訴專員制度安排作了比較具體的介紹。[33] 張孝廷的《香港行政申訴制度研究》介紹和描述了香港申訴專員的組織架構和職責範圍。[34] 張學仁的《香港法概論》也簡單介紹了《行政事務申訴專員條例》的部分內容，如申訴專員的權限、投訴條件、投訴和處理投訴的程序。[35] 薛剛凌的《外國及港澳臺行政訴訟制度》第六章「香港特別行政區行政訴訟制度」第三節「非司法監察形式（行政申訴機構）」對申訴專員的調查權、建議權、公開調查結論權、報告權等權力作了較為詳細的介紹。[36]

（2）香港申訴專員制度的運行

中國的一些研究文獻從多個角度來分析香港申訴專員制度的運行。廈門大學卓越教授的《政府績效管理導論》等著作中的一些章節從審查權、調查權和建議權的行使來分析香港申訴專員制度的功能發揮。[37] 朱孟明在《中國監察》2000 年第 2 期發表的《香港申訴專員公署對香港新機場管理混亂問題實施調查》一文，從個案的角度來分析香港申訴專員制度的運作情況。范文曜、劉承波、席時桐在《中國高度教育研究》2004 年第 12 期發表的《現代大學制度香港案例研究》中簡要地介紹了香港申訴專員對教育投訴的調查情況。張孝廷的《香港行政申訴制度研究》從主導性和輔助性運行機制的角度

來分析香港申訴專員制度的運行。主導性運行機制包括當值主任及接待人員計劃、評審工作、調查工作和另類排解機制。輔助性運行機制包括事前做法：加強與社會各界的聯繫；事後做法：

重視事件的跟進和解決。張孝廷的《功利制度和制度公益——香港申訴專員制度研究》一文從公益保障的人員因素、權力因素和財務因素分析了香港申訴專員制度的運行模式。

[38] 習媛簡要總結它的四個優越性，

即其推行的調解服務具有特殊的優越性；

其處理的投訴案件及申訴專員的態度；

其有效性和權威性；

具有一定的主動立案調查權。[39]

（3）香港申訴專員制度的比較

有的文獻比較了香港申訴專員制度與大陸行政覆議制度，如鐘曉瑜的《大陸香港行政申訴制度比較》從行政申訴機構的設立和領導體制、行政申訴機構的職權與工作方式（調查權與建議權）、受案範圍與管轄等方面比較兩者的區別。

有的文獻比較了香港申訴專員制度與大陸行政監察制度，如林莉紅的《香港申訴專員制度的發展及對中國的啟示》。她認為，香港申訴專員制度與中國行政監察制度有相似之處，如都具有監督行政的性質等。

但香港申訴專員制度與中國行政監察制度具有更多的不同之處：

第一，機構設置的性質不同；

第二，範圍和對象不同；

第三，權力不同；

第四，直接目的不同；

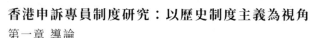

第五，受理方式不同。[40]

還有文獻把香港申訴專員制度與行政投訴制度等中國相關制度作了比較，如張孝廷的廈門大學碩士學位論文《香港行政申訴制度研究》、陳志勇的《香港與福建政府績效申訴制度的發展和比較》[41]。陳志勇主要從工作依據、機構組成、機構職責、機構職權、工作程序、投訴結果等六個方面對香港申訴專員制度與福建效能投訴制度進行比較。

有的文獻比較了香港申訴專員制度和大陸監所檢察制度，如李志鵬、俞穎的論文《中國監獄受刑人權利保障救濟的跟進與提升》[42]。

有的文獻把香港的申訴專員與其他國家的申訴專員進行比較。陳宏彩的《行政監察專員制度比較研究》已選取瑞典、丹麥、芬蘭、挪威、英國、法國、香港等國家和地區的行政監察專員制度，從主體、客體、行為三個方面，對監察專員的任職資格、政治與經濟待遇、組織結構、運行機制、職責範圍、權力及其限制等進行全面的比較研究。[43]

（4）香港申訴專員制度的評估

林莉紅的《香港申訴專員制度介評》評價了香港申訴專員制度的運作效果，並分析了運作成功的原因。[44] 陳志勇的《香港申訴專員公署績效指標的構建與運用》圍繞效率、效果、質量等績效主題構建香港申訴專員公署的績效指標，得出香港申訴專員公署是個高績效組織的結論。[45]

（5）香港申訴專員制度的借鑑

有的文獻論述香港申訴專員制度對中國行政監察制度的借鑑意義。這類文獻有張孝廷的《香港行政申訴制度研究》、施惠玲的《香港申訴專員制度對中國行政監察改革的啟示》和林莉紅的《香港申訴專員制度的發展及對中國的啟示》，等等。張孝廷的《香港行政申訴制度研究》從獨立性問題、自身監督問題、知名度問題、處理投訴方法的創新問題等方面闡述香港申訴專員制度對中國行政監察的借鑑意義。施惠玲的《香港申訴專員制度對中國行政監察改革的啟示》以香港申訴專員制度的基本特徵為基點，較詳細地提出中國行政監察改革的建議。[46]

有的文獻論述香港申訴專員制度對中國效能投訴制度的借鑑意義。如張孝廷的《香港行政申訴制度研究》同樣從獨立性問題、自身監督問題、知名度問題、處理投訴方法的創新問題等方面闡述香港申訴專員制度對中國效能投訴制度的借鑑意義。陳志勇的《香港與福建政府績效申訴制度的發展和比較》借鑑香港申訴專員制度提出改善福建效能投訴制度的幾點建議。

有的文獻論述香港申訴專員制度對中國行政監督制度的借鑑意義。這類文獻有張孝廷在 2007 年第 3 期《湖北社會科學》發表的《香港行政申訴制度研究及對中國大陸行政監督制度的「泛考驗」》。

有的文獻論述香港申訴專員制度對中國信訪制度的借鑑意義。如林莉紅教授在《學習與探索》2006 年第 1 期發表的《論信訪的制度定位》一文和陳丹在《澳門理工學報》2007 年第 3 期發表的《從「上訪文化」透視中國信訪制度》。這方面的文獻，以碩士學位論文為多。如祝佳的《信訪法治化研究》（長春理工大學碩士論文，2006 年）、饒文婧的《論中國信訪制度建構》（吉林大學碩士論文，2007 年）、張君峰的《信訪制度現代化的基本問題》（南京師範大學碩士論文，2007 年）、王棲的《論中國信訪制度的歷史沿革、現狀及其改革》（南昌大學碩士論文，2008 年）、楊團團的《中國信訪制度改革路徑探析》（中國政法大學碩士論文，2009 年）、周平立的《當代中國信訪制度的反思與重構》（河北師範大學碩士論文，2010 年）、徐灼的《論中國信訪制度的完善》（廣西師範大學碩士論文，2010 年）等等。

有的文獻論述香港申訴專員制度對中國行政申訴的借鑑意義。如肖金明的《香港行政法制的啟示——香港法制行政的觀察與聯想》一文認為，借鑑香港行政申訴專員制度的實踐經驗，應進一步完善和發展的中國行政申訴制度。[47] 再如，陳志勇的《香港申訴專員制度的發展與啟示》也提出香港申訴專員制度對中國行政申訴的幾點啟示：行政申訴要有必要的改革、要有真正的獨立性、要有足夠的權威性，以及要有多方的合作。[48] 劉華軍在《雲南行政學院學報》2007 年第 1 期發表的《中國行政申訴制度建設的意義與路徑選擇》借鑑香港申訴專員制度，提出行政申訴的內容建設建議。

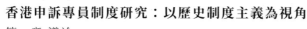

　　一言以蔽之，這些研究文獻從不同的角度和側面來研究香港申訴專員制度，如香港學者側重對香港申訴專員制度的評估，中國學者側重對香港申訴專員制度的借鑑。這些研究成果的同一性或相似性大於對立性、差異性。但這些文獻都為進一步研究香港申訴專員制度提供了重要的基礎，也為作者研究香港申訴專員制度提供了機會和方向，因為這些文獻存在的缺欠正是作者要研究的重點。

　　就中國的研究成果來看，它們存在以下不足：缺乏對申訴專員制度進行理論探討，沒有運用或構建一種理論作為研究香港申訴專員制度的框架，沒有運用或構建一種理論作為解釋香港申訴專員制度的根據；對香港申訴專員制度的介紹和描述不夠全面和深入，對香港申訴專員制度的解釋和批判不足，缺乏對香港申訴專員制度的環境分析，缺乏對香港申訴專員公署與外部組織或個人的關係的分析，缺乏對多年來香港申訴專員制度運作結果的縱向對比，缺乏把香港申訴專員制度與香港其他的行政救濟制度或行政監督制度進行橫向比較，香港申訴專員制度與其他國家申訴專員制度的比較不夠全面、深入；沒有從借鑑香港申訴專員制度的角度提出中國應該建立申訴專員制度的建議，並全面深入地分析中國相關制度的改革，等等。

三、研究的理論依托與方法

1、研究的理論依托：歷史制度主義

　　本論文以歷史制度主義（historical institutionalism）作為理論依托。這種選擇的直接動因是為了強化文章的理論支撐。「改革評價要想為研究者、決策者和管理者提供有益的結論，就必須是理論驅動的。沒有一個理論的視角，評價者將無法以一種有意義的方式對改革進行歸類並預測改革的影響」。[49] 同樣，研究和評價香港申訴專員制度也應該是理論驅動的。運用一種理論來研究香港申訴專員制度，可以增加文章的理論概念，豐富文章理論命題，提高文章的理論層次，增強文章的論證力度，提供有益的結論。現有研究成果缺乏理論性的一個重要原因是研究人員沒有運用一種理論工具來分析香港申訴專員制度而運用歷史制度主義來研究香港申訴專員制度可以克服這一弱點。這種選擇的深層原因是歷史制度主義適合於香港申訴專員制度的研究，

特別適合於香港申訴專員制度生成和變遷的研究。這是因為歷史制度主義提出了與理性選擇制度主義和社會學制度主義不同的生成模式與變遷模式。這種選擇不僅是必要的，也是可行的。因為歷史制度主義雖然是一種新的研究方法，但畢竟是在我們所熟悉的舊制度主義基礎上進行繼承與超越的。

（1）歷史制度主義的特徵

歷史制度主義的發展過程可以概括為三個階段：

（1）起步階段（20 世紀 40 年代中期到 80 年代初）；

（2）理論成型和范式確立階段（20 世紀 80 年代初到 90 年代末）；

（3）大擴展與深入階段（20 世紀 90 年代末至今）。

歷史制度主義的理論背景是當代綜合性與交叉性的前沿科學理論，特別是複雜性理論。它的理論根基是社會學，特別是韋伯的解釋社會學。它的理論來源是比較政治學范式。[50] 而從理論發展的直接淵源來看，豪爾認為，「歷史制度主義的興起和發展是對二十世紀六七十年代盛行的政治學集團理論和結構功能主義的一種反應。它的理論源出於它們，但又尋求超越這兩個流派」。[51]

與新制度主義的其他流派相比較，豪爾和泰勒認為，「歷史制度主義具有相對明顯的四個特徵：

第一，歷史制度主義傾向於在相對廣泛的意義上來界定制度與個人行為之間的相互關係；

第二，他們強調在制度的運作和產生過程中權力的非對稱性；

第三，他們在分析制度的建立和發展過程強調路徑依賴和意外後果；

第四，他們尤其關注將制度分析和能夠產生某種政治後果的其他因素整合起來進行研究」[52]。

阿斯平沃和施奈德也把它的特徵概括為：「歷史制度主義的科學世界觀是共同的經歷修正利己主義、行動由共同的協議所約束或塑造，其典型的研

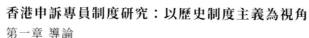

究設計是歷史社會學和案例研究，其時間範圍為中長期，其對制度的界定為正式和非正式的規則和機構，制度在人類行動中的作用是中介性變量、自變量、逐漸增大的約束與機會，偏好的形成是內在性的和由制度的影響所創設，制度的創設是自我強化和潛在的自我膨脹，制度的演進強調路徑依賴和意外後果」[53]。有的學者認為，歷史制度主義的方法論特徵是聚焦於歷史過程中的制度分析和中層制度的分析。[54] 有的學者認為，它既具有鮮明的中觀方法論屬性，又具有某些宏觀的方法論屬性。[55] 歷史制度主義與理性選擇制度主義、組織學制度主義既有一定的相似性，又有明顯的區別。

（2）歷史制度主義的研究框架

歷史制度主義的分析框架主要體現在它的制度觀和歷史觀中。或者說它的理論框架主要包括兩大部分：制度理論（包括制度變遷理論和制度效能理論）和時間理論。制度變遷理論包括制度的革命與戰爭生成論、路徑依賴理論、斷裂平衡理論、漸進轉型理論。制度效能理論包括國家自主性理論、制度能力理論、制度作用理論、制度多樣性理論。[56] 歷史制度主義對歷史要素的考慮、重視和運用形成了獨特的時間理論。在歷史制度主義者們那裡，歷史被理解成了某種事件發生的時機和環境，而這種時機和環境之中又內含有制度的遺產。[57] 皮爾森也提出：「歷史制度主義是歷史的，它們認為政治發展必須被理解為一種隨事件而展開的進程；同時它又是制度的，它強調現時進程的當前含義存在於制度之中，而不管這些制度是正式的規則、政策結構還是非正式規範。」[58] 這就表明，歷史制度主義之所以要在強調制度對行為進行塑造的同時，還要在歷史進程之中去追溯制度的生髮過程，是因為制度本身也是特定歷史進程的遺產。也即，它們強調制度是決定歷史朝著某一方向發展的基本力量的同時，也認為制度本身也是某一歷史進程的具體遺產。

歷史制度主義者們不僅採用歷史取向，而且對歷史進行分期，以求得確切的因果模式，因為不同歷史時期的制度是不同的，不同歷史時期的制度起著不同的作用，不同的歷史時期是不同的制度在起作用。歷史制度主義者在對歷史進行分期時，所依據的標準就是作為歷史集裝器的制度在這一期內是處於一種什麼樣的地位。

利伯曼提出了一個較為全面的歷史制度主義的動態分析框架：

$$Y=f（Yi，t1\cdots Yi，tp）+f（Ii，t\cdots Ii，tk；Xi，t\cdots XI，tk）+Ei，t。$$

[59] 由此可見，歷史制度主義的歷史重要性不僅強調了歷史時間的序列性關聯、歷史過程中的時間性的階段、關鍵節點的時間重要性，還強調了偶然性的事件和世界時間對歷史過程的作用。[60]

（3）歷史制度主義的基本觀點

歷史制度主義研究的核心問題是：什麼要素推動了制度變遷，以及制度變遷和制度本身有何作用？即制度變遷問題和制度作用問題（制度效能問題）。在回答這些問題過程中，歷史制度主義在制度的內涵與特徵、制度的作用、制度的起源、制度的變遷、路徑依賴等方面都提出了獨特的答案。如在制度的作用方面，歷史制度主義首先從理論上闡明制度的作用。如彼得·豪爾就認為，「組織的作用不僅僅是在特定群體傳播偏好，而且還體現在它將這些偏好聯結起來並從根本上改變他們」。[61] 制度的作用不僅體現在將各種偏好聯合成某種集體偏好，而且還在這一過程中深深地打上了自己的印記。歷史制度主義者斯溫·斯坦默認為，「制度對政治生活的塑造作用主要體現在三個方面：

一是制度決定著誰能夠參與某種政治活動；

二是制度塑造著各個政治行動者的政治策略；

三是制度影響著行動者的目標確立和偏好形成。」

[62] 在實證層面，歷史制度主義通過聯結著國家和社會的網結結構、特定制度的否決點等方式論證了政治制度對各國公共政策的形式的實際影響；通過對憲政機構之間的聯結方式和正式制度與非正式制度的聯結方式的考察，闡明了政治制度對利益集團的產生和活動方式的決定和影響。[63] 簡單地說，在歷史制度主義看來，制度影響行動者的偏好和目的；制度為行動者提供機會，讓行動者能夠享有權力和履行職責；制度對行為者設定限制，讓行動者按照制度的規定開展行動，並和其他人進行互動。如果用一句話來概括的話，

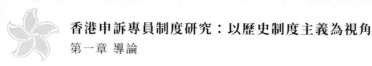

那麼制度是在歷史景觀中推動歷史沿著某一條道路發展的相對穩定和最為核心的因素；政治制度是決定和影響政治行為的一個關鍵性變量。

　　（4）歷史制度主義的理論價值和缺陷

　　任何一種研究方法或研究途徑都不是完美的，既有自己的優勢，也有自己的劣勢。豪爾和泰勒指出，「歷史制度主義在制度與行為的關係這方面擁有最為寬廣的概念空間。這一流派的分析在解決這個問題時既使用了算計途徑，也採用了文化途徑。我們認為這樣做具有非常重大的價值，因為它發現了這兩種視角的各自優勢和不足，但是這種隨意取材的做法也讓它付出了代價：歷史制度主義沒有像其他兩個流派那樣用充分的精力來建立起一套對制度如何確切影響行為的複雜理解，它的有些著作也較少注意到具體而確切的因果鏈，而正是通過這些因果鏈，被他們認為是具有重要作用的制度，才影響到他們要加以解釋的行為。

　　如果說理性選擇理論在分析制度的起源時使用的是演繹法的話，那麼歷史制度主義者則在更大程度上依賴於歸納，尤其是他們從歷史記錄的搜尋中來為歷史行動者為何會如此行動提供證據。然而，這種強調歸納的做法在顯示出優勢的同時也有它的不足之處：歷史制度主義在有關制度創設和變遷的一般過程上將其證據綜合為系統理論的問題就比其他理論來得慢。」[64] 彼得斯認為，「這一途徑在試圖重新整合政治科學和它的幾個根源方面是有價值的，但在理論方面則可能碰到一些問題。尤其是在知道特殊的政策是怎樣隨著時間的推移而發展時，就很難想像到其他的後續發展情況。」[65] 彼得斯還認為，「歷史制度主義是新制度主義理論中思考政治生活的核心部分。儘管有此核心地位，歷史制度主義還是有一些問題限制了它的解釋和預測制度行為及命運的能力」。[66] 由此可見，歷史制度主義的主要缺陷是科學的方法論支撐的缺乏。儘管如此，歷史制度主義還是可以帶給中國政治學很多思考和啟示。一言以蔽之，這種啟示就是「世界和歷史視野下的地方知識」。[67]

2、研究方法

（1）比較法

比較就是同中尋異、異中求同、尋求原因、發現規律的方法。本文以比較法為基本研究方法，這是本文理論依托的中國要求。歷史制度主義的基本研究方法是比較法。歷史制度主義是對比較政治學范式的繼承和創新。歷史制度主義繼承了橫向的政治制度比較研究，弘揚了理念和文化觀念及其作用的研究，發展了世界視野。[68] 採用比較方法還有兩個一般性的原因：

「第一個原因是，如果政治科學意圖生成有關政治生活的通則性命題，則捨比較方法而無他途可選。第二個原因是，對於那些具體的、甚至是獨特的政治現象的理解闡釋，其效度也是需要進行評價的。」

[69] 這就是說，比較是構建和檢驗理論的主要方法。本文主要採用橫向比較（共時比較）、縱向比較（歷時比較）。這些比較包括：香港申訴專員與香港其他行政監督和救濟制度的橫向比較；香港申訴專員制度與中國效能投訴制度、行政覆議制度、行政信訪制度等相關制度的橫向比較；香港申訴專員制度運行績效的縱向比較，等等。比較的目的在於把辨別香港申訴專員制度的特質，在於把握申訴專員制度生成、發展和運行的規律。

（2）歷史方法

歷史的研究方法把事物發展看成是一個連續的過程，通過來龍去脈的介紹幫助我們更好地把握現在，並在此基礎上預測未來。本文採用歷史方法也是與本文的理論支撐相適應的。在歷史制度主義者們看來，既然在政治生活中作為一套制度的結構對於人類政治生活起著如此重要的作用，而且某種政治結構或政治制度的變遷又是一個長時段的過程，那麼在清理制度的變遷、制度與環境的關係和制度對行為的影響之時，就必須使用歷史的方法來追溯制度的運動過程。[70] 本文採用的歷史方法也就是歷史制度主義採用的歷史分析方法，而不是行為主義和理性選擇理論的歷史態度。在對待歷史的態度上，歷史制度主義並不像行為主義那樣僅僅把歷史看成是時間序列的分布，也不像理性選擇理論那樣僅僅將歷史看做是證明演繹理論的材料。在歷史制度主

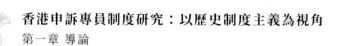
義看來，政治科學的歷史分析本身應該不僅僅是一種歷史過程分析，而在於去揭示歷史過程之中因果變量之間的相互關係，並根據現實歷史過程所提供的因果機制提出特定的有關因果關係的模型，還要在此基礎上運用歷史分析的敘事功能來對既有的理論模型進行證偽、提供新的證據或者對原有的模型進行修正。[71] 本文運用這種歷史方法來追溯香港申訴專員制度的產生與發展，來分析香港申訴專員制度的運行過程與績效，來建構和驗證香港申訴專員制度的生成和變遷模式，來探索香港申訴專員制度生成和變遷的因果關係或規律。

（3）系統方法

所謂系統方法，就是從系統的觀點出發，著眼於整體與部分、整體與環境的相關聯繫和相互作用，綜合地考察對象，求得整體的最佳功能的科學方法。[72] 在社會科學研究中運用系統方法，意在把各種分散、零碎的社會現象看作社會總體運行的有機組成部分，在各種社會要素的有序聯繫中揭示社會有機體的內在組織結構，在要素、結構與環境的功能聯繫中把握社會有機整體。具體說來，在社會科學研究中運用系統方法，需要對社會有機體從要素、結構與功能等方面進行全面的科學研究。本文把香港申訴專員制度當作一個系統，要解剖它的要素，要分析它的結構，要考察它的功能，要分析它與外部環境的關係。

（4）文獻分析法

本文除了借鑑上文提到的研究性文獻外，還立足於與香港申訴專員制度有關的第一手文獻，如香港申訴專員公署的出版物（包括《申報》和《年報》等等）、政府的文件、香港立法會或立法局的會議記錄、香港的英文報紙（如南華日報、星島日報）。作者從互聯網下載這些文獻，也親身去香港申訴專員公署、香港中央圖書館、香港檔案處、香港大學圖書館等有關機構獲取這些文獻。作者認真仔細地閱讀這些文獻，全面深入地分析這些文獻，以期準確地發現真相，得出結論。

四、研究的內容和創新之處

1、研究的內容

香港申訴專員制度從 1989 年產生起已經存續和運行了 25 年。根據這一事實，作者假設該制度對社會和政府是有價值的，可以滿足政府與社會的需要、促進香港行政發展，成為香港政制必不可少的部分。在這一前提下，作者就要分析以下問題：該制度包括哪些內容；該制度怎樣對行為發揮什麼作用；這些作用產生了什麼結果。這一思路簡單地說就是：制度安排——制度運行——制度績效（制度作用或制度效能）。

本書共有七章。除了第一章導論外，本書可以分為四個部分。第一部分為本書的第二章，研究申訴專員制度的基本理論，為本書其他部分提供理論框架。

第二部分包括本書的第三章和第四章，主要用歷史觀來分析法律文本中的香港申訴專員制度，試圖回答以下問題：香港申訴專員制度有哪些正式規則？這些正式規則如何、為何產生與變化？在這部分，香港申訴專員制度是因變量。第三部分包括本書的第五章和第六章，主要用結構觀分析現實中或者說實踐中的香港申訴專員制度，試圖對兩個問題做出回答：制度如何運行？制度取得哪些績效？

在這一部分，香港申訴專員制度是自變量或中介性變量。第四部分為制度的借鑑，為本書的最後一章（第七章）。這一部分分析香港申訴專員制度對中國應該建立申訴專員制度以及改革效能投訴制度、行政覆議制度和行政信訪制度的啟示。這是本書的重要落腳點，也是前面幾部分的合理延伸和深化。

各章的具體內容如下：

第一章是緒論。該章解釋了研究香港申訴專員制度的原因，分析了研究香港申訴專員制度的意義，對研究香港申訴專員制度的文獻進行綜述，闡述了本書研究香港申訴專員制度的理論和方法，概括了本書的研究內容，指出了本書的創新與不足之處。

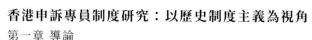

第二章闡述申訴專員制度的基本理論。該章界定了申訴專員和申訴專員制度的內涵，劃分了申訴專員的類別；追溯了申訴專員制度的演變過程，分析了它的四個演變原因，即行政權力的擴大、原有行政監督和救濟制度的缺陷、申訴專員制度的優勢、相關個人或組織的倡導；

剖析了它的五個主要要素，即申訴專員的組成、申訴專員的職能、申訴專員的權力、申訴專員的工作程序、申訴專員與其他機構的關係；

分析了它的六項功能，即昭雪冤屈、改善行政、控制官僚、增強責任、促進善治、保護人權。

第三章分析香港申訴專員制度的生成特點與原因。該章從歷史制度主義的視角分析香港申訴專員制度的生成特點，解釋它的生成原因。香港申訴專員制度的生成具有生成過程的長期性、生成主體的對立性、生成秩序的對立性等特點。它的生成是舊行政申訴制度在新環境中出現的危機、申訴專員觀念的輸入、有限的理性設計和總督主導作用等因素相互作用的結果。

第四章分析香港申訴專員制度的變遷特點和原因。該章運用歷史制度主義的理論分析香港申訴專員制度變遷的特點；解釋它的變遷動力。香港申訴專員制度的變遷具有非連續性、演進性、行政主導性等特點。它的變遷是由香港政治制度環境的變遷、香港申訴專員制度設計的限制、新的申訴專員訊息和觀念的輸入、香港申訴專員的理解與行動等原因造成的。

第五章是香港申訴專員制度的運行模式。該章運用歷史制度主義理論分析香港申訴專員公署的內部管理、外部治理、業務處理。香港申訴專員公署的內部管理包括機構改革、文化管理、人力資源管理、財務管理。香港申訴專員公署的外部治理包括它對公眾的宣傳、爭取政府的合作、與國內外同行的交流。香港的業務處理主要包括調查投訴和直接調查。

第六章是香港申訴專員制度的績效評估。該章在概述申訴專員制度評估的基礎上，從公眾、行政系統和申訴專員公署三個維度，構建十幾個一級和二級評估指標，採取歷史比較法或縱向比較法，評估香港申訴專員制度的績效。該章在一定程度上補充了歷史制度主義在制度的結果或績效方面的不足。

第七章是香港申訴專員制度的借鑑與思考。該章首先探討了中國應該建立申訴專員制度的原因、內容和途徑，其次比較了香港申訴專員制度與中國效能投訴制度、行政覆議制度、行政信訪制度，最後提出了改革和完善的具體對策。

2、創新與不足之處

本書的創新之處首先體現在研究的理論依托上。本書以歷史制度主義作為理論支撐和分析框架。作為新制度主義的重要組成部分，歷史制度主義在中國還是一種新的政治學研究途徑或研究方法。在中國，只有少量學者運用歷史制度主義來分析、解釋某一政治現象或政治制度，特別是在 2010 年之前。[73] 因此，本書以歷史制度主義視角來分析香港申訴專員制度是一種新的嘗試，亦可稱之研究視角的創新。

其次，本書創新之處在於對香港申訴專員制度相關問題的特定解釋上。已有的大部分香港申訴專員制度研究只是就制度論制度，只是介紹和描述制度，而沒有對制度進行解釋。本書不僅要全面地介紹和描述香港申訴專員制度，而且要深入地解釋它。本書重點分析它為何產生、變遷和有效，以便獲得它的產生、變遷和有效的因果關係。這兩個創新綜合地說就是運用歷史制度主義對香港申訴專員制度進行解釋。這就有別於少量的香港申訴專員制度研究運用其他的理論來解釋它。

除此之外，本書還有兩個創新點：

一個是在借用丹奈特（B.Danet）的申訴專員評估模式的基礎上，構建一些指標對香港申訴專員制度的績效進行評估；

另一個是對香港申訴專員制度與中國效能投訴制度、行政覆議制度和行政信訪制度進行較為深入的比較，並提出發展的對策。

同時，由於作者的學術功底不夠深厚，再加上研究資料和時間的限制，本書也有一些不足之處。如在研究的理論依托方面，作者對歷史制度主義運用不夠徹底和充分。在研究方法方面，由於篇幅所限，作者未能充分運用歷史方法對香港申訴專員制度產生與變遷的歷史作詳細的、分期的敘述，而且

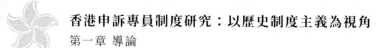
未能充分運用比較方法對香港申訴專員制度與其他國家或地區的申訴專員制度進行比較。在研究內容上，本書未能對每一次的申訴專員制度變遷進行具體的分析，以發現精確的因果規律；未能深入地分析香港申訴專員制度的作用；未能構建技術指標（包括等級劃分、分值匹配和權重計算等內容）對香港申訴專員制度的績效作出綜合的評估；未能深入地分析香港申訴專員制度有效的原因；未能預測香港申訴專員制度的發展趨勢。這最後一個研究內容的缺陷也與歷史制度主義本身的缺陷緊密相關。歷史制度主義的一個缺陷就是它的分析往往具有時空上的滯後性，不能預測制度的發展前景。在研究結論方面，某些結論的得出可能略顯勉強，還有待於進一步的論證，比如，香港申訴專員制度的成功做法能夠適用於中國。

期待這些不足會在作者以後的學習和工作中得以克服和彌補，或可以成為他人研究的方向。

註釋

[1] 張尚鷲：《走出低谷的中國行政法學》，中國政法大學出版社，1991 年版，第 71-73 頁。

[2] 南博方：《日本行政法》，楊建順等譯，中國人民大學出版社，1988 年版，第 43 頁。楊建順著：《日本行政法通論》，中國法制出版社，1998 年版，第 391 頁。

[3] Frank Stacey，Ombudsman Compared，Oxford：Oxford University Prrss，1978，pp.157

[4] 關保英：《不當具體行政行為的不當性分析》，《華東政法大學學報》，2009 年第 3 期，第 32-42 頁。

[5] 一般認為，在中國，對不當行政行為的關注開始於行政訴訟法起草過程中。研究者和立法者注意到由於行政自由裁量權的存在會發生行政決定合法但不當的爭議，並且也考慮到了司法對於不當行政行為加以干預的恰當性和方式的特殊性。其結果就是行政訴訟法關於對顯失公正的行政處罰可以判決變更的規定。

[6] 王名揚：《英國行政法》，北京：中國政法大學出版社，1987 年，第 251 頁

[7] 卓越，楊道田：《構建發展行政學科體繫的基本範疇》，《雲南行政學院學報》，2007 年第 2 期，第 4-7 頁。

[8] 何穎：《行政發展論》，《中國行政管理》，1999 年第 7 期，第 53-57 頁。

[9] 卓越：《行政發展研究》，福建人民出版社，2000 年，第 5 頁。

[10] 芮國強：《政府發展的價值意蘊與制度邏輯》，經濟管理出版社，2007 年，第 25 頁。

[11] Lo，C.& Wickins，R.J.，Towards an Accountable and Quality Public Administration inHong Kong：Redressing Administrative Grievances Through the Ombudsman.International Journalof Public Administration，Vol.25，2002，p.737.

[12] Scott，I.，Reforming the Ombudsman：the Evolution of the Commissioner for Administra-tive Complaints Office in Hong Kong，Public Law，Vol.27，1994.

[13] 鮑·羅斯坦：《政治制度：綜述》，[美] 羅伯特·古丁，漢斯 - 迪特爾·克林格曼妙《政治科學新手冊》，三聯書店，2006 年，第 203 頁。

[14] 中國在 2008 年以前只有少量行政學或行政管理學的著作或教材對申訴專員制度做過簡要的介紹。如 2000 年出版的張國慶主編的《行政管理學概論》（北京大學出版社，第 453 頁、第 457 頁）；竺乾威主編的《公共行政學》（復旦大學出版社，第 155 頁）；2002 年出版的馬建川、翟校義主編的《公共行政原理》（河南人民出版社，第 331 頁）；婁成武主編的《行政管理學》（東北大學出版社，第 243 頁）；朱勤軍主編的《公共行政學》（上海教育出版社，2002 年版，第 215 頁）；2003 年出版的宋光周主編《新編行政學》（東華大學出版社，第 238 頁）；高小平主編的《現代行政管理學》（長春出版社，第 228 頁）；范逢春主編的《比較行政學》（四川人民出版社，第 396 頁、第 406 頁、第 409 頁）；2004 年出版的應鬆年和馬慶鈺主編的《公共行政學》（中國方正出版社，第 329 頁）；徐曉霞和從建閣主編的《行政管理學》（經濟科學出版社，第 444 頁）。卓越主編的《比較公共行政》（福建人民出版社 2003 年版，第 352-361 頁）則對申訴專員制度作了相對具體的描述與分析。

[15] David Gwynn Morgan，The Value of an Ombudsm in Hong Kong：a Comparative Perspec-tive，in Priscilla MF Leung，Zhuguobin，The Basic Law of the Hong Kong：From Theory to Practice，Butterworth Asia，1998，pp.363-382.

[16] Narman Miners，The Government and Politics of Hong Kong，Hong Kong：Oxford Univer-sity Press，1991，pp.97-100.

[17] Scott，I.，Hong Kong，in Caiden G.E.，ed.，International Handbook of the Ombudsman：Evolution and Present Function，Westport：Greenwood Press，1983，pp.113-121.

[18] Divid Clark，Towards a More Open Administration，in Ian Scott，John P.Burns，eds.，TheHong Kong Civil Service and its Future，Hong Kong：Oxford University Press，1988，pp.169-193.

[19] Scott，I.，Reforming the ombudsman：the evolution of the Commissioner for Administra-tive Complaints Office in Hong Kong，Public Law，Vol.27，1994，pp.27-38.

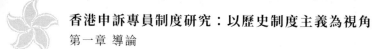
[20] Cooray，M.J.A.，Hong Kong´s Ombudsman：the First Decade，In Institutional Ombuds-man Institute & Reif L.C.，eds.，The International Ombudsman Yearbook，Vol.5.，The Hague：Kluwer Law International，1999，pp.71-88.

[21] Tai，A.，The impact of social and political environments and their influence on the workof the ombudsman：Hong Kong，in institutional Ombudsman Institute & Reif L.C.，eds.，The In-ternational Ombudsman Yearbook，Vol.5.，The Hague：Kluwer Law International，2002，pp.73-82.

[22] Lo，C.& Wickins，R.J.，Towards an accountable and quality public administration inHong Kong：redressing administrative grievances through the ombudsman.International Journal ofPublic Administration，Vol.25，2002，pp.737-772.

[23] Clark，D.，Commissioner for Administrative Complaints Ordinance 1988，HKLJVol.19，1989，pp.70-86.

[24] Chan，J.，THe Hong Kong』s Administrative Complaints System，HKLJVol.26，1996，pp.339-368.

[25] Cooray，M.J.A.，Ombudsman in Asia：a case-study of Hong Kong and Sri Lanka，inR.Gregory and P.Giddings，eds.，Righting Wrongs：The Ombudsman in Six Continents，Amster-dam：IOS Press，2000，pp.75-91.

[26] Leung Man-ki 盆，The Office of the Ombudsman of Hong Kong：an Evaluation from the Per-spective of Stree-level Bureaucrats，the Public and Members of Legislative Council，（unpublishedMA Dissertation）The University of Hong Kong，1998，pp.1-44.

[27] Tai，B.，The Hong Kong ombudsman and the Bill of Rights，in G.Edwards and A.Byrnes（eds），Hong Kong』s Bill of Rights：The First Year，Hong Kong：The University of Hong Kong，1993，pp.120-139.

[28] Clark，D.，Commissioner for Administrative Complaints Ordinance 1988，HKLJVol.19，1989，pp.70-86.

[29] Ian Scoott，Public Administration in Kong Kong，Singapore：Marshall Cavendish Academ-ic，2005，pp.344-358.

[30] 李昌道：《香港法制見聞（三）（四）》，《政治與法律》，1989 年第 6 期，第 59-61 頁。

[31] 梁子誠：《香港的行政申訴制度》，《比較法研究》，1991 年第 3 期，第 78-80 頁。

[32] 徐克恩：《香港：獨特的政制架構》，中國人民大學出版社，1994 年，第 147-149 頁。

[33] 胡錦光：《香港行政法》，河南人民出版社，1997 年，第 296-301 頁。

[34] 張孝廷：《香港行政申訴制度研究》，廈門大學碩士學位論文，2003 年，第 7-10 頁。

[35] 張學仁：《香港法概論》，武漢大學出版社，2006 年，第 99-100 頁。

[36] 薛剛凌：《外國及港澳臺行政訴訟制度》，北京大學出版社，2006 年，第 293-296 頁。

[37] 卓越：《政府績效管理導論》，清華大學出版社，2006 年，第 357-367 頁。

[38] 張孝廷：《功利制度和制度公益——香港申訴專員制度研究》，杭州師範學院學報（社會科學版），2006 年第 6 期，第 54-55 頁。

[39] 習媛：《中國人大行政監察專員制度建構研究》，電子科技大學碩士論文，2011。

[40] 林莉紅：《香港申訴專員制度的發展及對中國的啟示》，香港法律教育信托基金會：《中國、香港法律制度研究與比較》，北京大學出版社，2000 年，第 187-188 頁。

[41] 莆田學院學報，2009 年第 2 期，第 8-12 頁

[42] 《廣西政法管理幹部學院學報》，2010 年第 1 期，第 92-97 頁

[43] 陳宏彩：《行政監察專員制度比較研究》，學林出版社，2009 年，第 11 頁。

[44] 林莉紅：《香港申訴專員制度介評》，《比較法研究》，1998 年第 2 期，第 182-188 頁。

[45] 陳志勇：《香港申訴專員公署績效指標的構建與運用》，《莆田學院學報》，2008 年第 1 期。

[46] 施惠玲：《香港申訴專員制度對中國行政監察改革的啟示》，《新疆大學學報》，2002 年第 3 期。

[47] 肖金明：《香港行政法制的啟示——香港法制行政的觀察與聯想》，《山東大學學報》2001 年第 1 期。

[48] 陳志勇：《香港申訴專員制度的發展與啟示》，《雲南行政學院學報》，2007 年第 1 期。

[49] 喬治·伯恩，凱瑟琳 約爾等：《公共管理改革評價：理論與實踐》，張強、魏清華等譯，清華大學出版社，2008 年版，第 169 頁。

[50] 劉聖中：《歷史制度主義：制度變遷的比較歷史分析》，上海人民出版社，2010 年版，第 16-121 頁。

[51] Peter A.Hall and Rosemary C.Taylor，Political Science and the Three New Institutional-ism，Political studies（1996），XLIV，pp.936-957.

[52] Peter A.Hall and Rosemary C.Taylor，Political Science and the Three New Institutional-ism ，Political studies（1996），XLIV，pp.936-957.

[53] Mark D.Aspinwall & Gerald Schneider，Same Menu，Separate Tables：The InstitutionalistTurn in Political Science and the Study of European Integation，European Journal of Political Re-seach 38：1-36，2000.

[54] 張海清：《制度如何形塑政策？——基於歷史制度主義的視角》，《中國行政管理》，2013 年第 6 期。

[55] 楊光斌，高衛民：《歷史唯物主義與歷史制度主義：范式比較》，《馬克思主義與現實》，2011 年第 2 期。

[56] 劉聖中：《歷史制度主義：制度變遷的比較歷史分析》，上海人民出版社，2010 年版，第 122-148 頁。

[57] Ellen M.Immergut，The Theoretical of The New Institutional，Politics&Society，Vol.26，No.1.March 1998，pp.23.

[58] Paul Pirrson，The Path To European Integration，A Historical Institutional Analysis，Com-parative Political Studies ，Vol.29，No.2.Apri11996，pp.126.

[59] Evan s.Lieberman，Causal Tnference in Historical Institutional Analysis，A Specificationof Periodization Strategies，Comparative Political Studies ，Vol.34，No.9.March 2001，pp.1011-1035.

[60] 劉聖中：《歷史制度主義：制度變遷的比較歷史分析》，上海人民出版社，2010 年版，第 167 頁。

[61] Peter Hall，Governing the Economy：The Politics of State Intervention in Britain andFrance，New York：oxford university press，1986，p.233.

[62] Sven Steinmo，The New Institutionalism，in Barry Clark and Joe Foweraker，(eds.)，TheEncyclopedia of Democratic Thought，London：Routlege，2001，p.782.

[63] 何俊志：《結構、歷史與行為——歷史制度主義對政治科學的重構》，上海：復旦大學出版社，2004 年，第 217 頁。

[64] Peter A.Hall and Rosemary C.Taylor，Political Science and the Three New Institutional-ism，Political studies（1996），XLIV，pp.936-957.

[65] [美] 羅伯特·古丁，漢斯 - 迪特爾 克林格曼：《政治科學新手冊》，三聯書店，2006 年版，第 310 頁。

[66] [美]R·蓋伊·彼得斯：《政治科學中制度理論：「新制度主義」》，王向民、段紅偉譯，上海世紀出版集團，2011 年版，第 84 頁。

[67] 劉聖中：《歷史制度主義：制度變遷的比較歷史分析》，上海人民出版社，2010 年版，第 201 頁。

[68] 劉聖中：《歷史制度主義：制度變遷的比較歷史分析》，上海人民出版社，2010 年版，第 38-43 頁。

[69] [英]大衛馬什，格裡斯托克編：《政治科學的理論與方法》，中國人民大學出版社，2006年，第 260 頁。

[70] David Brain Robertson ，The Return to History and the New Institutionalism in AmericanPolitical Science ，Social Science Historyl7：I（Spring 1993）， pp.1-36.

[71] Tim Buthe，Taking Temporality Seriously：Modeling History and the Use of Narrative asEvidence，American Political Science Review，Vol.96，No.3.Septemper2002，pp.481-493.

[72] 歐陽康，張明倉：《社會科學研究方法》，高等教育出版社，2001 年，第 267 頁。

[73] 劉聖中：《歷史制度主義：制度變遷的比較歷史分析》，上海人民出版社，2010 年版，第 11 頁。

第二章 申訴專員制度的理論闡述

申訴專員制度是個舶來品，對中國來說還是個陌生的概念。因此，有必要在分析香港申訴專員制度前，對申訴專員制度的基本理論進行闡述。本章將揭示申訴專員制度的內涵，追溯它的演變過程，解釋它的演變原因，解剖它的結構，分析它的功能。

▋第一節 申訴專員制度的內涵

申訴專員制度是由申訴專員和制度組成的。揭示申訴專員制度內涵的基礎是揭示申訴專員和制度的內涵。

一、申訴專員的內涵與類型

1、申訴專員的內涵

申訴專員的名稱來源於瑞典語中的「Ombudsman」或「ombudsperson」。「Om-budsman」原指「徵收負罪人罰款並施於受害人的代理人」，後來指稱專門負責調查對雇主投訴的人，或者用於形容一個代表他人或保護他人利益的人。現代形式的申訴專員概念來源於瑞典。在瑞典辭典中，這個單詞的意義是代理人或受權的代表。這些術語明顯代表某人，這個人代表另一人，並一般專注於他或她與政府和公共機構的問題。[1]申訴專員單詞過去被用作性別術語。當它是一個特殊制度的名稱時，在當代瑞典語中，申訴專員被認為是性別中性的。[2]隨著申訴專員觀念傳播到英語國家，這個來源瑞典的詞語也獲得了英語的意思。JudyPearsall 的《新牛津英語辭典》把 ombudsman 解釋為：「一個被任命去調查個人對行政失當的投訴的官員。」[3]沃克的《牛津法律大辭典》把 ombudsman 解釋為：

「議會任命的調查公民對行政部門或官吏的不勝任、不公正但不違法的行為提出申訴的人。」[4]《布萊爾法律詞典》把 ombudsman 解釋為：「一個官方或半官方辦公室，人們可以向其提出有關政府的投訴。」[5]

除了以上辭典或詞典對申訴專員的解釋外，學術界和專業團體從專業角度界定了申訴專員的內涵。其中，有代表性的觀點有三種。

第一種觀點從職位的角度來認識申訴專員。比如，1974 年國際大律師協會把申訴專員定義為：「一個由憲法或立法或議會的法律規定的職位，它由一個獨立、高地位的公共官員領導，它向立法機構或議會負責，接受因政府機構、官員和雇員而感到冤屈的人的投訴，或者主動調查，它有調查權、糾正行動的建議權和發布報告權。」[6] 國際申訴專員協會（International Ombudsman Institute）組織章程也對申訴專員做出規定，申訴專員、議會專員或類似的稱謂是依法任命或選舉的一個職位，並且它的角色包括：

（1）調查任何人或團體有關它所管轄的任何組織中一個職員、雇員或成員或委員會作出的關於行政事務的決定或建議、行為或不作為；

（2）調查對政府或半政府部門和機構的投訴；

（3）有責任提出從對被管轄組織的調查得來的建議；

（4）履行立法機構職員的角色和功能或者代表立法機構；

（5）直接或通過一個部長向立法機構報告運作結果或調查得來的任何特殊情況。

[7] 城仲模也認為，「行政監察使乃是由立法機關直接任命之護民者，就行政機構或其公務員之濫權、違法或不當處分以非司法手段，達到維護人民權益為職責之新設獨立公職。」[8]

第二種觀點從職員或官員的角度來認識申訴專員。如唐納德·羅瓦特（Donald C.Rowat）把傳統的申訴專員描述為「一個獨立和非黨派的立法機關的職員，通常被規定在監管政府的憲法中；他處理公眾對行政非正義和行政失當的投訴；他有權調查、批評和公開，但不能變更行政行為。」[9] 凱登（Gerald E.Caid-en）等學者宣稱：「申訴專員是一個獨立和無黨派的官員，經常被規定在憲法中，監管政府。他處理公眾對行政非正義和行政失當的具體投訴。他有權調查、匯報和提出關於個人案件和行政程序的建議。他不是法官或裁判官，他沒有權力發布命令或推翻行政行為。他尋求通過調查

和調解過程解決問題。他的權威和影響來自於這個事實，即他被任命於和匯報於國家的一個主要組織，通常是議會或行政長官。」[10] 斯塔琳認為，「申訴專員是由政府指定的人員，他（她）具有監督那些處理爭議的行政管理人員並檢查他們的相關紀錄的權力，最後作出相應的推薦和利用合理的勸說來實現行政補救。」[11] 陳宏彩將行政監察專員定義為：「根據憲法、法律或地方行政法規的規定，由議會選舉產生或行政機關首長任命，獨立處理公眾對行政機關以及其他公共部門違法或不良行政行為的申訴或主動介入對特定事項的查處，擁有履行職責所必須具備的強制性調查權力並提出補救建議的高級官員。」[12]

第三種觀點從機構或部門的角度來認識申訴專員。如傑克比（Daniel Jaco 場）認為，「簡單地說，申訴專員能被描述如下：它提供簡單、免費、非正式和快速的救助；它提供靈活的救助；它是相對獨立的機構，在某種程度上，它是中立的和公正的，因此它被認為是可靠的；它是通用的，因為它能涉及作為整體的政府、一個具體的部門或一個具體的顧客；它能根據新的現實加以調整；它被權威機構所接受。」[13] 卓越教授也認為，「申訴專員是一種與行政、立法、司法機關密切聯繫但又相對獨立於三權之外的第四種權力，類似於行政機關中與各個職能部門有所聯繫但又不是簡單依附於哪一個部門的『不管部』。」[14]

以上這些定義都從不同的角度描述了申訴專員，都在一定程度上反映了申訴專員的屬性，為我們進一步理解申訴專員奠定了良好的基礎。

作者傾向於從職位的角度來認識申訴專員，

一是為了區分職位和擔任這個職位的職員或官員，

二是為了區分申訴專員職位和申訴專員公署這個機構。

同時，作者認為，可以對申訴專員概念作廣義上和狹義上的區分。從廣義上來講，「它被寬鬆用於指一個公共申訴職員，也就是指任何一個組織的一個職員或職位，他接受對該組織處理事務方式或其他組織如何處理事務的投訴。」[15] 從狹義上講，申訴專員是指公共部門申訴專員，也就是一種依

法擁有充分的調查權獨立地處理行政失當但不能變更行政決定的職位。公共部門申訴專員的重要組成部分是立法部門的申訴專員或者傳統的申訴專員（Classic Ombudsman）。「傳統申訴專員是一個由立法部門任命的公共部門職位，但它獨立於立法部門，被授予權威去監督執行部門的一般行政行為。古典申訴專員典型地只接受直接針對政府的投訴，通常沒有權限調查私人實體之間的冤情。申訴專員被給予強大的調查權力。這些權力包括強制文件的提供、證人的出席和作證，如果必要通過傳喚權力。雖然它們是申訴專員調查的重要保障，這些強大的權力在實踐中沒有被經常使用。」[16] 傳統申訴專員的兩個鮮明特徵是它由立法機構產生和它向立法機構負責。

值得一提的是，不是每一個具備申訴專員特徵和履行與這個職位相關職能的人都被官方稱為「申訴專員」。雖然申訴專員可能仍然是最廣泛被用來描述這個職位的單詞，但是許多其他的名稱和稱呼也被使用，其中一些更能反映申訴專員制度扮演的重點角色。在西班牙和一些其他講西班牙語的國家，如阿根廷、哥倫比亞省和祕魯，申訴專員被稱為「人民的保護人」或「護民官」。在南非，這個職位被稱為「公共保護人」。在新民主國家，人權或公民權利有時明確地加入申訴專員職位的官方名稱中。例如，在匈牙利，這個職位的名稱是「人權議會申訴專員」。在俄羅斯聯邦，它是「人權高級專員」。在波蘭，它是「人權保護專員」。在加納，它是「人權與行政正義專員」。

我們應當注意到申訴專員的另一個角色，即調解功能，在法國和一些法語國家（如毛裡塔尼亞、塞內加爾、加蓬），這個職位叫「調解員」或這個名稱的其他變體。在其他國家，檢察或調查的概念加入申訴專員的名稱（在贊比亞，這個職位叫「總檢察長」。在坦桑尼亞，它叫「永久調查委員會」。在西澳大利亞，這個職位的官方名稱是「議會行政調查專員」。在英國，這個職位官方上稱為「議會行政監察專員」，但是在流行用法上，議會申訴專員已經取代官方名稱。[17] 這也是申訴專員制度在廣泛傳播和移植過程中發展變化的一種表現形式，即名稱的發展變化。[18]

還有一個要注意的事項是，申訴專員這個職位並不都是由一個人來擔任。

雖然大多數申訴專員和人權申訴專員是單獨一個人擔任的，但一些國家已經創立多成員的職位，如紐西蘭國家申訴專員有 3 個，瑞典議會監察專員有 4 個，澳大利亞聯邦申訴專員有 3 個，比利時聯邦申訴專員有 2 個，加納人權與行政正義委員會有 3 個委員，坦桑尼亞人權與善治委員會由 6 個委員組成，韓國申訴專員有 10 個，巴布亞 - 新幾內亞申訴專員委員會由 3 個委員組成。[19]

2、申訴專員的類型

為了更好地理解申訴專員的內涵，需要劃分申訴專員的類型。不同的學者對此提出了不同的看法。這一方面與他們採用的劃分標準不同有關，一方面與他們對申訴專員的內涵認識不同有關。凱登等人把申訴專員劃分為十一類。[20] 格利格林和吉丁斯（R.Gregory and P.Giddings）把申訴專員分為六類。[21] 國際申訴專員協會主席裡夫（Linda C.Reif）把公共部門申訴專員和私人部門申訴專員機制的許多變體劃分為 10 類。[22] 這些分類基本上是對廣義上的申訴專員所作的分類。從產生申訴專員的依據來看，公共部門申訴專員可分為憲法的申訴專員、法律的申訴專員和地方性法規的申訴專員。從產生申訴專員的機構來看，公共部門申訴專員可分為立法部門的申訴專員和行政部門的申訴專員。以申訴專員管轄的空間範圍為標準，可以把公共部門申訴專員分為國際層次的申訴專員、國家層次的申訴專員、地方層次的申訴專員。國際層次的申訴專員只有歐盟申訴專員。地方申訴專員有美國一些州的申訴專員、澳大利亞一些州的申訴專員、香港申訴專員等等。以申訴專員管轄的事務範圍為標準，可以把公共部門申訴專員分為一般的申訴專員和特殊的申訴專員。以申訴專員承擔的任務性質為標準，可以把公共部門申訴專員分為單純的申訴專員（或單一性質申訴專員）和混合的申訴專員。單純的申訴專員只承擔對行政失當的調查，而混合的申訴專員，除了承擔調查行政失當的調查外，可能還要承擔保護人權或反腐敗或實施領導者守則等任務。

二、申訴專員制度的內涵

對申訴專員內涵的揭示和對申訴專員類型的劃分為揭示申訴專員制度的內涵提供了一個前提。理解申訴專員制度的另一個前提是給制度下個定義。考慮到本文的理論依托，作者接受歷史制度主義對制度的認識。

在歷史制度主義的學者之中，被廣泛接受的就是豪爾的定義：制度就是在各種政治經濟單元之中構造人際關係的正式規則、慣例，受到遵從的程序和標準的操作規程。[23] 約翰·埃肯貝利則將豪爾定義上的制度進一步細分為三個層次：

從政府制度的具體特徵，到更為宏觀的國家結構和一個國家內部的規範性社會秩序。[24] 瑟倫和斯坦默通過對歷史制度主義的各種制度定義進行綜合後提出：

「總體而言，歷史制度主義者們所說的制度包括引導著人們政治行為的正式組織之內的正式和非正式的規則和程序，他們所關心的是整個國家和社會制度，正是這些制度對政治行動者界定自身利益及其與其他群體間的權力關係結構起著形構作用。因此，在這裡所明確包括進來作為政治行動背景的制度就有：選舉競爭規則、政黨的體制機構、政府結構和諸如工會一類的經濟行動者結構和組織」。[25] 歷史制度主義所指的制度既包含一套正式規則和非正式的工作規程，又包括正式機構之間的相互關係；既包括一套規則體繫，又涵蓋了一套組織體繫。簡而言之，從歷史制度主義角度看，制度就是正式組織之內的正式和非正式規則和結構。

因此，簡單地說，申訴專員制度就是與申訴專員相關的正式、非正式規則和結構。這裡的結構強調的是影響申訴專員的各種政治變量之間的結構關係或者說變量之間的排列方式。其中的政治變量主要包括制度、利益與觀念。利益、觀念和制度三者之間的結構性關係一直是歷史制度主義關注的核心。為了更好地理解申訴專員制度這個概念，我們至少要提出和回答兩個問題。

第一個問題是：申訴專員制度是法外制度還是法律制度？王名揚認為申訴專員制度是一種法外制度。「行政監察專員制度是在很多國家或地區實行

的對不良行政在法律救濟手段以外採取的非法律的救濟手段，或稱法外的救濟手段。」[26] 但林莉紅認為，申訴專員制度就是一種法律制度。「實際上申訴專員制度一經立法確立，其就已經是一項法律制度，只不過不是傳統的司法救濟和監督途徑。」[27] 作者同意後一種觀點。因為，公共部門申訴專員必須依法產生，必須依法行動，所以申訴專員制度是一種法律制度。

另一個問題是：申訴專員制度是行政救濟制度還是行政監督制度？對這個問題，目前有三種不同的答案。

第一種答案是申訴專員制度是行政監督制度。法國行政學家夏爾·德巴什把申訴專員的活動抽象為混合監督，指出：「有些監督綜合了我們已經探討過的各種形式。監督機關的力量來自議會的支持，它以行政的方式履行自己的職責。

監督機關干預的結果與法院的判決相似。司法監訴官（ombudsman）和檢察院的工作就是如此。」[28] 羅智敏指出：「為解決三權分立與代議制的危機，更好地保護公民的權益，監察專員制度作為行政監督的一種手段在世界上廣泛傳播」。[29] 宋濤把申訴專員制度界定為一種行政問責模式。他認為：「獨立問責機構是自治的公共機構，政府在一個特定的領域內，要就有關問題接受問責。如獨立巡檢機構（Ombudsman），它是一個專門負責調查公民對政府各部門或官員控告案件的機構」。[30]

第二種答案是申訴專員制度是行政救濟制度。胡錦光認為：「行政申訴制度就是指政府行政部門和公共機構的包括不作為、決議或決定的行政活動如被認為不當，市民為保障個人或集體利益而通過法定途徑去求得糾正或救濟的制度。」[31] 王名揚認為：「行政監察專員制度是在很多國家或地區實行的對不良行政在法律救濟手段以外採取的非法律的救濟手段，或稱法外的救濟手段。」[32] 劉國乾也主張：「向聯邦監察專員申訴作為一種便捷、可信賴的行政救濟，相對於行政覆議和行政訴訟是一種補充性的非正式法律救濟機制。」[33]

第三種答案是申訴專員制度既有行政監督成分，又有行政救濟的成分。城仲模認為，「行政監察使，是指由國會任命，而與國會又相對的獨立地位

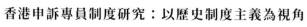
之受任者，為增強法之合法性、人民權利之保護及國會之統製作用，以行政監察機關，對已詳為確立其範圍之公務員及行政機關，實施監察，同時，並依職權或人民之申訴冤情而為活動之一種新穎的行政救濟制度。這種制度繫以事實行為作基礎，且以非法律性的處理問題之方式，以達到促使行政作業的適法與合理，同時並擺平人民之怨懟、不滿與質疑為目的。」[34] 林莉紅教授認為，「從申訴專員受理案件的性質和工作方式看，申訴專員兼有對行政失當行為實施救濟與監督的性質。」[35] 她進一步指出，「雖然申訴專員制度既有行政救濟，又有監督行政的作用，但主要還是一項行政救濟制度。」[36] 孫柏瑛教授把申訴專員制度當做一種公民申訴和服務質素監督的制度。[37]

作者認為，申訴專員制度雖然有行政救濟的成分，但它不只是一種行政救濟制度，因為現代大部分國家和地區的申訴專員既可以依據投訴展開對行政失當的調查，也有主動展開調查行政失當的權力。申訴專員的前一類活動的性質主要是行政救濟。說它主要是行政救濟，

一是因為合法權利遭到侵犯只是投訴人向申訴專員提出投訴的一個理由；

二是因為申訴專員在調查行政失當的投訴後，如果發現投訴是成立的，就會提出補救和改善行政的建議（提出改善行政的建議不屬於行政救濟，而是屬於行政監督）。

申訴專員的後一類行為（即主動調查）不需要行政相對人的投訴。由於沒有具體的行政相對人，申訴專員不會在主動調查後提出補救行政相對人權益的建議，所以申訴專員的主動調查明顯不屬於行政救濟，而是行政監督。簡而言之，申訴專員的制度成分是比較複雜的，既有行政救濟，又有行政監督。這兩種成分在不同國家申訴專員制度中的比例不同。

同時，即使在同一個國家或地區中，不同時期申訴專員制度的成分比例也是不同的。

第二節 申訴專員制度的演化

以 1809 年（瑞典建立申訴專員制度的時間）為起點，申訴專員制度的存在已經將近 200 年。本節將追溯它產生與發展的歷史，分析它產生與發展的原因。

一、申訴專員制度的演化歷史

申訴專員制度的傳統可以追溯到較古老的時代。歷史上的不同文化裡有與現代申訴專員類似職責的官員。例如，公元 200 年的羅馬時代的監察官、公元前三年中國的御史臺。「這些早期出任類似申訴專員職位的官員，其職責主要是監察和管制有關行政機構，確保統治當局的意願得以實行。他們探究民間冤屈，目的只在監管行政機構，而非在於協助因行政失當而受到不公平對待的人士。」[38] 這就是說，投訴處理機制對政府來說不是新的。然而，申訴專員制度的現代根基是 1809 年建立的瑞典正義申訴專員 Justitie ombudsman（為了正義的申訴專員 ombudsman for justice），或者說近代首個申訴專員公署是在 1809 年發軔於瑞典。

1、申訴專員制度的產生

瑞典議會監察專員制度是世界上最早的由議會專職監督行政和司法機關的制度。它的產生可以追溯到 18 世紀該國的「司法總長」或「大法官」制度。1709 年，瑞典在與沙皇俄國的波爾塔瓦戰爭中慘敗，國王查爾斯十二世被迫逃到土耳其。1713 年，國王從土耳其簽署命令，決定任命一名皇家最高監察專員（HisMajesty』s Supreme Ombudsman），由其組建專門機構代表國王行使監督權力。這位監督專員的職責是確保法律與法規得到遵守，保證政府官員恪盡職守和秉公辦事，受理公眾對政府官員的申訴。如果監察專員發現官員失職，他有權對失職行為進行起訴。查爾斯十二世在 1718 年去世後，國家由等級會議統治。此後，議會與國王之間的權力鬥爭此起彼伏，連綿不斷。1809 年，絕對專制君主古斯塔夫四世被第三等級罷黜，議會在多年之後得以重新召集，制定了一部以國王和議會分權原則為基礎的新憲法，即《政府組織法》。根據《政府組織法》，皇家最高監察專員改為司法總長或

司法總監（Chanceller of Justice，也有學者把它譯為大法官），司法總長由國王任命，負責監督法院和行政機關，對言論自由進行監督，代表國家參與民事訴訟。但公眾認為，司法總長由政府任命並遵循政府指令，不能充分保障公民權利。於是《政府組織法》規定，由議會從具有傑出法律才能和秉性正直的人士中選舉監察專員，以議會代表的身分監督所有行政官員和法官對法律法令的遵守執行情況，並受理公民對官吏的控訴、投訴案件。[39] 從此，瑞典建立了世界上最早的申訴專員制度。

1810 年，議會根據該民主憲法任命了一名監察專員負責監察各行政機關及其官員。但直到 1915 年，瑞典申訴專員公署（議會監察專員公署）仍然只是一個人的辦公室。隨著第一次世界大戰的爆發，瑞典決定分離出監管軍事權威的功能。1915 年，一名獨立的軍事監察專員被建立，並且連續運作到 1968 年。

1968 年，兩個專員被合並，組成了有三個議會監察專員的議會監察專員公署，並設立 2 名副監察專員負責協助監察專員的工作。

1975 年，瑞典議會又修改了議會法，規定議會監察專員為 4 人，其中 1 人為首席監察專員，具體負責監察專員署的主要工作，其他 3 名監察專員與首席監察專員不存在指揮與被指揮的關係，他們相互配合、分工協作。4 名監察專員全部由議會選舉產生，而且一般從無黨派且具有傑出法律知識和秉性正直、社會威望較高的人士中選出，他們通常是律師或法官，任期 4 年，可以連選連任。

1976 年議會監察專員公署再一次重組時，監察專員人數增至 4 人。其中一人為首席行政監察專員，負責行政監察專員公署的行政工作。但四個監察專員互不隸屬，各分管一些領域。除了組織機構發生變化，瑞典申訴專員的職能及其行使方式也發生著變化。20 世紀特別是二戰結束後，議會監察專員的注意力發生了轉移，工作重點逐漸從「懲罰性」功能轉向建議、諮詢性功能。最終，瑞典申訴專員演化得更多像是解決公眾對公共官僚的投訴的公民保護者，而更少像是對官員錯誤行為的起訴者。這就是說，瑞典申訴專員扮演著越來越多的保護公民的角色。

2、申訴專員制度的發展

瑞典議會監察專員制度在其產生大約一百年之後，才被它的鄰國芬蘭所借鑑。1919 年，芬蘭新憲法保留強有力的和有相當自主執行權的總檢察長職位（後更名為司法總長），也設立了議會監察專員職位。1920 年，芬蘭在專門的《行政監察專員指令法》中對監察專員制度作了詳細的規定。1933 年，監察專員被授予調查軍事和囚犯投訴的權力，以減輕司法總長的工作量，並逐漸承擔更多的視察功能。因其產生時間較早以及兩國的監察專員制度在形式、內容、職權上基本一致，瑞典和芬蘭的監察專員制度被稱為「古典監察專員制度」，其監察的範圍非常廣泛，不僅包括行政機關，還包括司法機關、軍營等。

斯堪的納維亞沒有進一步採納以瑞典 - 芬蘭為模型的申訴專員制度，直到第二次世界大戰後，1952 年，挪威引入一名軍事監察專員。1953 年 6 月，丹麥修訂了憲法，其中第 55 條明確規定，國會應設立一名監察專員。1954 年 6 月，丹麥國會制定並通過了《監察專員法》（The Ombudsman Act），並於次年 4 月正式建立了丹麥監察專員公署，著名刑法學者斯蒂芬·赫維茨（StephanHurwitz，1901-1981）成為首任監察專員。這是現代福利國家建立的第一個監察專員制度。丹麥申訴專員不同於瑞典和芬蘭監察專員，他不能調查關於司法的投訴，他的管轄權和主動視察權受到限制，他沒有起訴權。因此，第二次世界大戰後設立的監察官員制度一般被稱為「現代監察專員制度」，它只針對行政機關進行專門監察。[40]

斯堪的納維亞以外第一個採納申訴專員制度的是德國聯邦共和國。1957 年，隨著新德國軍隊的創立，德國立設了一個軍事監察專員[41]，用來維持議會對軍事的控制和確保軍隊按照新民主精神發展。它由一個作為避難者而住在瑞典的社會主義者首先建議成立，以瑞典軍事監察專員為藍本。這個負責軍事事務的議會專員直到 1959 年才開始運作。它的發展受到 1961 年圍繞第一任辭職的爭議和繼任者公開批評軍隊建制行為的影響。

20 世紀 60 年代，申訴專員掀開新的發展篇章。1962 年，挪威增加一名一般申訴專員；更為重要的是，紐西蘭成為第一個採用申訴專員制度的英聯邦國家。

1962 年，紐西蘭申訴專員制度的建立是申訴專員制度傳播的一個重要里程碑。

這個事件把申訴專員制度帶出斯堪的納維亞，進入整個世界，打開了英語國家接受申訴專員概念的大門，為許多申訴專員計劃得以實施鋪平道路。

在此後八年內，申訴專員已傳播到加納、塔桑尼亞、加拿大、以色列、英國、美國和模里西斯。[42] 要特別指出的是，這些國家的申訴專員制度不是以瑞典或芬蘭的申訴專員制度為模型，而是以丹麥、挪威、紐西蘭的申訴專員制度為藍本。

有的學者指出，「公共部門申訴專員在 20 世紀 60 年代加速流行。值得注意的是，正是丹麥和挪威版本在其他國家被採納。」[43] 有的學者指出，「許多申訴專員計劃基於紐西蘭模型，結果在 20 世紀 60、70 年代在其他英聯邦國家被建立。」[44] 申訴專員制度發展至 20 世紀 60 年代末 70 年代初，國家級、省級和市級申訴專員公署數量還不多。建立省級申訴專員制度的地方有加拿大的艾伯塔省、新布倫瑞克省、魁北克省和美國的夏威夷等。1967 年，夏威夷在美國各州中最早設立了議會行政監察專員。1969 年，俄勒岡州州長麥克考爾任命波蘭特大學政治學教授海德伽為該州的行政監察專員，成為美國第一個設立行政機關內部監察專員的州。1970 年，內布拉斯加又設立了議會行政監察專員。建立市級申訴專員制度的地方有耶路撒冷等。

但從 20 世紀 70 年代後期開始，世界範圍內出現了申訴專員的進一步擴大波。申訴專員在國家、地方政府快速發展，擴展到整個自由民主國家，包括西歐、北美、加勒比海、澳大利亞及太平洋區域，達到部分中東、非洲和印第安次大陸國家。相對成熟自由民主國家也採納了申訴專員制度。在申訴專員制度發展的最近階段，它的進一步繁殖更多與發生在這個時期的許多政體轉變有關。如南歐、東歐和中歐、非洲次撒哈拉地區、拉丁美洲和太平洋東亞地區建立的新的民主政體。此外，申訴專員制度也向私人部門發展。例

如，在許多國家，新聞媒體有自己的申訴專員，接受和調查公眾的投訴，並發布結果。雖然新聞媒體的申訴專員接受的一些冤屈與公共組織有關，但是大部分與私人部門的錯誤行為有關。公共部門沒有壟斷壞的決策和官僚病。公眾希望用獨立的投訴處理機制來處理私人組織，更多是基於公眾希望有公共部門申訴專員的同樣理由，即無力感、救濟的缺乏或不充分、無能對付官僚、缺乏對自我規制的信任和道德義憤感。[45]

3、歐盟申訴專員制度的產生與發展

歐盟申訴專員制度是目前世界上唯一的超國家的申訴專員制度。它的建立有其特定的實踐背景，如第二次世界大戰後歐洲一體化進程的啟動、《羅馬條約》的簽署和歐洲共同體的成立、權力制約等。[46] 1979 年 5 月，歐洲議會（Euro-pean Parliament）首先倡議設立歐盟申訴專員制度。1985 年，探索建立「公民歐洲」的阿東尼諾委員會（Adonnino committee）再一次提出了這一想法。而這一想法並未獲得當時的歐洲共同體委員會和部長理事會的贊同。1990 年 12 月，在羅馬召開的首次政府間峰會上，設立歐盟申訴專員的提議再次被重視。1991 年 3 月，丹麥政府以其國內申訴專員制度為藍本正式提出設立「歐盟申訴專員」草案，並建議用「申訴專員」取代「請願委員會」。歐洲議會擔心「申訴專員」的設立會影響自己權限，在形式上接受了丹麥政府的第一項建議，使申訴專員成為議會附屬機構；而在實質上否定了丹麥政府的第二項建議，導致申訴專員和請願委員會並存。1991 年 12 月，在荷蘭馬斯特裡赫特召開的第二次政府間會議上，有關國家政府簽訂了《歐洲聯盟條約》（Treaty on European Union）即《馬斯特裡赫特條約》。該條約增設了《歐洲共同體條約》第 8d 條和第 138e 條（現在是《歐洲共同體條約》第 21 條和第 195 條），創設了歐盟申訴專員制度。因此，《歐洲聯盟條約》的簽訂是歐盟監察專員制度正式建立的標誌。

從此開始，歐盟監察專員制度的形成發展過程可依次分為三個階段：

第一階段為初步形成時期，從《歐洲聯盟條約》的簽訂至 1995 年首任歐盟監察專員產生；

第二階段為調整完善時期，從 1995 年首任歐盟監察專員賈可伯·索德曼（Jacob Soderman）就任至 2004 年《歐盟憲法條約》實施前；

第三階段為發展的新時期，從《歐盟憲法條約》實施至今。[47]

從上述超國家層次、國家層次和地區、地方層次申訴專員制度的發展過程可以看出，申訴專員制度的發展是相當驚人的。它遍及世界六大洲，超越了經濟發展水平的懸殊、政治法律制度的差異、歷史文化傳統的不同。其傳播速度之快、傳播範圍之廣，都是其他制度難以比擬的。澳大利亞前聯邦申訴專員皮爾斯教授宣稱：「申訴專員制度在世界傳播的速度，沒有被任何其他實體超過。」[48] 根據國際申訴專員協會（www.theioi.org）的統計，截至 2011 年 11 月，世界上至少有 150 個申訴專員機構。

二、申訴專員制度的演化原因

申訴專員制度產生與發展的原因，可以從多個角度來分析。卓越認為，「當代西方國家比較普遍地建立了行政申訴制度，原因當然是多方面的，其中最突出的一點是比較側重於從行政監督的性質、效應來考慮監督體制的安排。」[49] 林莉紅從科技的進步、經濟的發展和福利國的興起等時代背景來分析申訴專員制度的建立。她認為，「行政行為和行政管理手段的多元化和複雜化必然要求和導致多途徑、多管道地實施監督和救濟。」[50] 陳宏彩認為，「行政監察專員的產生有許多共同原因，如對行政權力的制約和監督、維持和鞏固現有政權，但不同的國家，行政監察專員制度又是在特定的政治歷史條件下產生的，呈現出不同的歷史和現實原因。」[51] 作者認為，申訴專員制度的產生與發展是行政權力擴大、公民權利意識增強、原有行政監督與救濟制度的不足、申訴專員制度的優勢以及組織或個人的倡導等因素綜合作用的結果。

1、行政權力的擴大和公民權利意識的增強

二戰後，現代國家已承擔了越來越多的功能，特別是行政權力不斷擴大，「行政國」現象逐漸凸顯。同時，行政權力的自由裁量也越來越普遍。這就造成官員和公民摩擦的可能性大大增加，導致大規模的、複雜的官僚活動侵

害越來越多的個人生存和生活。因此，對官員實施有效控制的問題日益突出。另一方面，公民的權利意識在增強，權利能力在提高，公民不願自己的權利被行政權力侵犯，公民要求行政權力實現他們的利益。所以，為了控制行政權力和保護公民權益，申訴專員制度應運而生。「在過去一百多年的過程中，政府行政已經大大擴大，對官僚行為的投訴也同步增長。作為反應，世界上許多國家建立了申訴專員制度。」[52] 例如瑞典議會創立了一個新的制度——議會監察專員制度的重要原因是為了充分保護公民的權利。韋斯蘭德闡明，「議會對委員會的憲法建議的爭論顯示了立法機構考慮到假設司法總長只是向政府的執行部門負責，司法總長的行政監管對保護公民權利是不充分的。」[53] 申訴專員制度對於易被行政權力侵犯的弱勢群體來說，更是一種福音。「社會的弱勢者和智殘者保持更少的表達，雖然他們可能特別受到政府日益複雜性的影響。他們需要專業的幫助來處理他們的問題。」[54] 簡而言之，監察專員制度的產生回應了現代社會發展的兩個趨勢：一方面，回應了日益增長的在國家甚至是超國家的行政機構之上設立更高層次規制的要求；另一方面，回應了日益增長的個人希望直接得到權利保護的需求。正是在這兩層意義上，監察專員制度提供了系統化的針對個人、旨在提高行政質量的救濟管道。[55]

2、原有行政監督與救濟制度的缺陷

在申訴專員制度產生之前已存在的處理不滿的機制是有缺陷的。

第一，立法人員或民選代表處理投訴的不足。立法人員調查申訴的角色扮演經常受到缺乏資金、人員和文件與訊息的進入權等方面限制。個人的民選代表沒有時間、資源或可用的訊息管道，他們不能及時、有效地解決他們選民的所有問題。另外，歐文指出了民選代表處理投訴的其他問題與障礙。[56]一個立法機構的民選議員對政府官僚機構具有的影響力取決於他們各自的角色和地位，如政治領導人和委員會主席以及他們的黨派聯繫。這導致生活在不同選區的公民內部產生一定的程度的不平等和不公平。而且，人們經常有一種擔心，這些民選代表不能在政治上公正地解決他們的問題。一個政治家直接與一個公務員接觸有些內在的尷尬或不便。當一個不公平的投訴被調查

時，更是如此。民選代表解決一個選民投訴的另一個困難是公開披露，特別是在這個問題在立法機構中被提出時。民選代表也許不能有效處理涉及許多有競爭性的合法利益的投訴，如土地使用和資源分配糾紛。最後，政府服務範圍如此龐大和複雜，以致民選代表不能熟悉所有政府部門的組織結構、政策和程序。缺乏專業知識和能力是公平、迅速解決投訴的一個障礙。

第二，法院處理投訴的不足。法蘭克指出，「每個地方的法院在糾正政府權力的濫用方面都發揮了重要的作用。但是，訴訟是昂貴的、產生緊張的、延遲和緩慢的。在許多案件中，公民忍受非正義，因為他打不起官司或者不希望打官司。行政法院即使使用盡可能非正式的程序，也要遵循對抗性程序。這種法院經常運作緩慢，拖延執行他們的判決。」[57] 歐文也認為，「法院過程的成本和延遲障礙使它成為對大多數公民關於政府問題的不現實的救濟途徑。法院程序不適合於因簡單誤解和錯誤引起的大量問題的解決。而且，經常沒有法律的途徑來救濟公共行政人員合法地行使自由裁量權造成的不公平影響。多方的公共利益糾紛（例如關於土地糾紛和資源分配）不能和不會通過法院解決。雖然政府建立的準司法的裁判所經常對專門的需要做出反應，比法院具有更少的正式性，但是主題的複雜性和過程的對抗性能促使它們隨著時間的發展而變得越來越具有司法性。這就導致裁判所像普通法院一樣存在進入障礙。」[58] 概括地說，法院等機構處理行政投訴的主要缺陷在於成本高、時間長。有學者從這個方面分析行政監察專員制度 1962 年在挪威出現的理由。[59] 挪威的行政監察專員制度產生的一個重要原因是現有的司法制度不能充分滿足公民權利救濟的需要，因為司法救濟具有程序繁瑣、時間漫長、成本高昂的缺點，特別是無法滿足一些特殊主體如被收容者、囚犯投訴的需要。

第三，行政部門自身處理投訴的不足。這種投訴處理的最大問題是公正性。

「執行部門可能有一個投訴處理程序，但在本質上是在調查自身。機構內部的投訴程序可能缺乏公正性。」[60]

3、申訴專員制度的優勢

申訴專員有自己獨特的優勢。它的第一個優勢是快速性。它能較快地處理公民對政府的投訴和解決公民與政府之間的爭議。這個優勢與申訴專員的非正式性相關。申訴專員可以根據不同的投訴，採用不同的處理方法和程序。它的第二個優勢是便宜性。公民可以免費或以低成本向申訴專員提出投訴。「申訴專員能幫助立法部門監管行政部門和行政人員。申訴專員給予公民一個專業的和公正的代理人，沒有申訴人的個人成本，沒有對抗訴訟的緊張。」[61] 申訴專員也能以較低支出完成對投訴的調查。申訴專員能夠讓公民容易進入的一個理由就是它的便宜性。申訴專員的第三個優勢是它的靈活性。它不僅對政府決定的合法性作出決定，而且就行政決定的適當性作出決定，甚至對行政決定的基礎——標準或指引的性質作出決定。申訴專員的第四個優勢是它獨特的救助力量和衝突解決手段。它不是一個由雙方選擇的作出有約束力決定的仲裁人，也不是一個鼓勵不同觀點的雙方對話的斡旋人；它不是為衝突中各方推薦同意條款的調解人；也不是一個簡單的調查人員，只有一個提交調查報告的職責。申訴專員確實有權力要求一個非正義或一個錯誤應當被糾正。申訴專員的這些優勢要轉化為現實力量需要特定的條件，如確保申訴專員地位獨立、確保申訴專員的豁免權、確保公共行政機關的配合義務、確保申訴專員為公眾熟知、確保申訴專員容易接近、確保新聞媒體與申訴專員積極配合。

總之，皮爾斯認為，「與其他調查機構相比，申訴專員是：快速；非正式和因此更容易讓投訴人進入；對投訴人和決策者來說便宜；沒有威脅於決策者或者沒有威脅於其他調查機制。」[62] 羅智敏把申訴專員制度的特點和優勢概括為三個方面：通常由憲法規定、專門法調整、立法機關任命、地位獨立；程序簡潔、易於接近、報告公開、形象公正；保護目的明確、受理內容寬泛、行動方式靈活、行使權力特殊。[63] 沈躍東也認為，監察專員制度的獨特的內部構造，即便捷的程序、綜合的審查標準、人權法的適用，以及公開的報告程序，使得它能夠兼顧公平與效率、合理與合法、國內與國際、自律與監督，從而克服了司法在保障經濟、社會和文化權利方面的困難和不足。[64] 這些優

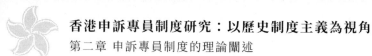

勢是申訴專員制度得以產生與發展的重要原因。傑克比認為，「這些特徵的結合解釋了申訴專員概念的驚人和持續的發展。」[65]

4、相關個人或組織的倡導

申訴專員制度在 20 世紀 60 年代的發展歸功於人權聯合國組織 1959 年在錫蘭、1959 年在布伊諾斯艾利斯、1962 年在斯德哥爾摩、1967 年在牙買加、1968 年在塞浦路斯舉行的討論會；歸功於司法人員國際委員會 1965 年在曼谷、1966 年在科倫坡、1968 年在斯特拉斯堡舉行的會議；歸功於 1967 年日內瓦、1969 年曼谷、1971 年貝爾格萊德的世界和平法律途徑的會議；歸功於美國律師協會及其申訴專員委員會（1967 年創立）；還要歸功於赫維特茲教授、蓋伊·鮑爾斯先生、阿爾菲爾德·伯克斯流斯法官的傳教士的工作，以及瓦爾特蓋爾霍恩、斯坦利安德森、多納德羅瓦特的先鋒性的學術工作。[66]

申訴專員制度在世界範圍的傳播與發展也離不開歐洲議會、歐洲理事會、國際律師協會等組織的積極倡導。1971 年在維也納舉行的歐洲議會的人權大會建議，有必要考慮贊同建立一個組織，它被授權接受和檢查個人投訴，有權利獲取政府部門文件，發揮斯堪的納維亞國家申訴專員同等的作用。1972 年，歐洲理事會支持創立一個人權申訴專員職位。1973 年，國際律師協會理事會成立一個由伯納德·法蘭克領導的申訴專員委員會。這個委員會反過來創立一個諮詢委員會和一個成員聯絡組織。這個委員會、行政法分會申訴專員委員會和美國律師協會共同發布一個年度發展報告，記錄非司法的投訴處理機制，強調申訴專員制度。[67] 為了實施它的法律事務委員會的一個決議，1975 年歐洲理事會建議一些政府考慮在國家、地區或地方層次任命人員來承擔類似於現存申訴專員和議會專員功能。1978 年成立的「申訴專員國際協會」（IOI）促進了世界範圍內申訴專員制度的交流與合作。2001 年，聯合國也設立了監察專員的職位，其職責是為聯合國組織的工作人員提供公正、獨立、保密的調查，以幫助解決與聯合國組織職務相關的任何性質的問題。聯合國祕書長安南於 2002 年 4 月 26 日任命牙買加的帕特裡夏·達蘭特大使為聯合國第一任監察專員。

援助組織和國家對發展中國家建立申訴專員制度具有重要的推動作用。國際組織和捐贈國對發展中國家提供財政和技術援助的前提是發展中國家改革治理結構和公共行政。為了獲得財政和技術援助,拉丁美洲、加勒比海地區、中東歐、非洲、亞洲和太平洋地區中國家積極地構建民主治理結構。結果,一系列公共部門機制被這些國家建立,特別是混合人權申訴專員變得流行。申訴專員的建立可以被看成是一個國家發展民主責任和建立良好治理的努力的一個具體的指針。[68]

第三節 申訴專員制度的要素與功能

申訴專員制度是由多種要素有機組成的一個系統。其中主要成分有申訴專員的組成、申訴專員的權限範圍、申訴專員的權力及其行使程序、申訴專員與其他機構的關係。這些要素相互聯繫,相互作用,形成控制權力、保護人權、改善行政、促進善治等功能。

一、申訴專員制度的主要要素

對於申訴專員制度的組成要素,學術界未達成一致。1971 年美國律師協會決議建議每一個確立申訴專員的成文法或法令應該包括 12 個要件。[69] 哥特赫等人從傳統申訴專員的必要特徵出發,提出傳統申訴專員制度的必要要素。例如,與獨立特徵相關的傳統申訴專員的要素就有 12 個。[70] 格力格林和吉丁斯認為,「申訴專員立法中的主要要素屬於以下主題:名稱;憲法基礎;申訴專員職位的建立;任命過程、資格條件、任期、利益、解除過程;雇用職員、副申訴專員、責任的授予、利益;職位的權力;調查;報告;特權、豁免權、保護和懲罰;其他規定。」[71] 陳宏彩把申訴專員制度的構成要素劃分為主體、客體和行為三類。主體是指申訴專員及其組織體繫,具體包括專員任職資格與待遇、組織機構、主體獨立性等。

客體是指申訴專員的監察對象或職責範圍,包括主要職責範圍、職責範圍的拓展、對職責範圍的限制性規定等。行為主要指申訴專員的權力行為,包括共同權力(調查權、批評權、建議權、公開調查結果權)、特殊權力、

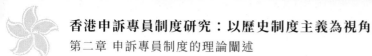

權力的限制性規定。[72] 倪宇潔認為，議會監察專員制度有以下相關內容：議會監察專員的任命、任期與資格；議會監察專員的職責與權限；議會監察專員的監察程序；議會監察專員對行政失當的界定。[73] 吳天昊把議會行政監察專員制度的核心要素概括為：監察專員由議會選舉或任命（極少部分由行政首腦任命），具有憲法或法律保障的獨立地位，根據投訴或依職權主動對行政機關的不良行政行為進行調查監督，保護公民不受行政機關濫權擅斷的侵害。[74] 借鑑這些觀點，作者認為申訴專員制度的主要要素有五個。

1、申訴專員的組成

這個要素具體包括申訴專員的任免機關、任免程序、任免條件，以及申訴專員的數量、申訴專員的工資待遇、申訴專員的連任。任免機關可以是立法機構，也可以是行政部門的首長。任免條件包括專業知識、工作經歷、年齡、道德水平、社會地位等等。申訴專員的候選人不一定要具有法律專業知識，因為申訴專員的主要任務不是監督行政行為的合法性。申訴專員的工資待遇一般較高，與最高法院法官的工資待遇相當，或與最高級公務員的工資待遇相當。申訴專員的任免條件和任免程序與申訴專員的獨立性密切相關。根據《香港申訴專員條例》，香港申訴專員由行政長官委任，任期為 5 年，可以其無能力履行職能或行為不當為理由，經立法會以決議方式批准而由行政長官免職。香港申訴專員的薪酬、委任條款及條件，由行政長官決定。香港申訴專員的薪金或其他利益，由政府一般收入支付。職員的薪金、委任條款及條件，須由香港申訴專員決定。香港申訴專員的開支以及支付予職員的薪金或利益，須由立法會為該用途而通過的撥款支付。

2、申訴專員的職能

申訴專員的職能或管轄範圍或權限範圍包括人的範圍、事的範圍、時間範圍、空間範圍。人的範圍是指申訴專員可以調查哪些公共部門及其職員。申訴專員不調查立法部門，可以調查行政部門或司法部門。事的範圍是指申訴專員可以調查哪些事情。申訴專員一般調查行政行為，而且是失當的行政行為。「調查官（ombudsman 是斯堪的納維亞語詞，沒有準確的英文對應詞）屬於國家委任的官吏，職責是保護特定部門公民的權利，調查弊政的指

控，包括不當使用權力、不符合程序以及一般的不稱職等。」[75] 時間範圍是指申訴專員可以調查多長期限的行政行為。空間範圍是指申訴專員可以調查發生在哪個地方的行政失當。有的申訴專員可以調查全國範圍內的行政失當，有的申訴專員只能調查發生州、邦、省等地方治理層次的行政失當。這個要素涉及監督的客體和內容。申訴專員的監督客體主要是行政部門，監督內容是行政失當。例如，立陶宛議會行政監察專員負責調查整個公共行政領域內有關官員濫用職權、官僚作風以及侵犯人權和自由行為的申訴。[76]

3、申訴專員的權力

申訴專員的權力是履行其職能的手段。一個申訴專員起碼要有審查權、調查權、報告權、公布權、建議權、豁免權、自由裁量權。審查權是指申訴專員判斷申訴是否按照法定方式提出，以及是否在其職權範圍內並做出是否受理的權力。

申訴專員的調查權包括要求提供任何資料、進入住所、傳喚證人、宣誓作證等等。

申訴專員的公布權是指申訴專員有權隨時公布個案的調查報告和定期公布年度報告。申訴專員在決定受理、展開調查等方面有自由裁量權。申訴專員在民事責任或刑事責任方面得到一定的豁免。有的申訴專員還可以有起訴權或視察權。但是，申訴專員沒有直接變更行政行為的權力，也可以說申訴專員的建議不具有法律強制力。譬如，立陶宛《議會行政監察專員法》賦予了監察專員很高的調查權力。

4、申訴專員的工作程序

申訴專員的主要工作是處理投訴和主動調查。這兩種工作的程序可以有所不同。每一種工作程序包括工作步驟、工作方式、工作形式等。處理投訴步驟一般包括接到投訴、審查投訴、調查、製作調查報告、提出建議、跟蹤建議的落實。

投訴方式有書信、電話、電子郵件、傳真、親自上門、投訴表格等等。處理投訴方式有初步查詢、調解、正式調查等等。例如，歐盟申訴專員收到

公民或法人的投訴後，根據不同情況作出轉交投訴、終止投訴或受理投訴的決定。除了自己受理投訴外，歐盟申訴專員還可以基於歐洲議會轉交投訴和主動調查行使調查權。

歐盟監察專員調查時，如發現不當行政行為，可以通過以下五個階段來解決投訴：機構處理（settled by the institution）、和解（friendly solution）、批評意見（criticalremarks）、初步建議（draft recommendations）、特別報告（special report）。

5、申訴專員與其他機構的關係

申訴專員與其他機構的關係包括申訴專員與立法機關、行政機關、司法機關、新聞媒體、大眾等的關係。這些關係包括責任關係、支持關係、信任關係等等。申訴專員要向任免機關負責，也要向投訴人和一般大眾負責。申訴專員對任免機關負責的方式可以是提交年度報告和特別報告。任免機關不能干涉申訴專員的工作。申訴專員要不要受理投訴、如何調查投訴、形成什麼樣的調查結論、提出什麼樣的建議，只以事實為決定依據。申訴專員對公眾負責的方式有對不受理投訴的解釋、調查結論的通知、調查報告和年度報告的公布等。申訴專員需要大眾的支持與信任，也需要新聞媒體的宣傳，更需要行政部門的配合。丹麥國會監察專員向國會負責的方式是提交年度報告以及就他發現的錯誤或有重大過失的具體案件提出報告。歐盟監察專員與歐洲議會的關係最為緊密，比如選任與被選任關係、職權重疊關係等。[77]

二、申訴專員制度的功能

1、救濟權利

申訴專員制度的一個重要功能是昭雪個人的冤屈，抒發個人對政府的不滿。

安德魯·海伍德認為，「調查官制度提供了一條昭雪個人冤屈的途徑，但調查官卻很少利用法律的力量，往往缺少強制執行決定的直接工具。」[78] 歐文也認為，「作為民選代表持有的立法權威的延伸，一個申訴專員為公民提供直接、可進入的、及時的、公正的、祕密的和有效的對官僚不公的救濟。」

[79] 正因為申訴專員有這種作用，西尾勝主張，「監察專員是保護公民權利的信訪調查官，也被稱為護民官。」[80] 紐西蘭學者傑瑞米·波普也提出了同樣的主張：「監察特使的職責是獨立地受理和調查對於不良行政的指控。監察特使並不與法院展開競爭，或者是負責接受那些在法院未能勝訴的人的上訴……監察特使制度為公民個人提供了一種機會，使得他們除了通過現有的議會、司法機關和公共組織的內部申訴程序之外，還可以通過監察特使這個獨立的專家機構對政府行為進行投訴。從單個案例的角度來看，投訴的結果可能是監察特使採取補救行動，對不良行政行為進行處理；從更廣闊的視角來看，監察特使的這些行動將有助於恢復公眾對於制度清廉的信心。」[81]

申訴專員，特別是人權申訴專員還具有保護人權的功能。裡夫認為，「一些申訴專員是混合的。一個變體是人權申訴專員，有監督行政和保護人權的功能。

即使古典申訴專員也能夠和確實解決一些與人權方面有關的投訴。這樣，古典和人權申訴專員都在保護和提升國內人權方面扮演角色。」[82] 格力格裡也認為，「只要在政府機器範圍出現，申訴專員通過維護個人和感到冤屈者的尊嚴、提供人們質疑公共法律或指示的合法性和公正性以及挑戰官方行為和行動的機會，扮演對誤用和濫用公共權力而否認基本人權進行制止的角色。」[83] 值得注意的是，申訴專員保護的公民權利範圍呈現出擴大化的趨勢，既從公民的基本權利擴大到公民的社會權利，又從個人利益擴大到集體利益或分散利益。

2、改善行政

與解決個人冤屈相關的申訴專員制度的功能是改善行政。加登等人認為，「來自於個人冤屈的調查，一些申訴專員承擔了其次但重要的事實上是行政審計功能，目的是辨別制度性錯誤，接著幫助改善工作方式和行政慣例和程序。」[84] 申訴專員制度的改善公共管理功能在巴基斯坦得到集中體現。這表現在以下幾個方面：迅速補償公民因弊政所受的侵害，同時申訴人不須耗費成本；通過解釋法律法規對行政法的修正作出貢獻；向有關機構發出專門指

示，要求修改法律法規，以滿足對公平和公正的需求；向有關機構提出專門建議，要求改革行政架構、程序和工作方式。[85]

3、控制官僚

申訴專員是控制官僚的一種獨特方法和措施。斯塔琳（Grover Starling）將申訴專員看作是一種「針對政府機構控制的正式的外部的方法」。[86] 蓋依·彼得斯也認為，「申訴專員是立法調查採取的一個措施，或者說控制行政的一種政治措施。」[87] 申訴專員對官僚的控制是其他控制官僚方法的補充。「絕大部分的申訴專員機構被建立在具有民主政府形式的國家中。在這樣的政府中，申訴專員的運作作為對執行部門或行政部門權力的另一種控制，對立法部門、法院和其他公共部門制度實施控制的補充。」[88] 申訴專員與法院控制行政的方式是不同的，申訴專員是反射性控制，法院控制是壓制性控制。[89] 雖然申訴專員採用反射性控制，但申訴專員也是一個官僚。他們有法律地位，他們的權威是非人格化的，他們按等級制運作。因此，赫爾伯特·考夫曼認為：「顯然，它採取一個官僚來控制一個官僚。」[90]

4、提高政府責任

申訴專員作為水平和垂直的責任機制，能促進和改善政府對公民負責。「立法申訴專員可以作為一個民主國家中政府的水平責任機制，因為它是國家政府結構中的一部分，但外部於執行或行政部門、獨立於所有政府部門。申訴專員也作為一個人民與政府之間的垂直的責任機制，允許公眾投訴政府行政，使他們的關注被調查、評價。」[91] 因此，申訴專員是促使官僚向公眾負責的方式之一。

古典和混合申訴專員不僅能提高政府對大眾的水平責任，也能提高政府對大眾的垂直責任。垂直責任概念典型地被看作通過周期的免費和公平選舉得到實施。這個選舉允許公民選擇他們的領導人和罷免他們。然而，古典申訴專員、混合申訴專員和其他有調查投訴職能的國家人權機構也給大眾一個表達他們對政府不滿的機制。有人認為，「今天的申訴專員是一個複雜的民主制度。個體公民有權利投訴，被給予一種比一次選舉投票更專業地和在自

己的時間、地點內更有力地直接影響行政的方式。這個直接民主的要素可以部分解釋申訴專員觀念的吸引力。」[92]

5、促進良好治理

國際監察專員協會主席、紐西蘭首席監察專員布朗·埃爾伍德在第七屆亞洲監察專員協會會議發言中指出，「監察專員制度與其說是控制政府的官僚主義，不如說是在鼓勵發展及持續促進良政治理更為貼切。」[93] 申訴專員的工作本身是良好治理（good governance）的政治內容或經濟內容。「古典和人權申訴專員的建立、加強和活動屬於良好治理的政治內容，假設它們在民主化、行政和法律責任、人權保護中的積極角色。另外，有反腐敗和適用領導關係規則任務的申訴專員和整體上旨在提出行政行為效率改進建議的申訴專員的工作也屬於良好治理的經濟範圍。」[94] 更為重要的是，一個國家中的古典、混合和專業的申訴專員能促進良好治理。在公共行政背景下，公共參與、透明、對公眾負責和正義或公平是良好治理的基本要素。古典和混合申訴專員就是通過改善這些要素來幫助建立公共行政的良好治理。[95]

除此之外，申訴專員還有一些其他角色。澳大利亞聯邦和新南威爾士申訴專員有審查電話竊聽紀錄的任務。巴布亞－新幾內亞和烏干達兩個申訴專員有責任監視領導關係守則和倫理行為規則的實施。有些申訴專員還有明確的調查腐敗的任務。以上這些功能在不同國家的分布是不同的。「在更新的民主國家，古典和混合申訴專員可能比民主國家的申訴專員在監督行政和保護人權方面具有更強大的功能。」[96] 這些功能是不斷發展的。「肇始於與瑞典申訴專員有關的原初的監管的角色，在某種程度上嚴屬的、判決式的、制裁的角色之外，申訴專員已經漸漸發展出大量額外功能。他們不僅關注糾正錯誤，也變成斡旋者、調解者、訊息提供者、守則監視者、服務促進者、教育者以及某種程度上的良好行政習慣的諮詢者和建議者。」[97] 比如作為一個教育者，一方面申訴專員通過與公民接觸、宣傳自己的活動並發表意見等使公民更加了解自己的權利，特別是行政程序權利；另一方面申訴專員通過自己的行為，促使行政機關主動改正自己的違法與不良行為，遵守公正、公平、透明、效率的原則。

但不管申訴專員制度的功能發展到什麼程度，它是有限的。一個限制是申訴專員制度只是現存投訴處理制度或其他制度的補充。「一個國家是否採用一個古典或混合申訴專員，作為一個公共部門機構的申訴專員的結構限制必須被考慮。古典申訴專員被設計作為法院和其他公共部門機構的補充來運作，而不是代替它們。相應地，不管混合申訴專員結構如何發展，申訴專員的角色被限制，以及它的整體限制必須被認識。」[98] 另一個限制是申訴專員是有用的行政批評者但不是萬靈藥。蓋爾霍恩認為：「行政批評家不能產生好的政府。他們自身不能創造好的社會政策。當對法律或習慣確立的規範不頻繁偏離提出注意時，他們處於最佳狀態。當沒有試圖在競爭性目標中做出選擇或成為政府活動的一般指導時，他們處於最差狀態。……沒有申訴專員能革新一個腐朽的政府、形成好的公共政策或填補一個缺陷的公務服務的鴻溝。他能整理一個建好的房屋，但他自己不能建立一個房屋。」[99] 國際監察專員協會主席、紐西蘭首席監察專員布朗·埃爾伍德也指出，「人們對監察專員從事的工作所能取得的結果往往期望值過高，要知道，監察專員所進行的工作並不是包治百病的萬靈藥，並不能夠解決政府可能遇到的所有問題，也未必能夠撫慰一位受到傷害的個人所承受的所有傷痛。」[100]

註釋

[1] R.Gregory and P.Giddings，The Ombudsman Institution：Growth and Development，inR.Gregory and P.Giddings，eds.，Righting Wrongs：The Ombudsman in Six Continents，Amster-dam：IOS Press，2000，p.2.

[2] Linde C.Reif，The Ombudsman，Good Governance and the International Human RightsSystem，Leiden，Boston：Martinus Nijhoff Publishers，2004，p.2.

[3] Judy Pearsall：《新牛津英語辭典》，上海外語教育出版社，2001 年，第 1293 頁。

[4] David M.Walker，The Oxford Companion to Law，Oxford University Press，1980，P.903.

[5] Henry Campbell Black，M.A .Blacks Law Dictionary，West Publishing co.，1979，p.979.

[6] International Bar Association，Vancouver，1974.

[7] International Ombudsman Institution，Membership by laws，Edmonton，Alberta：Interna-tional Ombudsman Institution，1978.

[8] 城仲模：《行政法之基礎理論》，三民書局，1983 年，第 685-686 頁。

[9] Donald C.Rowat，ed.，The Ombudsman：Citizen』s Defender，rev.ed，Toronto：University ofToronto Press，1968，p．ⅹⅹⅳ．

[10] Gerald E.Caiden，Niall Macdermot，and Ake Sandler，The Institution of Ombudsman，inCaiden G.E.，ed.，International Handbook of the Ombudsman：Evolution and Present Function，Westport：Greenwood Press，1983，p.13.

[11] [美] 格羅弗·斯塔琳：《公共部門管理》，上海譯文出版社，2003 年，第 147 頁。

[12] 陳宏彩：《行政監察專員制度比較研究》，中國人民大學博士學位論文，2005 年，第 19-20 頁。

[13] Daniel Jacoby，The Future of the Ombudsman，in Linda C.Reif，ed.，The InternationalOmbudsman Anthology：Selected Writings From The International Ombudsman Institute，The Hague：Kluwer Law International，1999，p.24.

[14] 卓越：《比較政府與政治》，中國人民大學出版社，2004 年，第 250 頁。

[15] Gerald E.Caiden，Niall Macdermot，and Ake Sandler，The Institution of Ombudsman，inCaiden G.E.，ed.，International Handbook of the Ombudsman：Evolution and Present Function，Westport：Greenwood Press，1983，p.3.

[16] Linda C.Reif，The Ombudsman，Good Governance and the International Human RightsSystem，Leiden/Boston：Martinus Nijhoff Publishers，2004，pp.2-4.

[17] R.Gregory and P.Giddings，The Ombudsman Institution：Growth and Development，inR.Gregory and P.Giddings，eds.，Righting Wrongs：The Ombudsman in Six Continents，Amster-dam：IOS Press，2000，pp.4-5.

[18] 胡建會：《歐盟監察專員法律制度研究》，中國政法大學博士學位論文，2012。

[19] Linda C.Reif，The Ombudsman，Good Governance and the International Human RightsSystem，Leiden / Boston：Martinus Nijhoff Publishers，2004，p.12.

[20] Gerald E.Caiden，Niall Macdermot，and Ake Sandler，The Institution of Ombudsman，inCaiden G.E.，ed.，International Handbook of the Ombudsman：Evolution and Present Function，Westport：Greenwood Press，1983，p.13.

[21] R.Gregory and P.Giddings，The Ombudsman Institution：Growth and Development，inR.Gregory and P.Giddings，eds.，Righting Wrongs：The Ombudsman in Six Continents，Amster-dam：IOS Press，2000，pp8-11.

[22] Linda C.Reif，The Ombudsman，Good Governance and the International Human RightsSystem，Leiden/Boston：Martinus Nijhoff Publishers，2004，pp.26-28.

[23] G.John Ikenberry，etc.，The State and American Foreign Economic Policy，Ithaca andLondon：Cornell University Press，1988，p.19.

[24] G.John Ikenberry，Conclusion：An Institutional Approach to American Foreign EconomicPolicy，in G.John Ikenberry，David A.Lake，and Michael Mastanduno，eds.，The State and Ameri-can Foreign Economic Policy，Ithaca：Cornell University Press，1988，pp.222-223.

[25] Kathleen Thelen and Sven Steinmo，Historical Institutionalism in Comparative Politics，inSven Steinmo，Kathleen Thelen，and Frank Longstreth，eds.，Structuring Politics：Historical Institu-tionalism in Comparative Analysis，Cambridge：University Cambridge press，1992，p.2.

[26] 王名揚：《英國行政法》，中國政法大學出版社，1987 年，第 251 頁。

[27] 林莉紅：《香港申訴制度介評》，《比較法研究》，1998 年第 2 期，第 187 頁。

[28] [法] 夏爾·德巴什：《行政科學》，上海譯文出版社，2000 年，第 576 頁。

[29] 羅智敏：《對監察專員制度的思考》，《行政法學研究》，2009 年第 4 期，第 104-111 頁。

[30] 宋濤：《行政問責模式與中國的可行性選擇》，《中國行政管理》，2007 年第 2 期，第 9-13 頁。

[31] 胡錦光：《香港行政法》，河南人民出版社，1997 年，第 290 頁。

[32] 王名揚：《英國行政法》，中國政法大學出版社，1987 年，第 251 頁。

[33] 劉國乾：《作為非正式行政救濟的監察專員制度：比利時聯邦的經驗》，《行政法學》，2012 年 3 期，第 120-126 頁。

[34] 城仲模：《行政法之基礎理論》，臺北三民書局，1983 年，第 685-686 頁。

[35] 林莉紅：《香港申訴制度介評》，《比較法研究》，1998 年第 2 期，第 187 頁。

[36] 林莉紅：《現代申訴專員制度與失當行政行為救濟》，羅豪才：《行政法論叢第五卷》，法律出版社，2002 年，第 527 頁。

[37] 孫拍琰：《香港公營部門的改革》，《中國行政管理》，1999 年第 9 期，第 32-35 頁。

[38] 香港行政事務申訴專員公署，香港行政事務申訴專員第二次年報，1990 年，第 1 頁。

[39] [瑞典] 本特·維斯蘭德爾：《瑞典的議會監察專員》，清華大學出版社，2001 年。

[40] 廖福特：《歐洲人權法》，學林文化事業有限公司，2003 年版，第 440-441 頁。

[41] 胡建會博士把它歸於政府層面的專業性的監察專員。胡建會：《歐盟監察專員法律制度研究》，中國政法大學博士學位論文，2012。

[42] Gerald E.Caiden，Niall Macdermot，and Ake Sandler，The Institution of Ombudsman，inCaiden G.E.，ed.，International Handbook of the Ombudsman：Evolution and Present Function，Westport：Greenwood Press，1983，p.11.

[43] Linda C.Reif，The Ombudsman，Good Governance and the International Human RightsSystem，Leiden/Boston：Martinus Nijhoff Publishers，2004，p.6.

[44] R.Gregory and P.Giddings，The Ombudsman Institution：Growth and Development，inR.Gregory and P.Giddings，eds.，Righting Wrongs：The Ombudsman in Six Continents，Amster-dam：IOS Press，2000，p.8.

[45] Gerald E.Caiden，Niall Macdermot，and Ake Sandler，The Institution of Ombudsman，inCaiden G.E.，ed.，International Handbook of the Ombudsman：Evolution and Present Function，Westport：Greenwood Press，1983，p.13.

[46] 胡建會：《歐盟監察專員法律制度研究》，中國政法大學博士學位論文，2012。

[47] 胡建會：《歐盟監察專員法律制度研究》，中國政法大學博士學位論文，2012 年。

[48] Dennis Pearce，Fifth International Ombudsman Conference，Vienna，October 1992，p.292.

[49] 卓越：《比較政府與政治》，中國人民大學出版社，2004 年，第 250 頁。

[50] 林莉紅：《現代申訴專員制度與失當行政行為救濟》，羅豪才：《行政法論叢第五卷》，法律出版社，2002 年，第 525 頁。

[51] 陳宏彩：《行政監察專員制度比較研究》，學林出版社，2009 年，第 21 頁。

[52] Linda C.Reif，The Ombudsman，Good Governance and the International Human RightsSystem，Leiden/Boston：Martinus Nijhoff Publishers，2004，p.1.

[53] B.Wieslander，The Parliamentary Ombudsman in Sweden，Bank of Sweden TercentenaryFoundation，1994，p.424.

[54] Baroness B.Serota，The Evolution of the Role of the Ombudsman-Comparisons and Per-spectives，in Caiden G.E.，ed.，International Handbook of the Ombudsman．Evolution and PresentFunction，Westport：Greenwood Press，1983，p.29.

[55] Anne Peters，「The European Ombudsman and the European Constitution」，Common Mar-ket Law Review，Vol.42，No.3，June 2005，p.669.

[56] S.Owen，The Ombudsman：Essential Element and Common Challenges，in Linda C.Reif，ed.，The International Ombudsman Anthology：Selected

Writings From The International OmbudsmanInstitute，The Hague：Kluwer Law International，1999，pp.53-55.

[57] Bernard Frank，The Ombudsman-A Challenge，International Bar Journal，November，1971，p.33.

[58] S.Owen，The Ombudsman：Essential Element and Common Challenges，in Linda C.Reif，ed.，The International Ombudsman Anthology：Selected Writings From The International OmbudsmanInstitute The Hague：Kluwer Law International，1999，p.55.

[59] 吳天昊：《娜威議會行政監察專員與人權保護》，《人權》，7008 年第 6 期，第 34-37 頁。

[60] Bernard Frank，The Ombudsman-A Challenge，International Bar Journal，November，1971，p.35.

[61] Bernard Frank，The Ombudsman-A Challenge，International Bar Journal，November，1971，p.36.

[62] Dennis Pearce，The Ombudsman：Review and Preview-the Importance of Being Different，in Linda C.Reif，ed.，The International Ombudsman Anthology：Selected Writings From The Inter-national Ombudsman Institute，The Hague：Kluwer Law International，1999，p.73.

[63] 羅智敏：《對監察專員（Ombudsman）制度的思考》，《行政法學研究》，2009 年第 4 期，第 104-111 頁。

[64] 躍東沈：《論監察專員制度對經濟、社會和文化權利的保障》，《福建論壇（人文社會科學版）》，2007 年第 4 期，第 128-131 頁。

[65] Daniel Jacoby，The Future of the Ombudsman，in Linda C.Reif，ed.，The InternationalOmbudsman Anthology：Selected Writings From The International Ombudsman Institute，TheHague：Kluwer Law International，1999，p.24.

[66] Gerald E.Caiden，Niall Macdermot，and Ake Sandler，The Institution of Ombudsman，inCaiden G.E.，ed.，International Handbook of the Ombudsman：Evolution and Present Function，Westport：Greenwood Press，1983，pp.10-11.

[67] Gerald E.Caiden，Niall Macdermot，and Ake Sandler，The Institution of Ombudsman，inCaiden G.E.，ed.，International Handbook of the Ombudsman：Evolution and Present Function，Westport；Greenwood Press，1983，P.12.

[68] Linda C.Reif，The Ombudsman，Good Governance and the International Human RightsSystem，Leiden/Boston：Martinus Nijhoff Publishers，2004，p.9.

[69] See Gerald E.Caiden，Niall Macdermot，and Ake Sandler，The Institution of Ombuds-man，in Caiden G.E.，ed.，International Handbook of the Ombudsman：Evolution and Present Func-tion，Westport Greenwood Press，1983，p.12.

[70] Dean M.Gotteher and Michael Hostina，The Classical Ombudsman Model，in R.Gregoryand P.Giddings，The Ombudsman Institution：Growth and Development，In：R.Gregory and P.Giddings，eds.，Righting Wrongs：The Ombudsman in Six Continents，Amsterdam：IOS Press，2000.，pp.403-406.

[71] Dean M.Gotteher，Design an Ombudsman System，in R.Gregory and P.Giddings，TheOmbudsman Institution：Growth and Development，In：R.Gregory and P.Giddings，eds.，RightingWrongs：The Ombudsman in Six Continents，Amsterdam：IOS Press，2000，p.415.

[72] 陳宏彩：《行政監察專員制度比較研究》，學林出版社，2009 年，第 62-106 頁。

[73] 倪宇潔：《國外議會監察專員制度與行政藍察》，《中國行政管理》，2006 年第 7 期，第 27-29 頁。

[74] 吳天昊：《議會行政監察專員制度的新發展》，《上海行政學院學報》，2008 年第 6 期，第 66-73 頁。

[75] [英] 安德香·海伍德：《政治學》，中國人民大學出版社，2006 年，第 434 頁。

[76] 熊鍵：《立陶宛議會行政監察專員制度研究》，中國政法大學碩士學位論文，2010。

[77] 朱力宇、袁鋼：《歐盟監察專員制度的產生及運作》，《歐洲研究》，2007 年第 1 期，第 71 頁。

[78] [英] 安德魯·海伍德：《政治學》，張立鵬譯，中國人民大學出版社，2006 年，第 434 頁。

[79] S.Owen，The Ombudsman：Essential Element and Common Challenges，in Linda C.Reif，ed.The International Ombudsman Anthology：Selected Writings From The International OmbudsmanInstitute，The Hague：Kluwer Law International，1999，p.54.

[80] [口] 西尾勝：《行政學》，毛桂榮、杜創國等譯，中國人民大學出版社，2006年，第332頁。

[81] [紐西蘭] 傑瑞米·波普：《制約腐敗──建構國家廉政體繫》，清華大學公共管理學院廉政研究室，中國方正出版社，2003 年，第 124-125 頁。

[82] Linda C.Reif，The Ombudsman，Good Governance and the International Human RightsSystem，Leiden/Boston：Martinus Nijhoff Publishers，2004，p.2.

[83] R.Gregory and P.Giddings，The Ombudsman Institution：Growth and Development，inR.Gregory and P.Giddings，The Ombudsman Institution：Growth

and Development，In：R.Grego-ry and P.Giddings，eds.，Righting Wrongs：The Ombudsman in Six Continents，Amsterdam：IOSPress，2000，p.5.

[84] Gerald E.Caiden，Niall Macdermot，and Ake Sandler，The Institution of Ombudsman，inCaiden G.E.，ed.，International Handbook of the Ombudsman：Evolution and Present Function，Westport；Greenwood Press，1983，p.12.

[85] [巴基斯坦] 薩希布扎：《實施有效監督改進公共行政》，《中國監察》，2002年第12期，第10頁。

[86] [美] 格羅弗·斯塔琳：《公共部門管理》，上海譯文出版社，2003年，第145頁。

[87] B蓋依彼得斯：《官僚政治》，聶露、李姿姿譯，中國人民大學出版社，2006年，第331頁。

[88] Linda C.Reif，The Ombudsman，Good Governance and the International Human RightsSystem，Leiden / Boston：Martinus Nijhoff Publishers，2004，p.2.

[89] Mar Hertogh，The Policy Impact of the Ombudsman and Administrative Courts：a HeuristicModel，in The International Ombudsman Yearbook，Vol.2，The Hague：Kluwer Law International，1998，pp.68-71.

[90] Herbert Kaufman，Administrative Decentralization and Political Power，Public Administra-tion Review 39，January-February 1969，p.6.

[91] Linda C.Reif，The Ombudsman，Good Governance and the International Human RightsSystem，Leiden / Boston：Martinus Nijhoff Publishers，2004，p.17.

[92] Izhak E.Nebenzahl，Me Direct and Indirect Impact of the Ombudsman，in Caiden G.E.，ed.，International Handbook of the Ombudsman：Evolution and Present Function，Westport：Green-wood Press，1983，p.64.

[93] [紐西蘭] 布朗埃爾伍德：《監察專員與促進良政》，《中國監察》，2002年第12期，第9頁。

[94] Linda C.Reif，The Ombudsman，Good Governance and the International Human RightsSystem，Leiden/Boston：Martinus Nijhoff Publishers，2004，p.78.

[95] Linda C.Reif，The Ombudsman，Good Governance and the International Human RightsSystem，Leiden/Boston：Martinus Nijhoff Publishers，2004，pp.78-80.

[96] Linda C.Reif，The Ombudsman，Good Governance and the International Human RightsSystem，Leiden/Boston：Martinus Nijhoff Publishers，2004，p.411.

[97] R.Gregory and P.Giddings，The Ombudsman Institution：Growth and Development，inR.Gregory and P.Giddings，The Ombudsman Institution：Growth and Development，In：R.Grego-ry and P.Giddings，eds.，Righting Wrongs：The Ombudsman in Six Continents，Amsterdam：IOSPress，2000，p.15.

[98] Linda C.Reif，The Ombudsman，Good Governance and the International Human RightsSystem，Leiden/Boston：Martinus Nijhoff Publishers，2004，p.410.

[99] Gellhorn，When Americans Complain：Governmental Grievance Procedures，Cambridge，Mass：Harvard University Press，1966，pp.53-54.

[100] [紐西蘭] 布朗·埃爾伍德：《監察專員與促進良政》，《中國監察》，2002 年第 12 期，第 9 頁。

第三章 香港申訴專員制度的生成特點與原因

　　香港申訴專員制度是世界申訴專員制度產生與發展圖景中一幅重要的畫卷。申訴專員制度的一般理論為分析香港申訴專員制度的產生提供了一般背景和理論指導。在本章中，作者運用歷史制度主義的理論來揭示香港申訴專員制度的生成特點，來解釋香港申訴專員制度產生的原因，試圖獲得香港申訴專員制度產生的因果規律。

▍第一節 香港申訴專員制度生成的特點

　　在歷史制度主義看來，制度生成是指各種社會力量的互動以及其他理念和國家組織的作用推動了新制度的誕生，例如新的組織機構設立新的制度和政策來推行某種政治綱領和理念等。也可以說，制度生成是指從無到有的過程，即開始並沒有類似制度，而是新設計和建立一定的制度來實現政治行為者的目的。[1] 歷史制度主義的一個標誌性特徵即將歷史維度納入到制度分析當中。對歷史制度主義者來說，歷史的解釋遵循著三方面邏輯：

　　（1）偏好形成和興趣構建的問題，什麼因素形成了人們的政治情境的定義，他們的政治目標和他們對最好的政治過程的評價；

　　（2）背景的因果關係，進入政治的黑盒子，更好理解行動者、偏好和制度的互動；

　　（3）制度分析和歷史研究之間的親緣關係扮演著偶然性的角色，制度分析需要具體事件的分析，包括不能解釋的、隨機的事件，以及一些系統的制度效果。[2]

　　也就是說，歷史決定了當下的行動興趣和偏好，歷史提供了行動和制度互動的背景，歷史還包括偶然性變量。基於歷史的這些重要性，我們首先從歷史視角來分析香港申訴專員制度生成的特點。

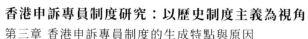
一、生成過程的長期性：放大的歷史視角

放大的歷史視角是歷史制度主義歷史觀的一個重要內容。追溯歷史過程是歷史制度主義時間理論的關鍵部分。之所以要在歷史的取向之下來觀察制度對政策的影響及其自身的變遷，歷史制度主義者們提供了三點方法論上的理由[3]。

第一個理由是，時間框架的延展擴大了可能要加以研究的社會經歷的範圍，放大了政治研究的歷史視界。只有在這種情況下，才能看到某些政治變遷的長久理由。

第二條理由是，只有通過長時段追尋歷史進程的方式，才能在重大事件的研究中找出原因與結果直接的確切關係。

第三個理由是，只有在一個長時段的歷時框架中，才能確切地分析那些緩慢的社會進程。

歷史制度主義在突出制度對政策的塑造和制度自身的變遷時，其研究方式是用追尋事件生髮的歷史進程的方式來提出解釋的。歷史制度主義者為了更好地理解客觀現實中的一個有趣的結果或者一套制度安排，通常要分析重要的年份段落，這個段落也許是幾十年甚至幾個世紀。[4] 因此，站在理論高度，從一個宏大的歷史視角，運用一個廣闊的對話空間來檢視香港申訴專員制度的歷史延續性，這是歷史制度主義分析范式在解讀其生成中的獨特優勢。

從放大的歷史視角看，香港申訴專員制度的生成經歷了一個較長的歷史過程。它的生成時期至少可以從 20 世紀 60 年代中期開始算起。比如，在 1965 年 2 月 25 日的立法會會議的致辭中，香港總督說：「為了幫助議員履行後面這個職責，現在提供一個由香港政府前任高級職員領導的小祕書處，嘗試根據我們自己的特殊需要應用申訴專員制度的本質。申訴專員制度的引入時不時在我們這裡被人提倡。我想，目前對什麼是申訴專員有許多誤解。……在不同國家，申訴專員的任務不同……。」[5] 伊恩·斯科特指出，「為公民尋求救濟或試圖改變一些政府行為而設計的制度的發展，在 20 世紀 60

年代後期,獲得了主要的動力。在 1967 年,主要作為「文化大革命」的一個有用副產品,在香港殖民地發生騷亂。

在香港內部,這些動亂被解釋為政府與大眾的情感失去聯繫的一個指標。作為後果,對提供給政府與公眾之間的更多諮詢和接觸的制度類型進行一些辯論。

這些建議中的一種就是引入一個申訴專員。」[6] 艾莉斯·泰也指出,「在 1965 至 1969 年之間,香港有建立申訴專員公署的煽動。從那時起,這個煽動斷斷續續地進行著。雖然這個觀念得到法律界領導人物的支持,但是政府對這個觀念沒什麼興趣。」[7] 由此可見,在 1965 年左右,香港就已經引入申訴專員觀念。

申訴專員觀念在香港產生後的 20 多年裡,不同的政治主體對香港是否建立申訴專員制度的爭論斷斷續續地進行著。這個爭論最終以建立申訴專員制度為結局。1986 年 8 月,政府出版了「投訴有門」 (Redress of Grievances) 的諮詢文件。這個諮詢文件預示著申訴專員制度的到來。「採納申訴專員制度的前景正式形成於一個政府諮詢文件。」[8] 這個諮詢文件邀請市民對香港現有的投訴途徑是否足以解決問題,及這些途徑是否須有所改善等事項發表意見。在諮詢市民的意見後,政府原則上同意大多數人的觀點,即應當建立一個獨立權威機構來處理行政失當的投訴;並安排布政司負責提出明確的建議。[9]

1987 年 10 月 30 日,政府把《1987 年行政事務申訴專員條例草案》及其備忘錄刊登在《香港政府憲報》的《法例副刊第三號》上,連同一份備忘錄一起發表,即以白紙法例副刊形式發表,供市民討論,並廣泛諮詢市民的意見。在 1987 年 11 月 1 日至 1987 年 12 月 31 日兩個月的諮詢期間,政府從相關組織和個人收到 24 份書面意見,包括四個區議會的會議記錄。政府也記錄了大約 30 個組織和個人的觀點以及各種報紙和期刊的編輯的觀點。[10] 另外,在 1987 年 11 月,立法局建立了一個專責小組研究這個白紙法例,非常徹底地審查該法案。1988 年 6 月 22 日,該法案開始二讀程序,即由負責與該草案內容有關事務的立法局官守議員——布政司介紹草擬該草案的背

景、目的和內容要點。然後，法案的二讀程序押後至另一次立法局會議。序押後至另一次立法局會議。[11] 1988 年 7 月 20 日，立法局恢復「二讀程序」，進入辯論階段。這時的法案集中了民智、反映了民意，得到了進一步的科學論證，經過了修改與完善。正如當時的律政司所說：「這個法案經過了一個非常具體的公眾諮詢過程，包括 2 個月的對去年 10 月 30 日發表的白紙法例的諮詢。接著立法局專責小組對其仔細研究，它不僅提出了自己的觀點而且評價公眾的意見。

還有，政府十分謹慎地考慮過公眾和專責小組的評論。政府已經認真考慮所有修改建議，並且接受大部分建議。」[12] 《行政事務申訴專員條例》於 1988 年 7 月 20 日在立法局獲得通過。該法案通過後，呈交港督審閱，並得到港督批准與簽署同意，並公布在《香港政府憲報》的《法例副刊第一號》上。1989 年 2 月 1 日，該法案正式生效，成為香港法例的第 397 章。《1988 年行政事務申訴專員條例》共有 25 條，分為六個部分，以及兩個附表。它的主要內容包括：申訴專員的任免、申訴專員的職能或職權範圍、申訴專員的權力（包括調查權、報告權、建議權等）、申訴專員的義務（含守法義務、保守祕密義務、轉授權義務、安排聆聽義務、通知義務和報告義務）、申訴專員處理投訴的程序（包括接受投訴、審查投訴、調查、報告與通知、跟蹤建議的落實）。就其投訴方式而言，公民不能直接向申訴專員提出投訴，投訴必須經過立法局非官守議員轉介給申訴專員。就其職能而言，香港申訴專員負責調查行政失當。香港申訴專員的調查事項類同於美國夏威夷州申訴專員的調查事項。美國夏威夷州申訴專員可以調查政府機構的下列行政行為（包括作為、不作為、決定、建議、慣例或程序，但不包括立法的準備和陳述）：

違法行為；不合理、不公正、強迫性或不必要的歧視性行為，即使其合法；基於不適當或不相關的理由的行為；缺乏充足的理由的行為；履行方式不當的行為；其他錯誤行為。

1989 年 2 月 1 日當時的總督委任賈施雅為首位行政事務申訴專員。賈施雅（Arthur Garcia）是一個十分受人尊重、經驗豐富的司法人員。在第一任上，他承擔著制定處理投訴處理程序和培訓人員的艱巨任務。政府還從行

政官員中選拔 27 名行政主任級別的人到公署上班。1989 年 3 月 1 日，行政事務申訴專員公署正式開始運作，並接受投訴。

二、生成主體的對立性：衝突的分析框架

在香港申訴專員制度建立的長期過程中，許多政治行動者加入其中。行動者是歷史制度主義在處理制度起源時涉及的一個重要變量。參與到香港申訴專員制度生成過程的政治行動者有總督、行政局、立法局、行政機關、新聞媒體、出版界、研究機構、大律師公會、公眾等等。

這些行政局、立法局、行政機關以及公眾等政治行動者以不同的方式參與到香港申訴專員制度生成的不同階段。如公眾主要是以提出意見和建議的方式參與到香港申訴專員制度的生成過程。1986 年 8 月，公眾對「投訴有門」的諮詢文件提出意見和觀點。這個諮詢文件共 32 條，除了引言和總結外，還有三個部分，即現有的投訴與上訴途徑、不停地改進現有的投訴途徑、或可增加的投訴途徑。

在總結中，這個諮詢文件指出了投訴制度發展的三個方向：目前不變、改善現有途徑、設立申訴專員。1987 年 10 月 30 日至 12 月 31 日，公眾對刊登在《香港政府憲報》的《法例副刊第三號》的草案和備忘錄發表看法。

這些行動者對是否建立申訴專員制度、建立什麼樣的申訴專員制度都有衝突的觀點或觀念，甚至有衝突的行動。如在立法局裡，有的強烈支持申訴專員，有的對其表示懷疑。雙方對此進行過一段較長時間的辯論。[13] 又如國際司法組織香港分會、香港律師公會等組織支持建立申訴專員制度，而總督和布政司等反對建立申訴專員制度。在 1968 年，國際司法組織香港分會（Hong Kong Branch of JUSTICE）敦請鄧律敦治博士、貝納棋先生和張永賢先生組成一個特別小組委員會，就香港設置安庇專員（即申訴專員）之可能性一事擬就報告書。這個委員會與不同社會階層的著名人士討論申訴專員建議，參考了有關世界不同國家申訴專員的書籍，也參考了明朝監察制度的書籍、許多關於行政正義的文件，並最終寫成了報告書。這個三人委員會強力支持在這個殖民地建立一個申訴專員。它建議建立申訴專員公署，為維護

基本人權和自由提供簡單、廉價和有效的機器，使那些權利被侵犯而受到傷害的人在申請救濟中獲得幫助。該報告得到國際司法組織香港分會執行委員會的全面同意，並以其名義於 1969 年 7 月 12 日被發表。這個委員會報告發表後，立即得到香港大律師公會的贊同。出版界總體上也支持這個觀念。反對意見主要來自於總督和布政司。在他 1969 年 10 月向立法局的發言中，總督說國際司法組織香港分會的報告對解決他對這個制度的懷疑的作用很小。「我仍然不相信，一個受到限制的申訴專員將真正取得任何東西，而它是受到幫助的行政、立法兩局非管守議員辦事處不能得到的。反而，我想他將獲得更少。」[14] 布政司也對這個報告進行斥責。「我對這個報告表示失望，雖然我想我還有開放的頭腦，我發現在讀完這個報告後難以擺脫一些感覺，即如果這就是為一個行政專員提供的最好的事實，那麼可能沒有總體印象那麼多……難道不是這種將不可避免形成上訴氛圍的制度有助於創造而不是結束政府與被統治者之間的距離嗎？」[15]

在衝突分析框架下，參與香港申訴專員制度生成的各行動者之間的衝突與對立，是香港舊政治制度蘊含的衝突可能性轉化為現實的結果。這一框架是由謝茨施奈德在 20 世紀 60 年代提出的。他認為，「一切政治組織形式都傾向於發展某些衝突傾向而抑制另一些衝突，因為組織本身就是對某種傾向性的動員。

某些議題被組織化進入政治過程，而另一些議題則被排除在外。」[16] 在這種分析框架之下，只要有組織存在的地方，就必然存在著權力的不平等分配，就必然存在著產生出為權力而衝突的可能性。由於任何一套制度都是一種偏見的集結，都不可避免地會將一部分人置於有利地位而將另一部分人置於不利地位，那麼處於有利地位和不利地位的集團之間的潛在衝突在任何制度之下都有可能發生。歷史制度主義融合了這一框架，並且認為，任何一種既存制度都是一種可能引起潛在衝突的制度，這是因為在舊制度下處於有利地位的集團和個人會試圖擴展自己的權力和利益；而處於不利地位的集團或個人則試圖改變這一既存的局面。這裡的舊政治制度是指 1989 年香港申訴專員制度建立以前的政治制度。

香港舊政治制度有以下特點：沒有香港的獨立政治，實施英國統治的殖民政治；沒有立法主導的制衡政治，堅持行政主導的港督集權政治；沒有政黨政治，實行政務官集政治與行政於一身的官僚政治；沒有民選政治，實行委任吸納式的諮詢政治；沒有民主政治，但有嚴格健全的法制。[17] 就最後這一運行特點而言，彼得·威斯萊 - 史密斯也認為，「香港政府並不是一個民主的政府：這個政府並不是由這一塊土地上的人民選舉產生的，它是自上而下由英國政府首相建議、由女王委託的。」[18] 在這樣的政治制度下，總督、行政部門、立法部門必然居於有利地位，公眾居於不利的地位，政府與公眾必然存在矛盾和衝突。

三、生成秩序的合法性：行為 - 制度 - 結果的分析模式

「行為 - 制度 - 結果」模式是歷史制度主義者們建立的一種政治過程模式。

作為一種政治科學的分析框架，在這種模式下，政治制度是某種行為展開的背景因素，制度為政治行為提供了外在的制度框架，它框定了某些行為的展開範圍，顯然，制度在這裡只是一種中介性變量，即行為通過制度的中介之後產生了某種政治後果。從這一模式看，香港申訴專員制度的生成是政治行政者依法行動的結果。

在香港申訴專員制度的建立過程中，各政治行動者合法地行使自己的權力或權利，合法地履行自己的責任或義務，合法地做出自己的行為。如香港政府在建立申訴專員制度過程中，遵守在做出重大決策前諮詢公眾的慣例。就香港政府體制的諮詢性特點而言，恩達科特指出：「政府在做出任何重要決定前，有關意見一直受到諮詢，⋯⋯公眾也應邀表達自己的看法，的確，政府的諮詢如此廣泛，諮詢性政府一詞很適合描述其主要特徵之一。」[19] 金耀基也指出：「香港過去一百餘年，特別是過去三十年來，政治的安定可歸之於行政吸納政治模式的成功運作。」[20] 1986 年，香港政府邀請市民對「投訴有門」的諮詢文件提出意見和建議。

1987 年，香港政府邀請市民對《1987 年行政事務申訴專員條例草案》提出意見和建議。市民同樣依法地行使自己的民主權利，通過合法的管道，表達自己的聲音，發表自己的觀點。市民在香港申訴專員制度過程中，沒有採用非法的暴力行動或過激行為。再如，香港申訴專員制度的建立過程主要是一個立法過程，香港申訴專員制度建立的標誌就是《1988 年行政事務申訴專員條例》的制定與施行。

這一法例的制定是嚴格遵守立法程序的。香港立法過程必經的階段有：認識立法的必要性、起草、協商、呈遞的注意、出版、一讀、二讀、委托、三讀、總督批准、出版與生效、傳遞到英國。[21] 總之，香港申訴專員制度是相關政治行動者合法行為的結果。

各政治行動者在香港申訴專員制度確立過程中依法行動的關鍵原因是香港的舊制度。在歷史制度主義者看來，政治活動並不是在真空中展開，任何一種動機的產生都可能受到制度的塑造，任何一種行為的生髮都可能受到制度的影響，任何一種指向也都可能受到制度的改變。因此，在政治制度存在的情況下，某一運作性力量所發揮出的影響就必然會受到從過去繼承過來的環境因素的影響，而這些環境因素中最為重要的當然就是制度的作用。制度在這裡被看成是歷史景觀中推動歷史沿著某一條道路發展的相對穩定和最為核心的因素。眾所周知，香港舊制度的一個重要要素是法治。香港的法律制度發達，香港的守法意識強烈，香港的法律實施效果良好。在香港申訴專員制度建立過程中，各個行動者之間的衝突過程受到包括法治這個要素在內的舊制度的調節和引導。由於衝突的雙方都受到了既存制度的約束或激勵，因此在衝突雙方的頭腦中都存在著原有的制度，他們的思維模式和認知狀況都有可能受制於原有的制度，雙方的衝突也在舊制度所提供的框架內展開的。

▌第二節 香港申訴專員制度生成的原因

歷史制度主義提出了三種制度生成模式。

第一種模式是，當舊制度面臨新的外在壓力時，在舊制度內部可能引發出新衝突。在這種情況下，新制度的形成就取決於舊制度之下的衝突結果。

第二種模式是舊制度本身可能在激勵著某種衝突的產生。

第三種模式是，新觀念的輸入可能會使舊制度下的某些集團去重新思考它們的利益，並引起政治力量的重新組合和對原有制度的改變。

[22] 在這裡，作者運用第三種模式來解釋香港申訴專員制度的產生。第三種模式認為，新制度的創設過程不僅僅是一個衝突的生髮過程，也不僅僅是一個新制度的設計過程，它同時還必然是一個新觀念為精英和大眾所接受並實體化或外在化為制度的過程。也就是說，新制度的產生是利益、觀念和制度因素共同作用的結果。

從這個模式看，香港申訴專員制度的產生是舊行政申訴制度在新環境中出現的危機、申訴專員觀念的輸入、有限的理性設計和總督主導作用等因素綜合作用的結果。

一、舊行政申訴制度在新環境中的危機：「關鍵節點」

關鍵節點分析是歷史制度主義的重要理論模型。分析這個關鍵點，則可以把握歷史的主要變遷路徑和特徵。[23] 歷史制度主義認為，將歷史發展的各個階段及制度變遷的各個時期連接在一起的因素就是歷史發展和制度變遷之中的關鍵節點。所謂關鍵節點，是指歷史發展中的某一重要轉折點，在這一節點上，政治衝突中的主導一方或制度設計者們的某一重要決策直接決定了下一階段政治發展的方向和道路。換句話說，關鍵節點是指在歷史發展過程中某個特殊的時間點，在這個點上發生了重大的政治事件，對後面的歷史發展產生了重大影響。

從這個角度看，舊香港行政申訴制度在新環境中出現的危機是香港行政申訴制度歷史發展中的一個重要轉折點。在這一點上，香港政府解決這一危機的決策直接決定了申訴專員制度的生成與否。為了更好地理解這個危機，有必要具體分析一下舊行政申訴制度和新環境。

1、香港的舊行政申訴制度

歷史制度主義和社會學制度主義並不像理性選擇制度主義那樣傾向於在一個制度真空的前提下來研究制度的起源問題。在它們看來，在現實的制度產生和變遷生活中，我們不能去假定一個制度真空的存在，事實上現實之中的任何一種制度產生之時就已有先在的制度存在。因此，它們更傾向於從一個充滿制度的世界中去探測一種新制度是如何產生的。所以，運用歷史制度主義來分析香港申訴專員制度的起源，就必須分析它產生前的先在的制度。香港政府在 1986 年的《投訴有門》的諮詢文件中，列出了現有的投訴與上訴途徑：各政府部門、行政立法兩局非官守議員辦事處、市政局、區域市政局、區議會、投訴警方事宜監察委員會、總督特派廉政專員公署、廉政公署事宜投訴委員會、政務處、向總督和外交及聯邦事務大臣以及英女皇請願、法定上訴途徑（包括向專門的上訴委員會或審裁處上訴、向總督會同行政局上訴、向總督上訴）、向法庭申訴及司法審查，等等。以主體為標準，香港舊的行政申訴制度有行政內部的投訴處理制度、法院的行政救濟制度和各類議事機構議員接受投訴制度。

（1）行政內部的投訴處理制度

行政內部的投訴處理制度的一個組成部分是原行政機關或其上級機關處理申訴。這是一種使用最普遍但最不具有制度化特徵的方式。它是指對行政機關決定的申訴由做出決定的同一行政組織或上級的行政組織處理，或者由該行政機關內部專門處理申訴的組織處理。其程序是重新審議該決定或者對做出決定的過程重新審查以糾正出程序上的錯誤。申訴處理組織對有爭議的行政決定可以確認、改變或撤銷。[24] 這種方式的特點是有關的申訴由做出決定的同一組織在行政機關內部處理，通常沒有時間限制和嚴格的程序要求，從而為公民提供有效的廉價的解決糾紛的管道。

第二種行政內部的投訴處理制度是行政審裁機構和上訴委員會處理上訴。

在行政機關內部設立各種審裁機構，受理市民對某些行政決定不服提出的上訴，是行政機關內部實施行政救濟的最為有效的方式。審裁處是根據某

些單行的行政管理法規的個別條款設立的處理某一行政管理領域行政糾紛的機構。如根據《人民入境條例》（香港法例第 115 章）設立的人民入境審裁處、遞解離境審裁處。為了與土地審裁處、小額錢債審裁處、勞資審裁處等司法性的審裁處相區別，80 年代以後依照有關條例在行政機關內部設立的裁判機關一般都稱為上訴委員會。如根據《空氣汙染管制條例》（香港法例第 311 章）第 32 條設立的空氣汙染管制上訴委員會，等等。這些委員分別受理某一部門、某一領域的行政申訴事宜，受特別立法所規範。其最大的優勢在於專業性和效率性，各專業上訴委員會的主席及多數成員由精通行政管理和所涉專業知識的專業人士或社會賢達兼任。

行政內部的投訴處理制度的另一個組成部分是香港總督會同行政局或單獨處理上訴。香港法例第一章《釋義及通則條例》第 64 條以及依據該條例制定的附屬立法《行政上訴規則》規定，任何人因不滿任何他人、公職人員、任何機構的決定，根據有關條例的授權，可以向總督會同行政局提出上訴或反對。例如根據《空氣汙染條例》，有關政府部門如果認為空氣汙染管制上訴委員會所做出的裁決違反社會公共利益，可以就此向總督會同行政局提出上訴，由總督會同行政局做出處理。總督會同行政局可委任由一個不少於兩名行政局議員組成的委員會以非公開形式進行聆訊。申請人和答辯人可隨本人意願出席上訴聆訊，並可親自陳述或由大律師、律師代表進行陳述。委員會對交其處理的事項，須向總督會同行政局建議對該事項應做的決定，但總督會同行政局並非必須接納該委員會的建議。總督會同行政局有絕對酌情決定權，以施政或行政的身分而非以司法或類似司法的身分來維持、更改或推翻該決定，或代之以其認為適當的決定，或做出其認為適當的其他命令。[25]後來由於需要處理的小事情數量激增，香港對許多法例進行了修訂，允許港督可以個人處理其中的一些上訴，而毋須提交行政局辦理。[26]

（2）法院的行政救濟制度

香港普通法院可以通過三種方式實施行政救濟，即一般的民事訴訟、制定法中的上訴制度和普通法中的司法審查制度。[27] 1957 年香港立法局通過了《官員訴訟條例》（香港法例第 300 章）。此條例規定，任何人都可以依

法對政府起訴，而政府對自己及其官員的某些侵權行為，要像一個普通的有法律行為能力的人一樣負擔責任。因此，在香港，行政機關對於公民權利的侵害，如果構成普通法上的訴訟原因，公民可以通過提出一般的民事訴訟得到救濟，如對行政機關違反契約的行為和侵權行為，公民可依一般的民事訴訟程序得到救濟。

但在行政機關的侵害行為不能納入一般的訴訟原因時，或依普通民事訴訟程序不能得到完全的救濟時，公民一般可以有兩種方式向普通法院請求救濟：

其一，依制定法的明文規定向普通法院上訴；

其二，在沒有制定法的規定時，由公民請求最高法院依其對下級法院和行政機關具有的傳統的監督權，撤銷或禁止行政機關的越權行為，或命令行政機關履行法定的義務。

後者即是普通法上的司法審查制度（Judical Review）。「行政行為的司法審查，是現行香港法治制度中不可或缺的一部分。在這種制度下，政府的權力不但受法律所界定和約束，而且由奉行司法獨立原則的法院對政府是否有違法、越權行為行使監察、審查權。」[28]

香港法院司法審查的範圍包括：高等法院對下級法院的司法審查；對政府部門或管理機構制定的附屬立法進行審查；對港督會同行政局做出的決定進行司法審查；對一般政府部門包括各種上訴委員會的決定的司法審查；人身保護令程序。[29] 在香港的司法復核中，運用最廣泛的原則是越權原則。

通常在判斷行政機關的行政行為是否越權時，法院一般應考慮四個因素：該行政機關是否有權執行該行政行為；

該行政行為的性質是否合乎該行政機關的管轄範圍；

該行政行為的執行方法是否正確；是否出乎良好的意願；

該行政行為的執行過程是否合法。

在三種情況下行政部門可被判為有所越權，即行政部門做出了非法、非常不合理或不符合程序性要求的行政決定或行為。總的來看，越權主要有以下兩種情況：實質的越權與程序的越權。[30]

（3）各類議事機構議員接受投訴制度

在香港，行政局、立法局、區議會、市政局、區域市政局等機構的議員都有自己獨立的或聯合的辦事處，可以接受市民的諮詢和投訴。其中影響較大的是行政、立法兩局議員辦事處。

行政、立法兩局非官守議員辦事處設立於 1963 年。在 1970 年之前，這個辦事處很少為申訴人使用。在 1970 年，作為對強烈的社會要求（設立申訴專員制度）的一種妥協，政府從公職人員處借調一名高級官員擔任行政局和立法局非官守議員辦事處的行政祕書。1970 年 8 月 21 日布政司發布指示，給予行政、立法兩局非官守議員辦事處有關救濟冤屈的權力。在這個制度下，非官守議員在調查公眾投訴和抗議方面有三個權力：訊息權，包括政府文件和通信、政策、程序和指示；接觸高級政府官員權力；挑戰公共機構行為的權力。所有機構首長和政府官員被要求在投訴制度運作中與行政、立法兩局非官守議員合作。[31]

兩局非官守議員辦事處的職員有的從政府借調，有的從社會以合同形式招募。以 1980 年為例，兩局非官守議員辦事處有五十名職員，其中半數（包括最高級職員）是從政府部門調職過來的，任職兩年至四年，其餘由兩局非官守議員辦事處以合同形式直接招募。[32] 市民申訴時可要求與當值議員會晤，但是通常由行政祕書或辦事處申訴部人員接見來訪者。為了核對事實，申訴部人員有時還會進行現場訪問。接著，行政祕書與被投訴的有關政府部門接觸，要求取得有關必需的檔案或文件，並要求有關主管官員提供對該事件的意見。當值議員也會審閱周內一切投訴案件的報告書，並處理兩局議員辦事處人員請示辦理的重要個案。凡涉及原則或政策問題的重要個案、以及因有關政府部門首長的解釋並不充分或未能令人滿意時，當值議員可先將問題提交有關小組研究，如有需要再提交立法局全體議員會議處理。兩局議員辦事處的工作範圍不包括勞資糾紛、私人爭執及訴訟、可能涉及刑事罪的案

件、已依法進行上訴的案件及港督或港督會同行政局已做出決定的事件。但是，兩局議員辦事處人員仍會對此類問題盡量為公民提供協助和指導，例如代作查詢或安排投訴人與適當機構聯絡等。

另一個接受投訴的議事機構是市政局、區域市政局議員辦事處。市政局的前身是衛生局。衛生局成立於1883年，1935年被改組為市政局。1973年市政局改革後，開始在港九市區的各分區為議員設置接見市民的辦事處，以處理和答覆市民的投訴。每個區辦事處至少委派一名民選議員和一名委任議員。市政總署則負責安排有關辦事處的房址、文具設備和祕書助理。投訴範圍，可以不限於市政局法定職權內的事務，例如房屋問題特別是公共房屋問題，都是每年投訴的主要事項。議員通常是將投訴事項轉交各政府部門或公共團體作出決定。「市政局接見市民計劃只能對個案提供協助，而其協助亦僅限於催促政府部門或公共團體，並無進一步干預的法定效力。在市政局職權範圍以外，一切有關政府決策的投訴，更絕非市政局議員所能處理。」[33]市政局議員不能接觸與任何投訴事項有關的政府部門的檔案，這些檔案只有政府官員和行政、立法兩局非官守議員辦事處的行政祕書才能查閱。區域市政局議員辦事處的職權與運作，基本上是市政局議員辦事處在新界的翻版，只不過轄區不同而已。

議事機構議員接受投訴制度的組成部分還包括區議會議員會見市民制度。

區議會是1982年依據香港法律第366章《區議會條例》成立的法定組織，也是一種非政權性的區域諮詢組織。區議會一般由港督任命的議員和選舉產生的議員組成。區議會下設各種委員會，還設立祕書處。一般來說，區議會祕書由該區的政務處派出行政主任和文書職員擔任。區議會的職權之一是會見市民，直接就區內問題諮詢居民的意見和改進方法，聽取居民的投訴。區議員通常在各區政務處或分處會見市民，而會見時間一般安排在晚上。[34]

除此之外，港九政務署也可以接受市民的投訴。港九政務署（前身是港九民政署）是1981年12月1日港英政府宣布改組而設立的署級機構。它的組織結構分為四層：總辦事處、政務專員辦事處、政務處和政務分處。新界

政務署也有權協調和處理港府和鄉民之間的利益矛盾和衝突。新界政務署（前身是新界民政署），也是 1981 年 12 月 1 日港英政府宣布改組而設立的署級機構。新界政務署的組織結構分為三層：總辦事處、政務專員辦事處、政務處。港九政務署和新界政務署都是政務總署（其前身是華民政務司署、民政署）的下設單位，而政務總署隸屬於布政司署的政務科。

2、新環境

舊制度只是歷史制度主義處理制度起源和變遷的一個重要變量。歷史制度主義者還重視環境等其他重要變量。環境影響制度生成的時間和方式，影響制度的性質和特點。奧斯丁認為，「正是環境——一個國家的社會、政治和行政環境基本決定這個制度的性質。[35] 艾麗絲·泰也認為，「社會和政治考慮不僅形成這些制度的範圍，而且在許多方面它們首先是這些制度生成的原因，接著指導著它們以後的發展。」[36] 所以，從歷史制度主義分析香港申訴專員制度的產生，必須分析其產生的環境。香港申訴專員制度的生成環境是直接或間接影響香港申訴專員制度生成的因素。由於申訴專員制度在 1988 年引入香港並在 1989 年正式運作，所以與香港申訴專員制度的生成有關的環境存在於 1989 年之前。從香港內部來看，影響香港申訴專員制度產生的因素是：香港公共行政的改革、香港公民權利意識的增強、香港過渡期的到來。

（1）香港公共行政的改革

20 世紀 70 年代以來，香港公共行政的規模不斷擴大。公共行政規模的一個重要評估指標是公務員人數。以 1973-1974 年度到 1983-1984 年度的十年間為例，公務員數量從 10 萬多人增長到 17 萬多人，增長了 65.5%。其中又以交通、房管、社會福利及警察等部門的公務員人數增長最快，如運輸署編制增長了 577.8%，房屋署編制增長了 105%，社會福利署編制增長了93.9%，警務處編制增長了 67.8%。公務員薪酬支出從 13 億多元增加到 82 億多元。[37] 規模不斷擴大的行政當局在社會生活中發揮著日益重要的作用。有學者指出：「隨著現代社會的發展，即使在奉行自由貿易政策和積極不干預政策的香港也因社會福利政策的推行和公共行政理論的發展而出現行政職

能日益擴大的情況，政府對社會生活各方面的干預加強。」[38] 政府對社會作用越大，對公民利益的影響越大，特別是對公民的不利影響也加大，而且政府違法和不當行政的可能性在增加，這就加重了政府與公民的矛盾，增加了公民的不滿。正如克拉克指出：「政府日益參與經濟體繫的運行。1968 年以後，這特別引人注意。這種經濟管理風格的轉變的一個結果是政府更多地滲透到普通公民的生活，因而產生更大的公民與公務員的衝突潛力。」[39]

大約從 20 世紀 80 年代以來，香港政府也跟隨世界潮流進行了新公共管理改革。改革的主題是改善公共服務的生產力和質量。為了最大化利用財政和人力資源，權力被授予更低級的運作層次。私有化、公司化、合同外包和營運基金安排是改革努力中的主要政策選擇。在運作層次，服務承諾已被服務部門廣泛採納。公共部門的改革經歷了從資源利用的官僚控制到管理效率和服務質量的行政哲學變化這一過程。這次改革導致政策部門和行政部門工作的清晰分立：

前者通過政策形成、項目發展和資源分配來負責管理的有效性；後者處理項目實施和服務提供中的運作效率和服務質量。這次改革運動已創造了一個新的行政信仰，即引入一個滿足公眾需要的顧客導向的行政文化。公共管理改革還產生以下結果：政府對「更高效率和更好服務」的承諾已使整個公共部門管理處於公共評估之下；訊息現在被看成公共資源而不是政府財產；行政透明現在是一個重要的目標。這些導致了日益增加的給公眾提供理由和解釋行政決定的需要。[40]

（2）香港公民權利意識的增強

眾所周知，大部分的香港市民是華人，所以香港公民權利意識主要是指華人的政治、經濟和社會權利意識。據調查，在上世紀 70 年代初，高達50% 的香港普通華人聲稱自己從不關心公共和政府事務，表示經常關心的人只有 6.6%。[41] 就是華人居民的上層人士同樣對政治活動不感興趣。那些受過一定教育、有資格在市政局選舉中投票的人中間幾乎沒有什麼人願意申請列入選民手冊，而在 1979 年，在約 44 萬合格的選民當中，實際去投票的只有 12426 人。[42] 80 年代以來，華人公民權利意識不斷增強，特別是公民政

治權利意識不斷提高，公民參與政治事務的興趣逐漸增加。這與香港政治問題的解決直接相關。

香港問題如何解決直接牽涉著數百萬香港人的切身利益，因此，理所當然地引起港人的關注，中國政府「一國兩制」理論的提出也初步刺激了一些港人的參政熱情。香港開始湧現組織政治團體的第一次熱潮，從 1982 年 11 月到 1984 年 11 月，湧現出匯點、太平山學會、港人協會等主要討論、研究香港回歸問題的組織。這些政治團體及其他團體、個人通過進行民意調查、發表對中英談判的看法等方式，加強了香港居民對香港前途問題的了解，激發了一些港人的政治參與熱情。[43] 在香港過渡期，中國香港基本法的起草和港英政府民主政治計劃的實施，在一定程度上也增強了華人的權利意識。

（3）香港過渡期的到來

1982 年 9 月，中英兩國就解決香港問題進行正式談判。1984 年 9 月 26 日，中英兩國政府在北京草簽了關於香港問題的聯合聲明。同年 12 月 19 日，中國總理趙紫陽、英國首相撒切爾夫人在北京正式簽署了《中華人民共和國政府和大不列顛及北愛爾蘭聯合王國政府關於香港問題的聯合聲明》。1985 年 5 月 27 日，兩國政府在北京互換了中英聯合聲明及其三個附件的批准書，聯合聲明從此生效。香港由此進入過渡期。

香港過渡期的到來，為中國制定香港基本法帶來了機遇，也為英方加大實施非殖民地計劃提供了機會。非殖民地化的中心主線是移植英式議會政制，使立法機構演化為權力中心。

英國在香港的民主化進程，首先從地方區議會的選舉開始。1979 年 10 月，港督麥理浩在立法局會議上提出地區管理委員會計劃。同年 12 月，港英政府在觀塘設立地區管理委員會，進行地區行政的實驗。1980 年 6 月，港英政府公布《香港地方行政模式》綠皮書，建議在 18 個行政區成立地區管理委員會和區議會，同時建議推行全民投票選舉制度，取消原來港九市區不分選區的市政局選舉制度，而代之以一個改革了的統一選舉制度，以選區為單位，同時適用於市政局和區議會。1981 年 1 月，港英政府發表《香港地方行政白皮書》，其基本精神與《香港地方行政模式》綠皮書一樣。1982 年 3

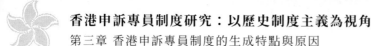

月，新界舉行區議會選舉。9 月，港九地區舉行區議會選舉。1983 年 3 月，市政局首次分區選舉。1984 年 2 月，布政司夏鼎基在立法會會議上提出《進一步發展地方行政的建議》，其主要內容有：除增設區議會民選議席和擴展區議會的管理功能外，主張在新界設立一個與市政局並列的區域議局。1985 年，新界區域議局成立。次年，通過分區選舉正式成立，並正名為區域市政局。1984 年 7 月 18 日，港督尤德在立法會會議上發表《綠皮書——代議政制在香港的進一步發展》，提出了政制改革的主要目標。

改革要點如下：自 1985 年起部分立法局非官守議員改由間接選舉產生，即按地區劃分的選民組別和按社會功能劃分的選民組別選出；自 1988 年起部分行政局非官守議員改由立法局非官守議員互選產生；將來在適當的時候，應由立法局非官守議員自行互選一人為議長，以取代由港督出任立法局主席的職位。1984 年 11 月，港英政府發表《白皮書——代議政制在香港的進一步發展》，內容與 7 月份公布的《綠皮書——代議政制在香港的進一步發展》基本相同。[44] 中英聯合聲明簽署以後，民主化進程加速，並由地方推向中央。1985 年 9 月 26 日，港英政府立法局首次出現民選議員。新一屆的立法局議員共 57 名，其中民選非官守議員 24 名，官守議員 11 名、總督委任的非官守議員 22 名，民選議員占議員總數的 42%。1987 年 5 月，港府正式公布《1987 年代議政制發展檢討綠皮書》。其主要內容為三方面：檢討地區、區域和中央各層次政制發展情況；評議 1984 年代議政制白皮書發表以來的發展情況及市民反映；考慮 1988 年立法局是否進行直接選舉。[45] 1988 年，增加兩名由功能組別選舉出的議員，以取代兩個委任議員。

總之，以上三個因素的綜合作用孕育了香港申訴專員制度的產生。「分別開始於 1985 年和 1989 年的政治民主化和公共部門改革，已經產生一個「負責和質量的香港公共行政」的概念。作為 1997 年問題和民主化的一個結果，香港人民有了政治覺醒。這使他們更經常地批評政府部門對待和服務公眾的方式。公共行政日益具有服務導向。有不斷增加的壓力，要求政府對公眾在許多問題上的利益做出反應。這與過去更加權威的統治、政府的官僚風格和服從的公眾態度形成對照。正是在這種變化的背景中，一個申訴專員制度在 1989 年被建立來救濟行政冤屈。」[46]

3、舊行政申訴制度在新環境中出現的危機

香港政府的規模擴大，作用加大，政府與市民的接觸和聯繫機會增加，政府侵犯公民權利的機率在提高，市民對政府不滿的可能性也在增加。另一方面，香港公民的權利意識在增強，表達和維護權利的能力在提高，他們敢於、善於向政府提出自己的不滿。這使可能的不滿轉化為現實的不滿，並且投訴比以前逐步增加。但是，舊有的行政申訴制度不能及時、有效地處理這些現實的不滿，昭雪個人的冤屈。這主要是因為舊有行政申訴制度存在種種的缺陷。「在申訴專員制度產生前，對政府部門的行政投訴的處理體制是分散的和總體上無效的。」[47] 原行政機關或上級行政機關處理投訴制度缺乏正式的程序、隨意性大、不確定性大。而審裁機構和行政上訴委員會處理上訴制度的缺陷在於受理範圍狹小，只審理行政的合法性，不考慮行政的合理性，它們不能有效地處理行政不當的投訴。總督會同行政局處理上訴制度不會得到普遍的應用，是因為總督和行政局沒有足夠的時間來處理投訴，有其他更為重要的任務，所以他們往往只受理重大的案件，但實際上很多投訴只是對公民有影響的小事。

兩局非官守議員辦事處也有一些缺點。

第一，該辦事處的官方色彩較濃，獨立性不足。辦事處的行政祕書由政府有經驗的官員擔任，而且這位行政祕書兩年之後會再次回到自己的部門，這就使得行政祕書在任職時總是小心翼翼，不去得罪自己的同僚，以免結怨為今後自己升職製造麻煩。

第二，該辦事處得不到市民的足夠信任。在理論上，兩局非官守議員辦事處行政祕書不過是非官守議員的僕人，儘管實際上他在進行調查時有相當的自由處理權。在這個職位上任命一名政府官員的好處是，他熟知官僚機器實際如何運行；然而這個好處卻為行政機構人員及其官員的疑慮所抵消，這種疑慮在華人居民中是頗為普遍的。

[48] 第三，該辦事處的功能不單一。

行政、立法兩局非官守議員辦事處不只是一個申訴系統，它的議員關心政策的形成與實施。「市政局市民接待處、政務處和行政、立法兩局非官守議員辦事處沒有為對行政失當的投訴提供一個界定良好的焦點，因為每一個都有許多其他的要實施的功能或服務。」[49]

而其他市政局、區域市政局、區議會、政務署接受投訴制度的最大缺點是權力不足。比如，市政局議員接見市民只能對個案提供協助，而其協助僅限於催促政府部門或公共團體，並沒有進一步干預的法定權力。[50] 這個缺點與這些組織的性質、地位密切相關。政務署是受布政司署直接管轄的推行地方政務的區域基層行政機構，通過控制各區的地區管理委員會和區議會掌管地區行政管理工作，本身並無行政權力。市政局的性質，是港英政府徵詢民意並在形式上參與部分市政事務決策和管理的非政權性的區域諮詢組織。區域市政局的功能和性質與市政局一樣，是非政權性的區域諮詢組織。區議會是區域諮詢組織，是港英政府的區域諮詢制度。

法院行政救濟制度的劣勢主要表現在費用高、時間長。「在西方民主制國家，幾乎所有法律訴訟都花費昂貴，由此所引起的問題並沒有通過增加法律援助的便利而獲解決。法庭訴訟程序的必要形式增加了費用，並不可避免地導致常常不可忍受的拖延。甚至一位最符合職業要求的法官——許多法官並不具備這種職業資格——也不能決定所涉及的技術性問題，而在現代這種技術性問題甚至在相當普遍的法律訴訟中也經常出現。對法院外界專家的使用增加了費用和引起拖延。」[51] 這使得窮人等弱勢群體不願或不能使用法院的司法審查制度來解決行政糾紛。

這些舊有行政申訴制度的缺陷如果不加以解決，將不利於香港的穩定與發展，不利於英國在香港的統治，不利於香港的平穩過渡，不利於實施一國兩制。

所以，為了鞏固英國殖民的統治，為了香港的穩定和發展，為了實施一國兩制，必須採取措施有效地解決日益增加的行政投訴。在 20 世紀 80 年代後半期，隨著認識到香港的主權將在 1997 年交還給中國，一些人把建立一個獨立、成文的不滿救濟管道看作是支持「一國兩制」的一種方式。他們認

為，如果不滿救濟制度不充分或綜合，那麼人們一定經常在香港以外提出抗議。建立行政事務申訴專員可以確保公民在香港自己的政治系統內部訴諸救濟過程，減少向北京中央政府上訴的可能性。[52] 解決的途徑無非兩種，第一種是改善舊有的行政申訴制度；第二種是進行制度創新，建立新的制度，包括申訴專員制度。

因此，舊行政申訴制度在新環境中的不適應，是香港建立申訴專員制度的壓力和動力，是香港建立申訴專員制度的必要條件。在制度與環境的關係上，歷史制度主義認為，新制度產生於某種舊制度瓦解所出現的新空間之中。正是由於舊行政申訴制度供給不能滿足新環境中的申訴需求，導致申訴專員觀念在香港被人提出。「在立法局，很少提出有關個人對政府的具體不滿的問題。在應付公眾時官員表現出來的不公平待遇、無能、不合理拖延、不考慮一切有關因素以及歧視等，這些指控是（英國）下議院提問題時經常性的主題。在香港沒有這些問題，其主要原因是關於發問的議會規則不準涉及任何人的名字，儘管事實上，當一個特別事件已在報上獲得宣傳後，主席是允許提出這樣問題的。另一個原因是非官守議員只是兼職的立法局議員，他們沒有時間去詳細地調查，同時儘管自 1963 年以來非官守議員設有一個在政府辦公時間內向公眾開放的辦事處，但在 1970 年以前很少為申訴人所利用。鑒於這種情況，在 1965 年至 1969 年間，有人鼓動在香港設立「調查官」辦事處。」[53] 所以，香港申訴專員制度起源的方式和時機的一個重要決定因素，是環境的變遷所帶來的新的機會。

二、申訴專員觀念的輸入：制度 - 觀念結構

歷史制度主義代表人物豪爾等人尤其強調新觀念的輸入對於新制度的形成所起的重要作用，以及在這一過程中舊制度對於新觀念的加工和扭曲過程。[54] 從這個視角看，香港申訴專員制度的產生也是申訴專員觀念被香港精英和社會大眾所接受並實體化的過程。沒有申訴專員觀念的輸入，香港就不可能建立申訴專員制度。「香港並不是突然引進申訴專員制度的。1962 年申訴專員制度在紐西蘭的引入和 1967 年英國關於通過申訴專員法的爭論都立刻對

香港產生了影響。」[55] 這支持了歷史制度主義者豪爾等人的觀點，即新觀念的輸入對於新制度的形成所起的重要作用。

在香港申訴專員制度的建立過程中，申訴專員觀念的倡導者，如國際司法組織香港分會、香港律師公會、英語報紙等組織，一般運用中國古代的監察傳統來傳播申訴專員理念，把申訴專員翻譯成中國古代監察官。「雖然申訴專員制度當時在世界上已獲得一般的接受，在香港這個制度的提倡者依靠中國帝國時代的監察傳統辯護他們的主張。」[56] 雖然中國古代監察制度與申訴專員制度不是相同的事物，「但是傳統被認為比實際實施更加重要，並且人們相信當被引進時，申訴專員制度在沒有不適當誤解的情況下能被按照監察制度解釋。」[57] 歷史制度主義把這種觀念與制度的關係概括出來。它們認為，由於現實之中的任何一種制度創新活動都是在充滿制度的世界中進行的；任何一種觀念的傳播也必然要在現有的制度通道中展開；任何一種觀念也都必然要翻譯成適合於某種制度結構的口味之後才能為制度通道所接納。[58]

申訴專員觀念的輸入，在香港引起了較長時間的爭論。這種爭論進一步傳播了申訴專員的觀念。這種輸入和傳播雖然沒有導致申訴專員制度的立刻建立，但為以後建立申訴專員制度提供了思想動力和理論線索，並且也引起了原有制度的改變。「新的觀念一旦被某一制度結構之下的成員接受，就會在既定的制度結構下產生出在原有的制度框架下不可能產生的某些新政策，而這些新政策的凝固及其與舊制度的相互作用過程中，也有可能導致原有制度的某些改變。」[59] 1965 年，香港總督提到當時盛行的對申訴專員制度的興趣，但是他主張香港立法會作為一個相對較小的機構，在有效的組織幫助下可能會處理公民的冤屈。他宣布為了促進立法局更好地處理申訴，建立一個小的祕書處以適應一個申訴方案的本質要求。[60] 1970 年，政府任命一名借調來的公務員擔任行政、立法兩局非官守議員辦事處的行政祕書。這說明申訴專員觀念的輸入，引起了行政、立法兩局非官守議員辦事處處理投訴制度的變化。這就證實歷史制度主義的一個理論觀點，即新觀念的輸入可能會使舊制度下的某些集團去重新思考它們的利益，並引起政治力量的重新組合和對原有制度的改變。這還印證了歷史制度主義的一個理論觀點，即在將觀念翻譯成能夠為既存制度所接納的術語的過程中，又必然會發生觀念自身的

變形。[61] 因為香港社會在有了申訴專員觀念之後，把申訴專員觀念改變為祕書處概念。觀念自身變形的這個理論觀點還可以從以下事實得到證明：香港雖然從紐西蘭和英國引入了申訴專員觀念，或者說香港引入了紐西蘭或英國式的申訴專員觀念，但是香港在 1989 年建立的申訴專員制度並不等同於紐西蘭或英國的行政監察專員制度。也就是說，香港對紐西蘭或英國式的申訴專員觀念進行了適當的改變。如在申訴專員的任免上，英國法律要求議會行政監察專員是資深公務員，任期不限，終身職位，直至退休；香港法律對申訴專員的專業和經歷無特定要求，任期 5 年，可以連任。

三、有限的理性設計：制度 - 利益結構

歷史制度主義的制度形成理論在融合衝突分析框架同時，也融合了理性選擇制度主義的框架，即歷史制度主義在強調行動主體權力地位不平等的情況下，承認了理性選擇制度主義將個體視為擴大自身利益的行動者的觀念，視政治主體為競取利益和權力而鬥爭的行動者。[62] 從這個分析框架看，什麼樣的申訴專員制度有利於維護和實現自己的利益，香港政治行動者都要進行理性設計。香港對申訴專員制度的理性設計一方面體現在對英國和紐西蘭監察專員制度的模仿和借鑑上。《1987 年行政事務申訴專員條例草案》的解釋性備忘錄明確指出，本條例草案的條文是以《1967 年紐西蘭國會專員（冤情大使）法》及《1967 年聯合王國國會專員法》為藍本。CHEONG-LEEN 議員於 1988 年 7 月 20 日在立法局的發言中指出，「像許多香港採納的法律，這個草案（1987 年行政事務申訴專員條例草案）的條款，來源於紐西蘭 1962 年議會專員法和英國 1967 年議會專員法，代表了適合香港真正需要的法律。」[63] 香港對申訴專員制度的理性設計還體現在立法局專責小組對《1987 年行政事務申訴專員條例草案》的認真審研上。

為了同意修訂法案的建議，立法局專責小組舉行了許多內部會議。他們給政府寫了許多時報，與政府討論疑問和可能的修訂。[64] 這個小組與政府代表會見三次之後，於 1988 年 3 月向政府提出對該法案的意見。除了形成自己的觀點之外，小組也對包含在公眾提交書中的建議作出了評價。[65]

但是，這種理性設計對香港申訴專員制度產生的作用只是有限的。因為香港申訴專員制度的理性設計同樣無法滿足功能主義理性設計理論成立需要具備的條件。

皮爾森指出，如果功能主義的理性設計理論能夠成立的話，就必須要滿足三個條件：

第一個條件是制度本身必須是工具理性的產物，即某種制度的設計是為了達到某種目的；

第二個條件是制度的設計者必須要具有充分的遠見，能夠預測到將來可能發生的事情，以利用制度來做有利的處理和應對；

第三是制度的運作要在意料之內，即沒有意外後果發生。

[66] 事實上，在現實的香港申訴專員制度設計和運作過程中，這三個條件都是很難完全滿足的，每一個條件都受到了大量來自香港政治本身的內在制約。首先，制度的設計者並不必然就會以工具性活動的方式來進行制度設計，即制度的設計並不一定就是為達到某種提高效率的目的或特定目標，如（1987 年香港行政事務申訴專員條例草案中的投訴轉介制度設計，投訴轉介顯然不利於實現或提高處理投訴的效率）；其次，香港申訴專員制度的設計者都存在著一定的時間視域，都是有限理性的，只擁有有限的知識和能力；再次，在制度設計之後的運作過程中，完全可能會產生出某種偏離制度設計的意外後果。

四、總督的主導作用：權力的非對稱性

根據歷史制度主義的一個觀點：新制度是在兩股不同力量的衝突中產生的，香港申訴專員制度也是權力衝突的產物。權力衝突把觀念中設計出來的規範轉化為法律制度。在香港舊政治制度中，以總督為核心的統治者與被統治者之間存在權力衝突。總督不是由香港人民選舉出來的，而是由英國女王任命的。總督也不能由香港人民來罷免，而只能由英國女王加以免職。因此，總督必須且不得不維護英國的殖民利益。這一殖民利益與香港人民的利益是

有衝突的。在香港舊制度中，統治者之間也存在權力衝突，如總督與行政局、立法局的權力衝突，特別是總督與立法局非官守議員和民選議員的權力衝突。

進一步說，香港申訴專員制度是不平等的權力之間的衝突的產物。這個命題可以由歷史制度主義的一個通則推理出來。與社會學制度主義所不同的是，歷史制度主義儘管也是在一個充滿制度的世界中來研究制度的起源，儘管它們也關注既存制度是如何限制著新制度的起源，但是它們在這一過程中同時也關注既存制度是如何為新制度的產生提供機會和激勵的。更為重要的是，它們所著重考察的是既存制度下的權力關係在新制度創設時是如何給予某些行動者或利益主體較之於其他行動者更多的權力，從而使其有可能創設出新制度。這反映了歷史制度主義的一個特徵：它們強調在制度的產生過程中權力的非對稱性。

這種非對稱性是香港申訴專員制度生成的關鍵因素。在統治者與被統治者的衝突中，以總督為中心的政府，占據有利地位。所以，20 世紀 60、70 年代，雖然社會上的民間力量強烈要求和支持建立申訴專員制度，但是遭到總督的反對，申訴專員制度就無法在當時建立。在統治者的內部衝突中，總督居於主導地位。如總督要求政府制定《行政事務申訴專員條例草案》，總督要求政府把該草案提交立法局審議通過，總督作為立法局主席對《行政事務申訴專員條例》立法過程進行控制，總督通過各種手段獲得多數立法局議員的支持，總督對該條例的批准、簽署，使其生效，等等。雖然有少部分立法局非官守議員對《行政事務申訴專員條例草案》提出反對意見或保留意見，也有少數立法局非官守議員對《行政事務申訴專員條例草案》的通過持反對票，但是他們都無法阻止《行政事務申訴專員條例草案》的通過。

總督在香港申訴專員制度形成過程中發揮著主導作用，是香港舊政治制度的必然結果。換句話說，在香港申訴專員制度產生過程中權力的非對稱性是香港舊政治制度的必然結果。這裡的舊政治制度也是指 1989 年香港申訴專員制度建立之前的政治制度。香港舊政治制度的基本組織原則是：港督高度集權，以行政為主導；不完全的三權分立，三權互相配合多於互相制衡；採取委任制，不實行民主選舉制。[67] 這些基本原則是由《英王製造》、《皇

室訓令》和《殖民地規例》等憲法性文件形塑的。[68] 按照這些原則組建的政府可以簡稱為「總督制政府」。

　　「總督制政府是描述香港政府制度的非常合適的簡要說法。它的意思就是說，在這片土地上行使行政權力的主要人物是總督，總督控制一切，並就所有的政府行動，對首相負責。」[69] 在總督制政府中，港督是權力最大的機構。港督集行政、立法大權於一身，具有領導香港的最高權力。在軍事上，港督兼任英國駐港三軍總司令，有權接受香港所有海陸空三軍軍官的服從、幫助和支持；在人事上，總督有權委任兩局官守、非官守議員和太平紳士，任命除布政司、按察司和三軍司令外的其他官員以及除最高法院以外的各級法院的法官、總薪級表 D4 和以下官員，對任何官員進行停職、免職以及給予紀律處分；在政策上，港督是行政局主席，港府的一切政策都由港督會同行政局制定，即總督在諮詢行政局後，對行政局討論的任何事項都享有最後決定權；在立法上，港督是主要的立法創議者，有權委任立法局官守議員和官委議員，撤銷不遵守香港法律的立法局議員的職務，批准或否定立法局的法律解散立法局，等等。香港總督在 1992 年以前是香港立法局主席，它的職權有主持會議、決定議程、決定開會時間和在休會期間可決定召開特別會議，等等。因此，行政局作為總督制定政策的諮詢機構，立法局作為總督制定法律的諮詢機構，他們在權力上都無法與總督相對抗，即使 1985 年香港立法局通過《立法局（權力和特權）條例》規定了立法局的一些新的權力與特權。「這個法例從理論上賦予立法局的特權是非常廣泛的，但事實上，由於港督擔任立法局主席、港督有權解散立法局、港督委任了過半的非官守議員，就使得立法局在一定時期內，難於對行政機關構成任何危險」[70]。一言以蔽之，港督享有巨大的行政權力、立法權、一定的司法權力、軍權、英國政府授權處理的某些對外事務方面的權力。因此，香港既存制度在引發出衝突的同時，已將總督置於有利地位而將其他政治行動者置於不利地位。

　　以上四個因素相互聯繫、相互作用，形成了一個序列關係或排列關係，生成了香港申訴專員制度。舊行政申訴制度在新環境中的危機促使政府改善舊行政申訴制度或進行制度創新；若要創新制度，需要新的觀念，新觀念為制度創新提供行動指導；但觀念畢竟不是制度，具體制度要形成還需設計；

設計出來的具體制度，要成為法律，必然涉及權力衝突。這也支持了歷史制度主義的制度起源觀：制度起源於既存的制度偏見所引發的潛在衝突；或者舊制度在新環境下所面臨的危機，從而引發出原有制度之下的政治主體產生改變現存權力的企圖。

註釋

[1] 劉聖中：《歷史制度主義：制度變遷的比較歷史分析》，上海人民出版社，2010 年版，第123 頁。

[2] Ellen M.Immergut，「Historical-Institutionalism in Political Science and the Problem ofChange」，in An-reas Wimmer and Reinhart Kossler，edited，Understand-ng Change：Models，Methodologied，and Metaphors，Pal-rave Macmillan，2006，p244-246.

[3] Paul Pierson and Theda Skocpol，Historical Institutionalism in Contemporary Political Sci-ence，Papered for Presentation ar the American Political Science Association Meetings，Washington，August30th-September2nd，2000.

[4] 劉聖中：《歷史制度主義：制度變遷的比較歷史分析》，上海人民出版社，2010 年版，第154 頁。

[5] Hong Kong Hansard（香港立法局會議過程正式紀錄或香港立法局議事錄），February25，1965，p.48.

[6] Ian Scott：Hong Kong，in Caiden G.E.，ed.，International Handbook of the Ombudsman：Evolution and Present Function，Westport：Greenwood Press，1983，p.113.

[7] Alice Tai，The Impact of Social and Political Environments and their Influence on the Workof the Ombudsman ：Hong Kong，in International Ombudsman Institute & Linda C.Reif，The International Ombudsman Institute yearbook，The Hague：Kluwer Law International，2001，p.77.

[8] Alice Tai，The Impact of Social and Political Environments and their Influence on the Workof the Ombudsman ：Hong Kong .in：International Ombudsman Institute & Linda C.Reif，The Inter-national Ombudsman Institute yearbook，The Hague：Kluwer Law International，2001，p.78.

[9] Hong Kong Hansard，June22，1988，p.1652.

[10] Hong Kong Hansard，June22，1988，p.1652.

[11] Hong Kong Hansard，june22，1988，p.1652.

[12] Hong Kong Hansard，July20，1988，p.1968.

[13] 關於立法局的辯論見《香港立法局議事錄》，1966 年，第 120 頁；1967 年第 169 頁；1969 年第 63 頁；1969-1970 年第 11、20、28-31、39、95 頁。

[14] Hong Kong Hansard，October 8，1969，p.11.

[15] Hong Kong Hansard，October 8，1969，p.95.

[16] [美]E·E·謝茨施奈德：《半主權的人民——一個現實主義者眼中的美國民主》，任軍鋒譯，天津人民出版社，2000 年，第 64 頁。

[17] 劉曼容：《港英政府政治制度論》，社會科學文獻出版社，2001 年，第 410-416 頁。

[18] 彼得威斯萊 - 史密斯：《香港法律制度》，三聯書店（香港）有限公司，1990 年，第 30 頁。

[19] [紐西蘭] 瓦萊裡·安·彭林頓：《香港的法律》，上海翻譯出版公司，1985 年，第 40 頁。G.B.Endacott，Government and People in Hong Kong 1841-1962：A Constitutional History，Hong Kong：Hong Kong University Press，1964，p.229

[20] 金耀基：《行政吸納政治：香港的政治模式》，載形慕寰、金耀基合編，《香港之發展經驗》，香港中文大學出版社，1986 年，第 14 頁。

[21] [英] 彼得·成斯萊 - 史密斯：《香港法律制度》，三聯書店（香港）有限公司，1990 年，第 93-95 頁。

[22] 何俊志：《結構、歷史與行為——歷史制度主義對政治科學的重構》，復旦大學出版社，2004 年，第 228-235 頁。

[23] 劉聖中：《歷史制度主義：制度變遷的比較歷史分析》，上海人民出版社，2010 年，第 157 頁。

[24] 林莉紅：《香港的行政救濟制度》，《中外法學》，1997 年第 5 期，第 34 頁。

[25] 林莉紅：《香港行政糾紛解決機制研究》，香港法律教育信托基金：中國、香港法律制度研究與比較，1997 年，第 355 頁。

[26] [英] 諾曼遺因納斯著，伍秀珊等譯：《香港的政府與政治》，上海翻譯出版公司，1986 年，第 102 頁。

[27] 林莉紅：《香港的行政救濟制度》，《中外法學》，1997 年第 5 期，第 38 頁。

[28] 陳弘毅：《論香港法院現有的管轄權》，《香港法律和香港政治》，廣角鏡出版有限公司，1990 年，第 61 頁。

[29] 林莉紅：《香港行政糾紛解決機制研究》，香港法律教育信托基金：中國、香港法律制度研究與比較，1997 年，第 357-358 頁。

[30] 薛剛凌：《外國及港澳臺行政訴訟制度》，北京大學出版社，2006 年，第 348 頁。

[31] See Ian Scott：Hong Kong，in Caiden G.E.，International Handbook of the Ombudsman：Evolution and Present Function，Westport：Greenwood Press，1983，p115.

[32] [英] 諾曼J·邁因納斯著，伍秀珊等譯：《香港的政府與政治》，上海翻譯出版公司，1986年，第 208 頁。

[33] 黃國華：《地方行政制度》，載鄭宇碩編《香港政制及政治》，香港天地圖書有限公司，1987 年，第 161 頁。

[34] 劉曼容：《港英政府政治制度論》，社會科學文獻出版社，2001 年，第 254 頁。

[35] Marten Oosting，The Ombudsman and his Environment：A Global View，in Linda C.Reif，ed.，The International Ombudsman Anthology：Selected Writings From The International Om-budsman Institute，The Hague：Kluwer Law International，1999，p.1.

[36] Alice Tai，The Impact of Social and Political Environments and their Influence on theWork of the Ombudsman ：Hong Kong .In：International Ombudsman Institute & Linda C.Reif，TheInternational Ombudsman Institute yearbook，The Hague：Kluwer Law International，2001，p.82.

[37] [英] 伊恩·斯科特等主編，陸仁譯：《香港公務員──人事政策與實踐》，上海翻譯出版公司，1990，第 19-24 頁。

[38] David Clark，Hong Kong Administration Law，Butter Worths Asia.1993，pp.1-13.

[39] Divid Clark，Towards a More Open Administration，in Ian Scott，John P.Burns，eds.，TheHong Kong Civil Service and its Future：Oxford University Press，1988.p.169.

[40] Lo，C.& Wickins，R.J.，Towards an Accountable and Quality Public Administration inHong Kong：Redressing Administrative Grievances Through the Ombudsman.International Journalof Public Administration，Vol.25，2002，pp.743-744.

[41] Ambrose，The Political Culture of Kwun Tong：A Chinese Community in Hong Kong，inSocial Life and Development in Hong Kong，p.151.

[42] [英] 諾曼·J·邁因納斯著，伍秀珊譯：《香港的政府與政治》，上海翻譯出版公司，1986 年，第 51 頁。

[43] 孟慶順：《「一國兩制」與香港回歸後的政治發展》，香港社會科學出版社有限公司，2005 年，第 16-18 頁。

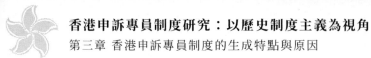

[44] 劉曼容：《港英政府政治制度論》，社會科學文獻出版社，2001 年，第 356-358 頁。

[45] 王寅城：《香港的回歸》，新華出版社，1996 年，第 96-98 頁。

[46] Lo，C.& Wickins，R.J.，Towards an Accountable and Quality Public Administration inHong Kong：Redressing Administrative Grievances Through the Ombudsman.International Journalof Public Administration，Vol.25，2002，p.738.

[47] Lo，C.& Wickins，R.J.，Towards an Accountable and Quality Public Administration inHong Kong：Redressing Administrative Grievances Through the Ombudsman.International Journalof Public Administration，Vol.25，2002，p.745.

[48] [英] 諾曼‧邁因納斯著，伍秀珊等譯：《香港的政府與政治》，上海翻譯出版公司，1986 年，第 210 頁。

[49] Rebecca Wong kin Lin，A Survey of Complaint-Handling Institutions in Hong Kong，In-ternational Ombudsman Institute，Occasional Paper #23，June 1983，p.18.

[50] 胡錦光：《香港行政法》，河南人民出版社，1997 年，第 291 頁。

[51] 亨利‧埃爾曼：《比較法律文化》，三聯書店，1990 年，第 231 頁。

[52] See Alice Tai，The Impact of Social and Political Environments and their Influence on theWork of the Ombudsman ：Hong Kong，in International Ombudsman Institute & Linda C.Reif，TheInternational Ombudsman Institute yearbook，The Hague：Kluwer Law International，2001.p.78.

[53] [英] 諾曼‧邁因納斯著，伍秀珊等譯：《香港的政府與政治》，上海翻譯出版公司，1986 年，第 206 頁。

[54] 何俊志：《結構、歷史與行為——歷史制度主義對政治科學的重構》，復旦大學出版社，2004 年，第 233 頁。

[55] Cooray，M.J.A.，Hong Kong´s ombudsman：the First Decade，in Institutional Ombuds-man Institute & Reif L.C.，eds.，The International Ombudsman Yearbook，Vol.3，The Hague：Kluwer Law International，1999，p.74.

[56] Alice Tai，The Impact of Social and Political Environments and their Influence on theWork of the Ombudsman：Hong Kong，in International Ombudsman Institute &Linda C.Reif，TheInternational Ombudsman Institute yearbook，The Hague：Kluwer Law International，2001，p.77.

[57] Alice Tai，The Impact of Social and Political Environments and their Influence on theWork of the Ombudsman：Hong Kong，in International Ombudsman Institute &Linda C.Reif，TheInternational Ombudsman Institute yearbook，The Hague：Kluwer Law International，2001，p.78

[58] 何俊志：《結構、歷史與行為——歷史制度主義對政治科學的重構》，復旦大學出版社，2004 年，第 232-233 頁。

[59] Peter.A Hall.The political power of economic ideas：Keynesianism across nations，Prin-ceton university press，1989，pp.383-384.

[60] Cooray，M.J.A.，Hong Kong´s ombudsman：the First Decade，in Institutional Ombuds-man Institute & Reif L.C.，eds.，The International Ombudsman Yearbook，Vol.3，The Hague：Kluwer Law International，1999，p.74.

[61] 何俊志：《結構、歷史與行為——歷史制度主義對政治科學的重構》，復旦大學出版社，2004 年，第 233 頁。

[62] 何俊志：《結構、歷史與行為——歷史制度主義對政治科學的重構》，復旦大學出版社，2004 年，第 232-233 頁。

[63] Hong Kong Hansard，july20，1988，p.1955.

[64] Hong Kong Hansard，June22，1988，p.1652

[65] Hong Kong Hansard，july20，1988，p.1967.

[66] Paul Pierson，The Limits of Design：Explaining Institutional Origins and Change，Goven-ance：An International Journal of Policy and Adminitration，Vol.13，No.4，October 2000，pp.475-499.

[67] 劉曼容：《港英政府政治制度論》，社會科學文獻出版社，2001 年，第 31 頁。

[68] 香港是一個殖民地區，不是一個獨立的政治實體，更不是一個國家。因此，它不可能有嚴格意義上的憲法，只能說具有「憲法性」文件。

[69] [英] 彼得·威斯萊 - 史密斯：《香港法律制度》，馬清文譯，三聯書店（香港）有限公司，1990，第 31 頁。

[70] 徐克恩：《香港：獨特的政制架構》，中國人民大學出版社，1994 年，第 92 頁。

第四章 香港申訴專員制度的變遷

香港申訴專員制度產生以後，隨著時間延續而逐漸變遷。對這一變遷，特別是香港申訴專員條例的變遷，必須加以研究。只有分析香港申訴專員制度的變遷，才能理解現在的申訴專員制度，因為變遷的歷史規定了現在申訴專員制度的內容。作者同樣從歷史制度主義的角度來研究香港申訴專員制度的變遷。歷史制度主義在處理制度變遷時主要涉及三個變量：舊制度、環境和行動者。它認為，制度變遷的運動一方面來自兩個集團之間的衝突和競爭，同時也來自於環境的變遷所提供的機會和可能。以此為指導，作者分析香港申訴專員制度變遷的特點，解釋香港申訴專員制度變遷的原因。

▎第一節 香港申訴專員制度變遷的特點

歷史制度主義在研究制度的自身的變遷時，其方式是從追尋事件生髮的歷史進程來提出解釋的。斯科克波爾認為，「相對於理性選擇制度主義而言，歷史制度主義者們更傾向於隨著時間的展開而去追尋事件生髮的順序，以表明先前的事件是如何在改變隨後事件的模式。」[1] 因此，作者分析香港申訴專員制度變遷的第一個特點就是從歷史的視角出發。歷史制度主義代表人物斯坦默指出，既然我們在理論上明確了不同歷史時期的制度起著不同的作用，不同的歷史時期是不同的制度在起作用，那麼我們在歷史的視角下進行制度分析首先應該進行歷史分期，以找出在不同的歷史時期內到底是哪種制度在起著哪種具體的作用。[2]

一、變遷的片斷性：歷史分期

雖然歷史制度主義者們不願意去建立那些普遍化的歷史變遷模式，但是理論的解釋又必然需要他們去建立某種歷史變遷模式。歷史制度主義者們認為，解決這一問題的方法就在於去對歷史的變遷進行某種分期。歷史制度主義者們劃分歷史分期的主要標準就是制度變遷的歷史，因為在他們看來，作為歷史集裝器的制度是主導著歷史朝著某一方向而不朝另一方向發展的主要因素。因此，根據香港申訴專員條例的三大變遷，可以把香港申訴專員制度

的歷史分為形成期（1989年2月1日-1994年6月23日）、調整期（1994年6月24日-1996年12月26日）、發展期（1996年12月27日-2001年12月18日）和鞏固期（2001年12月19日-至今）。這三大變遷分別是1994年變遷、1996年變遷和2001年變遷。

　　1、香港申訴專員制度的1994年變遷

　　立法局在1988年通過行政事務申訴專員草案時，政府當局曾承諾在專員履行其職責一段合理時間後，會檢討專員的職務、職權範圍、與立法局的相互關係，以及專員公署的運作架構等。為了履行承諾，政府當局在1990年初（大約在該制度運行10個月後）對行政事務申訴專員條例進行初步的檢討。1991年10月，當時的申訴專員應政府的要求，就檢討範圍一事，提交了一份意見書，列出了9項建議檢討事項。在參考申訴專員意見的同時，行政當局還考慮立法局議員檢討行政事務申訴專員公署職權範圍事宜小組的意見，最終確定了檢討範圍、諮詢方式及檢討工作時間表。檢討工作的時間表如下：1992年5月-8月中旬為諮詢期；1992年8月下旬至9月，分析所收到的意見，與立法局專責小組進一步商討；1992年10月-11月，擬訂建議；1992年底-1993年初，實施各項決定，包括作出法例修訂。1992年6月，布政司署發布了一份簡短的名為《行政事務申訴專員公署的工作檢討》的諮詢文件，綜述行政事務申訴專員公署現時的職權範圍及運作情況，以及這次檢討所概及的事項等背景資料，並邀請公眾在1992年8月15日前把意見提交給布政司署政務主任。

　　1992年剛上任的香港總督彭定康在1992年10月7日的立法局發言中對香港申訴專員公署提出三項改變建議，即「目前，市民必須經由本局一位非官方議員轉介，才可以要求行政事務申訴專員調查他的投訴。日後，市民應可直接向行政事務申訴專員投訴；目前，行政事務申訴專員不能發表調查報告，這項限制應予撤銷。不過，我們當然會繼續保護有關人士的私隱；行政事務申訴專員的職權範圍應擴大至包括處理對法定機構，例如香港地下鐵路公司及九廣鐵路公司的投訴。實行這些改變後，行政事務申訴專員公署便可發揮更大作用，確保不會有行政失當及任意運用行政權力的行為。」[3]

　　政府當局參照通過條例檢討得到的各方面意見和建議，根據總督的這些建議，擬定了《1993 年行政事務申訴專員（修訂）條例草案》。該草案的基本原則是行政事務申訴專員制度更容易為公眾服務和更加向市民負責。《1993 年行政事務申訴專員（修訂）條例草案》於 1993 年 7 月 9 日刊登在憲報的第三號法律副刊上，並於 1993 年 7 月 21 日被提交給立法局進行首讀和二讀。二讀後，該草案獲按照會議常規第 42（3A）條的規定，提交內務委員會審議。1994 年 4 月 29 日，立法局成立一個由 10 位議員組成的以李華明議員為主席的條例草案審議委員會。條例草案審議委員會先後舉行 3 次會議，其中一次與政府當局舉行，一次與申訴專員舉行。此外，條例草案審議委員會也曾經審議兩個市政局（市政局和區域市政局）遞交的 4 份意見書，並與其代表會晤。條例草案審議委員會討論的主要問題是：是否擴大申訴專員的職權範圍至包括兩個市政局、申訴專員是否有主動進行調查的權力、申訴專員可否就涉及專業判斷的申訴進行調查的問題、是否需要成立立法局委員會監察申訴專員的工作及查核其建議是否獲得執行。[4] 1994 年 6 月 15 日，立法局恢復二讀辯論。李華明、黃匡源、何敏嘉、曹紹偉、李永達和布政司的一位官員等六位議員在此階段致辭。議員發言後，條例草案二讀動議付諸表決，並獲通過。條例草案經過二讀後，條例草案獲按照會議常規第 43（1）條的規定，提交全局委員會審議。草案第 1、4 至 7、11 至 13、15 及 16 條首先在委員會審議階段獲得通過。接著，李永達議員提出對草案的第 2、3、8、9 及 10 條的修訂動議。這些動議主要圍繞行政事務申訴專員的主動調查權力。

　　這些修訂動議被付諸分組表決後通過。最後，新訂的第 1A 條（修訂詳細標題）、新訂的第 3A 條（不受調查的行動）、新訂的第 12A 條（專員權力及職責的轉授）

　　條文經過首讀，並經按照會議常規第 46（6）條的規定，下令記錄在案，以便二讀。

　　緊接著李永達議員動議新訂的第 1A、3A 及 12A 條應予二讀。新訂條文的二讀動議經向本局提出，付諸表決，並獲通過。然後李永達議員又動議新

訂的第 1A、3A 及 12A 條，應列入本條例草案內。增訂新條文的動議經向本局提出，付諸表決，並獲通過。至此，委員會階段結束。

立法局會議隨即恢復，進入條例草案三讀階段。條例草案三讀動議經向本局提出，付諸表決，並獲通過。1994 年 6 月 23 日，總督簽署《1994 年行政申訴申訴專員（修訂）條例》（1994 年第 44 號條例）。1994 年 6 月 24 日，政府把該條例刊登在 1994 年第 25 期憲報第 1 號法律副刊上。

《1994 年行政事務申訴專員（修訂）條例》的主要修訂內容有：

（1）確立直接投訴。廢除轉介制度，容許市民直接向申訴專員提出投訴。

（2）擴大職權範圍。申訴專員的職權範圍增加六個法定組織，即香港地下鐵路公司、九廣鐵路公司、證券及期貨事務監察委員會、市政局、區域市政局和房屋委會。

（3）增加權力。第一，增加公布不具名調查報告權。申訴專員被授權可於任何時間，以不披露所涉人士身分的方式，公布專員認為與公眾利益有關的調查報告。以往，專員只能在年報內公布調查報告。第二，增加主動調查權（或直接調查權）。這項修訂規定授權申訴專員在沒有接獲任何投訴的情況下，也可以主動展開調查。

2、香港申訴專員制度的 1996 年變遷

《1994 年行政事務申訴專員（修訂）條例》生效後，香港的申訴專員（自 1994 年 7 月起，行政事務申訴專員改為申訴專員）現有的權力和職權範圍與傳統的申訴專員（ombudsman）的權力和職權範圍更為相似。申訴專員認為，把其英文職銜改為「The Ombudsman」，可方便他與外地的申訴專員的聯繫。另一方面，政府在 1994 年 6 月公布其會制定一套有關公開資料的行政守則，以實踐其使市民有一個更公開及更負責政府的承諾。公開資料守則首先以試驗方式進行，適用於九個布政司署決策科及部門。政府曾公開聲明，如有任何人向已實施公開資料守則的部門或決策科索取資料時被拒，可向申訴專員提出上訴。申訴專員可根據其現有的法定權力，調查條例附表 1

所列的部門或決策科是否已適當實施守則的規定。不過，目前有幾個部門不在申訴專員的職權範圍內，這些部門包括警隊、廉政公署、投訴警方獨立監察委員會祕書處和公務員敘用委員會祕書處。

在這兩個背景下，政府建議修訂《申訴專員條例》，並制定了《1996 年申訴專員（修訂）條例草案》。

《1996 年申訴專員（修訂）條例草案》於 1996 年 7 月 5 日被刊登在 1996 年第 27 號政府憲報的第三號法律副刊上，並於 1996 年 7 月 10 日在立法局被首讀。條例草案經過首讀後，立法局依據《會議常規》第 41（3）條的規定對其安排二讀。

布政司動議二讀時說：本條例草案有三個目的。

第一個目的是要賦權予申訴專員調查警務處、總督特派廉政專員公署、投訴警方獨立監察委員會祕書處及公務員敘用委員會祕書處就《公開資料守則》而採取或由他人代其採取的任何行政行動。

第二個目的是要促進申訴專員的運作

第三個目的是要把申訴專員的英文職銜改為「The Ombudsman」。」[5] 條例草案二讀議案經提出待議。

為了審議條例草案，立法局成立了以周梁淑怡議員為主席的條例草案委員會。條例草案委員會在 1996 年 10 月 14 日、10 月 29 日、11 月 19 日分別與政府舉行 T3 次會議。在其中的第二次會議上，條例草案委員會與申訴專員公署的代表會面。條例草案委員會支持將專員的英文職銜改為「Ombudsman」的建議，也支持修改保密條文的建議，同意支持賦予專員提交調查報告酌情權的建議。該條例草案委員會也建議，應在 1996 年 12 月 18 日恢復二讀辯論此條例草案。

接受條例草案委員會恢復二讀的建議，立法局於 1996 年 12 月 18 日恢復對該草案的二讀辯論。條例草案二讀之議題付諸表決，並獲通過。條例草案三讀之議題經提出待議，付諸表決，並獲通過。1996 年 12 月 24 日，總督彭定康簽署《1996 年申訴專員（修訂）條例》（1996 年第 74 號條例）。

1996 年 12 月 27 日，政府把該條例刊登在 1996 年第 52 期憲報第 1 號法律副刊上。至此，《1996 年申訴專員（修訂）條例》正式生效。其主要內容有：

（1）擴大職權範圍。條例授權申訴專員調查皇家香港警務處、皇家香港輔助警隊、總督特派廉政專員公署、投訴警方獨立監察委員會祕書處及公務員敘用委員會祕書處等五個機構的與《公開資料守則》有關的行政失當行為，但不得調查前三個機構就防止、偵查或調查任何刑事罪或罪行而做出的單獨或共同行動。

（2）增加權力，即調查報告自由裁量權。條例不再硬性規定申訴專員必須就經正式調查的投訴個案出具調查報告。

（3）減輕保密義務。條例對保密規定做出更明確的闡釋，清楚規定申訴專員及公署人員須將行使處理投訴職能時所知悉與調查或投訴有關的事項保密。

如果必須披露某些資料方能進行《申訴專員條例》授權展開的調查，申訴專員及公署人員就有權披露這些資料。

（4）改變申訴專員的英文職銜。條例把申訴專員的英文職銜 The Commis-sioner for Administrative Complaints（簡略為 COMAC）改為「The Ombudsman」。

3、香港申訴專員制度的 2001 年變遷

申訴專員雖然一直獨立地履行職務，但其與政府的關係密切，而且其大體上像政府部門一樣運作。比如，申訴專員公署的大部分職位由借調自公務員隊伍的一般職繫人員出任；其營運開支受政府資源分配及會計制度管轄；以及由政府部門為其提供行政支持服務。申訴專員的獨立性得到立法會議員的關注。他們擔心，由公務員隊伍借調人手的安排可能會削弱申訴專員的獨立性，因為這些公務員在申訴專員公署工作一段時間後會被調回公務員隊伍。此外，按照現行安排，申訴專員在選擇或挽留人員以及迅速調整人員編制以適應不斷轉變或突如其來的工作量方面均缺乏靈活性。基於上述因素，申訴專員建議公署正式「脫離」政府架構，有權構建獨立於公務員制度的行政及

財務管理系統。政府當局認為從管理行政投訴的角度看，有必要採取措施以提升公署的獨立形象，並讓申訴專員擁有必要的權力，以確保公署脫離政府架構後仍得以有效地運作及管理。[6] 於是政府著手制定申訴專員條例修改草案，名為《2001 年申訴專員（修訂）條例草案》。

該草案於 2001 年 4 月 26 日被提交立法會屬下的司法及法律事務委員會省覽。此後，根據《中華人民共和國香港特別行政區基本法》第五十六條規定（行政長官向立法會提交法案，須徵詢行政會議的意見），行政長官在 2001 年 5 月 15 日主持召開行政會議。行政會議建議，行政長官應把《2001 年申訴專員（修訂）條例草案》提交給立法會。於是，政府當局於 2001 年 5 月 18 日在政府憲報第 3 號法律副刊中刊登此條例草案，在 2001 年 5 月 30 日將其提交立法會進行首讀和二讀。在二讀時，當時的政務司司長介紹了該草案的目的和內容要點。[7] 二讀後，按照《議事規則》，該辯論押後，而條例草案則交由內務委員會處理。在 2001 年 6 月 1 日的內務委員會會議上，根據《議事規則》第 75（4）條，議員同意成立法案委員會 [8] 研究本條例草案。《2001 申訴專員（修訂）條例草案》的法案委員會選舉吳靄儀議員為主席分別在 2001 年 6 月 28 日、2001 年 7 月 16 日、2001 年 9 月 7 日、2001 年 9 月 26 日舉行四次會議。法案委員會也與政府當局及申訴專員進行討論，並曾審閱香港律師會提交的意見書。2001 年 11 月 2 日，該法案委員會向內務委員會提交報告。

2001 年 11 月 28 日，立法會恢復辯論。辯論後，立法程序進入全體委員會審議階段。隨後，進入法案的三讀，並獲得通過。但這時該法案並未生效。因為《中華人民共和國香港特別行政區基本法》第七十六條規定，香港特別行政區立法會通過的法案須經行政長官簽署、公布方能生效。2001 年 12 月 6 日，行政長官簽署《2001 年申訴專員（修訂）條例》（2001 年第 30 號條例）。2001 年 12 月 7 日，政府把該條例刊登在 2001 年第 49 期第 1 號法律副刊上。2001 年 12 月 11 日，當時的署理行政署長張瓊瑤在 2001 年第 50 期憲報第二號法律副刊上發布 2001 年第 273 號法律公告，指定 2001 年 12 月 19 日為該條例開始實施日期。

《2001 年申訴專員（修訂）條例》，共 24 條，分為四個部分。其中的第二部分通過修訂（含代替、刪除）已有條文和補充條文來對香港申訴專員制度作出變遷。除了改變名稱外，即「專員」（Ombudsman）是指單一法團意義「申訴專員」，而作為個人意義的申訴專員則被稱作「獲委為專員的人」，2001 年的制度變遷主要表現在以下五個方面。

（1）擴大職權範圍。條例增加了兩個本條例適用的機構，即平等機會委員會和個人資料隱私專員公署。

（2）增加權力。這次制度變遷賦予申訴專員多項新的權力。

①委任顧問權。專員可不時委任他認為有需要的技術或專業顧問，以協助他根據本條例執行他的職能。

②盈餘資金投資權。在符合條例的規定下，專員可將他非即時需支用的資金投資。

③財產權。專員可以取得和持有他認為為了以下目的而需要的任何類別的財產：提供地方給專員或其依法委任的人；執行專員的任何職能，並可在持有該財產所按的條款及條件的規限下處置該財產。

④合同權。專員可以訂立、履行、轉讓、更改或撤銷任何合約、協議或其他義務，或接受他人所轉讓的任何合約、協議或其他義務。

⑤作出特別事情權。專員可作出所有為更好地執行其職能而需要作出的或連帶須作出的事情，亦可作出所有有助於更好地執行其職能的事情。

⑥收費權。專員可就符合以下說明的服務向某人收取由專員決定的合理費用：經行政署長批准的；及專員根據本條例向該人提供的（但依據本條例委予的義務而提供的除外）。專員可將這種費用作為拖欠他的民事債項予以追討。

⑦豁免權。第一項豁免權是民事法律責任豁免權。任何人如在執行或其意是執行本條例下的任何職能，或行使或其意是行使本條例下的任何權力時，出於真誠而作出或不作出任何作為，該人無須就該等作為負上個人民事法律

責任，亦無須就該等作為而對任何民事申索負上個人法律責任。第二項豁免權是繳稅豁免權。專員獲豁免繳付根據《稅務條例》（第112章）徵收的稅項。如由政府一般收入撥付的薪金或其他利益，專員不用納稅。

（3）增強獨立性。條例規定，「申訴專員」為單一法團。專員屬永久延續，並可以該法團名稱起訴和被起訴，須備有正式印章。條例還授權專員決定他其委任的人的薪金、委任條款及條件。條例規定，除了在防止賄賂和管制專員的開支預算情況下是公職人員外，專員不得視為政府的雇員或代理人，亦不得視為享有政府的地位、豁免權或特權。

（4）提高處理申訴的效率。條例通過增加初步查訊程序規定和調解程序規定來提高處理申訴的效率。這兩種程序都是任意性程序。條例規定，專員可為斷定是否展開調查而進行他認為適當的初步查訊。條例規定調解的條件、調解的原則、調解員的資格與權利、調解的後果、調解行為的證據效力等。

（5）加大對申訴專員的監督。首先，行政長官和立法會對專員業務工作和資源管理的監督。條例規定，在財政年度完結後，專員須在切實可行範圍內盡快（在任何情況下須在財政年度完結後的6個月內）將以下文件提交行政長官，而行政長官須安排將之提交立法會省覽：一份專員的工作的報告，帳目報表的文本；核數師就該報表所作的報告。條例也規定申訴專員須繼續履行《公共財政條例》下的管制人員的職責，向立法會交代資源運用的情況。其次，審計署審計長對專員執行職能和資源使用的審核。條例規定，審計署審計長可就任何財政年度，對專員在執行其職能及行使其權力時使用其資源是否合乎經濟原則及講求效率及效驗的情況進行審核。但審計署審計長不能質疑專員的政策目標。最後，申訴專員和公署職員與其他主要法定機構一樣，接受《防止賄賂條例》規管。

總而言之，法律形式的香港申訴專員制度變遷並不是每年都有的，而是隔幾年才有一次的。這就是香港申訴專員制度變遷的片斷性或非連續性。這種變遷的非連續性也可描述為不均衡性。香港申訴專員制度變遷的不均衡性是指，回歸前香港申訴專員制度變遷次數多而回歸後香港申訴專員制度變遷次數少。以香港主權回歸時間（1997年7月1日）為分界點，在此點之前香

港申訴專員制度的變遷有兩次，即 1994 年申訴專員條例修訂和 1996 年申訴專員條例修訂；在此點之後香港申訴專員制度的變遷只有一次，即 2001 申訴專員條例修訂。每經過一次變遷，香港申訴專員制度就有所變化。如 1995 年香港申訴專員制度不同於 1989 年香港申訴專員制度；1997 年的香港申訴專員制度不同於 1995 年香港申訴專員制度；2002 年香港申訴專員制度不同於 1997 年的香港申訴專員制度。

香港申訴專員制度的每一次變遷都是在前一次變遷的基礎上進行，都受到前一次變遷的制約。如 1997 年的申訴專員制度仍有 1989 年申訴專員制度的部分內容，2002 年的申訴專員制度也仍有 1989 年申訴專員制度的部分內容。因此，歷史制度主義者艾肯貝利指出，「制度的變遷是分片斷且具有黏性的，而不是持續性和漸增性，T1 時刻的制度與 T2 時刻的制度並不能等同視之。」[9]

二、變遷的演進性：路徑依賴

制度變遷研究是歷史制度主義最重要的主題。歷史制度主義的制度變遷理論體繫的一個重要內容是制度變遷的類型和具體方式。因此，在用歷史制度主義來分析香港申訴專員制度變遷時，有必要分析香港申訴專員制度變遷的類型。

1、香港申訴專員制度變遷演進性的判定

歷史制度主義在處理制度的變遷時區別了三種類型的制度變遷，即制度的功能變化、制度的演進和制度的斷裂。[10] 制度功能變遷有三種情況。第一是當制度所置身於其中的社會經濟環境或政治背景發生變化的情況下，可能會改變原有制度的排列狀況，使得在原有制度框架中不那麼顯眼的制度逐漸變得重要起來，也有可能使原本比較重要的制度變得不那麼重要，並產生出相應的政治後果。第二是制度所置身於其中的社會經濟環境或政治平衡發生一定改變之後，尤其是在社會經濟的變化使得在原有制度框架之下出現了一個新的政治行動者時，這個新的政治行動者可能會利用現存的舊制度來服務於新的政治目標，使制度的功能發生扭曲。第三種情況是，在制度所置身的

社會經濟發生變化的情況下，舊制度框架內的某些行動者也有可能利用舊制度來追求新目標，從而導致原有的制度出現危機。制度的演進是指一旦制度產生出來之後，即使在制度處於路徑依賴的正常時期內，也常常可能出現一個制度自身的微調狀況。就制度斷裂類型而言，導致制度劇烈變遷的最大因素就是社會經濟環境的劇烈變化引起了巨大的新衝突，原有的制度又在路徑依賴的作用下進入閉鎖狀態失去調適功能而不可能容納這種衝突時，就會導致原有的制度出現斷裂。

作者認為，香港申訴專員制度變遷屬於第二種類型，即制度的演進。因為制度的功能變化是在制度本身沒有變化的前提下發生的。事實上，香港申訴專員制度卻已經發生變化。所以香港申訴專員制度變遷不能歸類於歷史制度主義的制度功能變化。而制度的斷裂是發生在社會經濟環境劇烈變化的背景下，可是，香港申訴專員制度的變遷至今還沒有遇到這種嚴重的社會危機。因此，香港申訴專員制度的變遷也不屬於制度的斷裂。排除了功能變化和制度的斷裂，從理論上可以認定香港申訴專員制度的變遷屬於制度的演進類型。

2、香港申訴專員制度變遷演進性的原因

香港申訴專員制度變遷的這種演進性只能發生在制度的路徑依賴期（或制度存續的正常時期），而不會出現在制度的斷裂期。或者說，香港申訴專員制度主要因為路徑依賴產生其變遷的演進性。歷史制度主義學者皮爾森指出，在社會科學研究之中，路徑依賴有廣義和狹義之分，廣義上的路徑依賴是指前一階段所發生的事情會影響到後一階段出現的一系列時件和後果。狹義上的路徑依賴是指：「一旦一個國家或地區沿著一條道路發展，那麼扭轉和退出的成本將非常昂貴。即使在存在另一種選擇的情況下，特定的制度安排所筑起的壁壘也將阻礙著初始選擇時非常容易實現的轉換。」[11] 簡而言之，路徑依賴就是指制度的一種自我強化機制，即一旦某種制度被選擇之後，制度本身就將會產生一種自我捍衛和強化的機制，使得扭轉和退出這種制度的成本將隨著時間的推移而越來越大。或者說，路徑依賴強調的是歷史進程中某個重要的制度、結構、社會力量、重大事件或者其他關係對當前制度型構所產生的方向、內容和模式的同質性的依賴性影響。

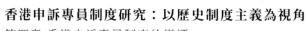

香港申訴專員制度具有路徑依賴特徵的一個重要原因在於它是一種政治制度和它屬於政治生活。政治生活有不同於經濟生活的一面。由於政治活動所提供的不是一種私人產品而是公共產品，所以政治產品有獨特的生產和供給機制，即不能通過以自願為基礎的市場機制來供應，而只能通過以法律為基礎的規則來作為基礎，從而產生出權威性的政治產品供給機制。

這些決定了政治世界具有四個明顯的相互關聯的不同於經濟生活的特徵：

一是集體行動的核心地位；

二是制度的高度密集；

三是能夠運用政治權威提高權力的非對稱性；

四是內在的複雜性和不透明性。

皮爾森認為，政治生活相對於經濟生活而具有的上述四個特徵，不僅沒有弱化其路徑依賴現象，反而還進一步強化了政治制度的路徑依賴特徵。

香港申訴專員制度的路徑依賴性還可能由於其與其他制度的關係。古丁和豪爾等人證明，政治制度的路徑依賴除了來自於制度設計方面的因素之外，還有可能來自於制度之間的相互關係。[12] 每一個國家的任何一項制度都不是單獨存在的，每一套制度的存在都必然會有相關的制度來與之配套，從而在制度之間形成相互適應、相互補充和相互配合，從而使得該國的許多制度都形成了相互拱衛和高度聯結的狀態，進而造成數項制度共同鑄就的制度模組走上路徑依賴的結果。《中英聯合聲明》第三條第三款規定，現行的法律基本不變。《中英聯合聲明》附件一《中華人民共和國對香港的基本方針政策的具體說明》第二部分指出，香港特別行政區成立後，香港原有法律（即普通法及衡平法、條例、附屬立法、習慣法）除與《基本法》相抵觸或香港特別行政區的立法機關作出修改者外，予以保留。這個內容也規定在 1990 年 4 月 4 日第七屆全國人民代表大會第三次會議通過的《中華人民共和國香港特別行政區基本法》上，即香港特別行政區不實行社會主義制度和政策，保持原有的資本主義制度和生活方式，五十年不變。

這些其他制度使得香港申訴專員制度的扭轉和退出更加困難。

香港申訴專員制度的路徑依賴性甚至可能與文化傳承有關。制度也離不開文化的約束，文化的因子總會滲入制度的具體規定和內在精神，成為決定制度變遷走向的重要變量。文化的路徑依賴表現在文化的內核彌母（memes）通過關鍵的依賴機制——社會學習從舊制度或舊文化載體上轉移到新載體上，從而使得文化因子得到傳承，保持著文化模型的一致性和連續性。[13]

總之，香港申訴專員制度表現出來的路徑依賴現象一方面來自政治制度設計和生成的特殊邏輯，另一方面來自於政治生活相對於經濟生活和一般社會生活的獨特機制。也正是路徑依賴這一現象的存在，才使得香港申訴專員制度能夠表現出長久的穩定性特徵，也才使得我們在對其進行分析時，能夠在某個時段內將其看成是能夠影響和決定政治行為的自變量。

3、香港申訴專員制度變遷演進性的表現

香港申訴專員制度的變遷是上升的微調，是進步的微調，是走向高級形態的微調。這就是說，香港申訴專員制度變遷呈現出明顯的發展性和進步性。這主要體現在可進入性變強、職權範圍擴大、權力增加、獨立性增強、不必要的限制和義務不斷減少、程序逐漸簡化和靈活等等方面。

（1）可進入性變強

《1988 年行政事務申訴專員條例》規定，投訴必須通過立法局非官守議員轉介給行政事務申訴專員。《1994 年行政事務申訴專員（修訂）條例》廢除轉介制度，確立直接投訴制度。在轉介制度下，申訴專員只能接受處理由立法局非官方議員轉介其調查的投訴，致使申訴專員與所服務的市民之間存在隔閡。直接投訴制度取代舊有的轉介制度後，市民可隨時與申訴專員公署直接聯絡。這樣，申訴專員與所服務的市民之間的聯繫會更加緊密，讓申訴專員能夠直接為他們提供服務。

（2）管轄範圍變廣

《1988 年行政事務申訴專員條例》授權申訴專員可以調查大部分的政府部門和極少量的法定組織。《1994 年行政事務申訴專員（修訂）條例》擴展

申訴專員的職權範圍至六個法定組織，即香港地下鐵路公司、九廣鐵路公司、證券及期貨事務監察委員會、市政局、區域市政局和房屋委會。《1996 年申訴專員（修訂）條例》授權申訴專員調查皇家香港警務處、皇家香港輔助警隊、總督特派廉政專員公署、投訴警方獨立監察委員會祕書處、公務員敘用委員會祕書處等五個機構的與《公開資料守則》有關的行政失當行為。《2001 年申訴專員（修訂）條例》又增加了兩個本條例適用的機構，即平等機會委員會和個人資料隱私專員公署。

　　（3）權力和權利的增多

　　《1988 年行政事務申訴專員條例》規定申訴專員有評審受理權、對投訴的調查權（包括獲取資料權、查詢權、傳召權、訊問權、律師列席調查決定權、進入房產權等等）、製作和提交報告權、權力轉授權和其他一些特權。1994 年 6 月 24 日修訂的《行政事務申訴專員條例》，授予申訴專員以公布報告權和直接調查權。

　　《1996 年申訴專員（修訂）條例》增加了調查報告自由裁量權。2001 年修訂後的《申訴專員條例》確認和規定了專員的調解權、委任顧問權，增補了專員的財產取得和持有權、合同權、盈餘資金投資權、作出特別事情權、收費權、個人民事和法律責任豁免權以及稅收豁免權。至此，香港申訴專員的權力類似於加拿大不列顛哥倫比亞省申訴專員的權力。

　　（4）獨立性加強

　　《1988 年行政事務申訴專員條例》沒有明確規定申訴專員的獨立性質和獨立地位。該條例規定的職位的穩定性、運作資金的專門性、調查方面的自由裁量權等一些條款隱含著申訴專員在某些方面的一定獨立性。根據該條例規定，申訴專員被免職需要特定程序和特定理由。特定程序就是由總督經立法局以決議方式批准；特定理由就是專員無能力履行其職能或行為不當。該條例第 6 條第 3 款規定，除第 3（6）條另有規定外，專員的開支，以及支付根據第（1）款獲委任的人的薪金或利益，須由立法會為該用途而通過的撥款支付。直至 2001 年 12 月 29 日《2001 年申訴專員（修訂）條例》生效，申訴專員才被確定為單一法團。

專員有正式印章，可以該法團名稱起訴和被起訴，有全權處理本身的財務及行政事宜，在制度和運作程序上實現與政府脫鉤。

三、變遷的行政主導性：制度的非中立性

歷史制度主義認為，制度視角得以建立的一個理由是制度體繫並不是一套中立性的存在。這是因為任何一套制度都不可能平等地對待所有人，都為不同的政治行動提供了不同的權力、資源和限制，制度本身就為政治行動的展開設置了條件和偏見。[14] 香港特定的政治體制給予了政府更多的權力，賦予了政府更有利的地位。香港一直以來都是採用行政主導的政治體制。只不過，不同時期，行政主導的程度有所不同。正如劉兆佳所說：「就行政主導的程度來說，毋可質疑，香港特別行政區的政治體制及不上殖民管治時期香港的政治體制。不過，與其他國家或地區的政治體制相比較，則香港特別行政區的政治體制的行政主導程度，卻又是罕有地高的。」[15]

由於它的更多權力和更有利地位，政府當局在香港申訴專員制度變遷過程中發揮著主導作用。正如斯科特所說：「申訴專員在改革過程中採取的立場明顯是很重要的。在香港，專員表示他不滿意這個立法。結果，他在形成改革議程方面就可以發揮重要作用。然而，改革過程的結果在政府與立法局的溝通和諮詢中被決定。」[16] 政府當局是三次申訴專員條例修訂草案的提出者和制定者。也就是說，政府當局是申訴專員條例修訂的啟動者。沒有政府當局的啟動，香港申訴專員條例的變化是不可能的。因為，政府當局是申訴專員條例草案提出的唯一法定的提出者。不用說回歸前政府當局的立法權力，就是《香港基本法》第 74 條也規定，香港特別行政區立法會議員根據本法規定並依照法定程序提出法律草案，凡不涉及公共開支或政治體制或政府運作者，可由立法議員個別或聯名提出。凡涉及政府政策者，在提出前必須得到行政長官的書面同意。

政府當局不僅能提出申訴專員條例草案，而且能撤回該條例草案。例如，在 1996 年申訴專員條例修訂過程中，當時布政司說：「我希望本局議員支持各項委員會審議階段的修正案和整體條例草案，並反對將由塗謹申議員動議的修正案。

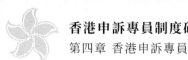
我要說明一點，基於我稍後在委員會審議階段提出的理由，若本局同意這些修正案，政府當局唯有在條例草案獲三讀通過之前，把條例草案撤回。」[17] 另外，三次草案的大部分修訂案或修正案都是由政府提出，而由非官方議員或議員提出的草案修訂案屈指可數。例如，李永達、曹紹偉、杜葉錫恩提出對 1993 年行政事務申訴專員（修訂）條例草案的修訂案；塗謹申對《1996 年申訴專員（修訂）條例草案》提出的修正案；吳靄儀對《2001 年申訴專員（修訂）條例草案》提出的修正案。更為重要的是，政府提出的草案修訂案或修正案都能獲得通過，但非官方議員提出的草案修訂案或修正案一般都未能在立法局或立法會獲得通過。唯一例外的是，李永達提出的關於申訴專員主動調查權的草案修訂案獲得了通過。

▌第二節 香港申訴專員制度變遷的動因

香港申訴專員制度變遷特點的分析在某種程度上說也是追尋香港申訴專員制度的變遷過程。而追尋香港申訴專員制度的變遷過程為分析香港申訴專員制度的變遷原因奠定了堅實的基礎。歷史制度主義者們認為，由於任何一種政治事件的展開都是在某一特定的歷史進程中出現的，制度實際上也就是某一歷史進程的具體遺產，所以在研究某一事件的因果模式時就必須要通過追尋其生髮過程的方式來找出具體的因果關係。在此基礎上，作者運用歷史制度主義的變遷理論來分析香港申訴專員制度的變遷原因。

一、香港政治制度的變遷：制度—環境結構

歷史制度主義在處理制度的變遷時主要涉及三個變量：舊制度、環境和行動者。制度變遷的方式和時機取決於這三個變量之間的兩種組合：兩個集團之間的衝突程度，環境的變遷所帶來的新的機會。因此，運用歷史制度主義來分析香港申訴專員制度變遷的原因，必須涉及環境變量。歷史制度主義學者斯坦默指出，歷史制度主義在展開自己的具體分析之前必須首先確定好三個變量之間的關係，即制度變量、制度所置身其中的環境變量和結果變量。這些環境變量應該包括制度之外更為廣泛的社會、經濟和政治背景，制度一方面置身於這些背景因素之中，是一個被塑造的對象，但是同時制度又具有

結構性功能而對這些環境因素進行加工。[18] 在制度與環境的關係上，歷史制度主義認為，新制度產生於某種舊制度瓦解所出現的新空間之中，環境的變遷會帶來制度的變遷。香港申訴專員制度變遷的關鍵環境是政治制度。「明顯地，在不同主權範圍內，影響申訴專員改革的變量是不同的。但是，它看起來是可能的，即關鍵制度變量將總是變革建議成功的核心。」[19] 這就是說，香港不同時期的不同的宏大制度環境（情境）決定了香港申訴專員制度不同時期的變遷。

1、香港在後過渡期的政治制度變遷

1989 年以後，英國政府在香港加大光榮撤退計劃的實施力度，也加快了民主化進程。比如，1991 年 6 月 6 日，港英當局正式推出被賦予凌駕其他法律地位之上的《香港人權法案條例》。人權法案的頒布至少將會產生兩個嚴重後果：

如何處理人權法與香港基本法的關係；人權法將嚴重衝擊和破壞香港現行法律制度及司法體繫。事實上，香港政府和立法局根據該條例對其他一些法律進行重大修改，如「公安條例」、「社團條例」等，嚴重削弱了行政部門的管理權。

1992 年 4 月，英國首相梅傑選中在議會選舉中敗落的保守黨主席克裡斯托夫·帕騰接替衛奕信擔任第二十八任香港總督。為了擔任這個職務，帕騰為自己挑選了一個吉祥的中國名字：彭定康。同年 10 月 7 日，彭定康在香港立法局作以《香港的未來：五年大計展新猷》為題的施政報告。報告一方面以大量增加福利、維持低稅制、制定競爭政策來打擊炒樓現象、提高政府服務質量、鼓吹新聞自由、擴大行政事務申訴專員權力等措施來籠絡人心；另一方面以很大篇幅提出了對現行制度進行重大改變的憲制改革方案。[20]

在彭定康政改方案實施方面，第一個現實的變遷是行政公開。在 1993 年 3 月，政府以試驗方式引入《公開資料守則》，但只適用於九個政府部門及決策科。

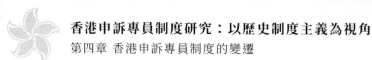

後來，這個守則的適用範圍逐漸擴大，截至 1996 年四月底，這套守則的適用範圍已擴大至涵蓋 82 個政府部門。政府打算在 1996 年底，把所有政府部門納入守則適用範圍。第二個現實的變遷是立法局選舉。在 1995 年 9 月的立法局選舉中，港英當局為英方屬意的候選人撐腰打氣，英方支持的民主派取得勝利。新一屆立法局組成後，不負英國所望，在一系列重大問題上聽從彭定康的指揮棒。

以上這些環境變量對 1994 和 1996 年香港申訴專員制度的改革起著影響甚至決定作用。如 1991 年實施的《香港人權法案》為政府修改香港申訴專員提供了一個理由。1991 年立法局議員組成的改革對 1994 年申訴專員制度的發展（如直接投訴制度、增加直接調查權）起著關鍵的作用。正如斯科特所說：「第二個因素是立法局扮演的角色。以前，立法局整體上不支持直接投訴概念。直到 1991 年，它的組成發生變化，新議員對建議的支持是關鍵的。」[21] 1992 年彭定康的施政報告直接提出香港申訴專員制度的改革方向和改革內容。1995 年，立法局對政府有利的議員安排才能使政府提出的 1996 年香港申訴專員條例修訂草案在立法局獲得通過。《公開資料守則》適用範圍的擴大直接導致了 1996 年申訴專員條例的修訂。正如布政司陳方安生所說：「政府已公開聲明，守則的遵行將於本年年底前擴大至整個政府架構的各個部分，我們堅守這項承諾。本月較後時間，守則的遵行亦會擴大至餘下的 90 個政府部門和科。我們認為要使守則更有效地運作，最好有一個獨立組織負責對守則涵蓋的各個機構進行檢討。因此，條例草案旨在修訂《申訴專員條例》，以讓申訴專員對 4 個機構違反守則的投訴進行調查。這 4 個機構是警方、廉政公署、投訴警方獨立監察委員會祕書處和公務員敘用委員會祕書處。現時這 4 個機構未受申訴專員監管。」[22] 所以，香港申訴專制定變遷的方式和時機的一個決定因素是環境的變化所帶來的新的機會。

2、香港在回歸後的政治制度變遷

1997 年 7 月 1 日生效的《中華人民共和國香港特別行政區基本法》以基本法律的形式確定了香港特別行政區政治體制的架構，並確立了行政主導、

司法獨立、行政與立法之間既互相配合又互相制衡，並且重在配合的關係的政治體制模式。

這種政治體制與回歸前的香港政治體制有所不同。比如香港特別行政區行政長官與香港總督在以下方面存在區別：地位、任職資格、產生與任期、職權、負責對象、被彈劾和被迫辭職。[23] 總督的權力超過行政長官的權力。總督曾是立法局的主席，操縱香港的立法權；行政長官不是香港特別行政區立法會的主席，香港特別行政區立法權屬於立法會。總督是駐港英軍的三軍總司令，掌握著香港的軍權；行政長官不是中國政府駐港部隊的司令，他不享有軍權。總督可以隨時解散立法局，不向立法局負責，立法局不能彈劾總督；行政長官也有解散立法會的權力，但必須遵守嚴格的法律程序。根據香港基本法的規定，行政長官解散立法會要經過 6 道程序，行政長官在其一任任期內只能解散議會一次。由此可見，行政長官對立法會具有相對解散權，行政長官若解散議會也許會招引辭職的後果。而總督對立法局則有絕對解散權。香港總督無須對香港立法局負責；香港特別行政區行政長官要對香港特別行政區立法會負責。這裡所指的負責是立法會有權聽取政府的施政報告並進行辯論；立法會對政府工作有權提出質詢，並就任何有關公共利益問題進行辯論；政府執行立法會通過並已生效的法律；答覆立法會議員的諮詢；立法會批准征稅和公共開支。香港立法局不能彈劾總督；香港基本法賦予立法會有彈劾行政長官的權力。香港立法局不能迫使總督辭職；但立法會可以依法迫使行政長官辭職。

又如，香港特別行政區立法會與香港立法局在以下方面不同：性質、組成、產生方式、任期、職權、主席、議員資格喪失。[24] 立法會是香港特別行政區的立法機關。香港立法局是協助總督制定法律的諮詢性機關。立法會由在外國無居留權的香港特別行政區永久性居民中的中國公民組成。香港立法局則長期由總督、官守議員（1992 年以前）和非官守議員組成。香港特別行政區立法會由選舉產生。在 1985 年前，立法局議員全部由委任產生，在 1985 年以後，立法局才有部分民選議員。立法會除第一屆任期為 2 年外，每屆任期 4 年，可連選連任。立法局選舉每 3 年一次，委任議員每次任期不得超過 4 年，可連委連任。

這種政治體制的變化使得申訴專員制度的修訂難度加大，因為立法權力有所分立、有所制衡，政府提出修訂草案不一定會獲得立法會的通過。這就促使政府提出質量較高的 2001 年申訴專員條例修訂草案，對申訴專員條例增加了不少新的規定，從而有利於申訴專員增加獨立性和提高工作效率。這印證了歷史制度主義制度變遷模式的一個觀點：總體性制度變遷對具體制度變遷的影響和制約。

二、香港申訴專員制度設計的缺陷：意外後果

政治制度變遷是香港申訴專員制度變遷的外在原因，而香港申訴專員制度設計的缺陷是其變遷的內在原因。香港申訴專員制度的每一次設計都存在缺陷，而且每一次設計後的香港申訴專員制度在運行中都會出現一定的意外後果。

意外後果是歷史制度主義時間理論的重要要素。美國學者皮爾遜曾經把歷史時間要素概括為 7 個：路徑依賴、關鍵節點、序列、事件、持久性、時序、意外後果。[25] 前文已經指出，在分析制度的建立和發展過程時強調路徑依賴和意外後果是歷史制度主義的一個重要特徵。由於意外後果在政治生活中大量存在，我們也不能完全從制度在事後所發揮出的功能來推斷其先前的起源。環境的變化還可能在制度不變的情況下，產生出某些難以想像的意外後果。歷史制度主義代表人物皮爾遜認為，即使在政治家們能夠用工具理性來對待制度設計，並且在他們能夠預測到制度的長遠後果的情況下，由於時間、精力和訊息的限制，政治家們也有可能會因為對形勢的錯誤估計或對將來的錯誤預測而在制度設計之時犯下錯誤。因此，在制度設計之後的運作過程中完全可能會產生出某種偏離制度設計的意外後果。[26]

比如《1988 年的行政事務申訴專員條例》就存在以下缺陷或負功能要素：投訴程序較為繁瑣；無公布調查報告權；無主動調查權。

斯科特也認為這個立法有四個嚴重的缺陷。

[27] 第一，它的制度規定：一個投訴在能被轉交給行政事務申訴專員之前，先向立法局議員提出。

第二，有對可能被專員處理的投訴類型的限制，申訴專員被侷限於調查關於表中 52 個部門和準政府機構的投訴。在自由裁量上，他不必調查瑣屑或匿名的投訴，不可以調查對警察或廉政專員或任何關於安全、防衛、國際關係、法院行動、商業或合同事務、公務員中的人事行政或公共企業的事務。本質上，立法的草稿是設想專員將花大部分時間調查公務員的輕微的錯誤行為。

第三個缺陷是專員的調查權力受到限制。例如，行政部門可以相當模糊的理由拒絕披露文件。

第四個缺陷是專員工作和調查結果的非常有限的公布。這些不完善的制度在運行中又出現了一些非預期後果。申訴專員和公眾對議員轉介制度意見較多，出現了較強的不滿意聲音。

議員轉介投訴使得申訴專員制度得不到公眾充分的、有效的利用。李永達議員在立法會中的發言指出：「在過去的 5 年內，自專員公署成立後，很多市民和地區議員曾不斷提出要求，希望令這制度更有效地獲得市民更充分的利用，而其中一個方法是市民、議員，甚至區議員或兩個市政局的議員有直接向專員公署作出投訴的權利。」[28] 無公布調查報告權不利於提高市民對申訴專員制度的認識，不利於提高申訴制度在市民心目中的重要性和增強公眾的信心，而且不利於申訴專員對各政府部門及公共機構產生有效的制衡作用。無主動調查權使得一些涉及公共利益但無特定受害人的行政失當得不到申訴專員的調查。正如李永達指出：「主動調查權在一些涉及眾多但沒有一個特別苦主的例子裡是特別有用的。例如，在一些環境公害，即環保的問題內，便會動用到這項權力。」[29]

1994 年修改後的申訴專員條例仍然存在保密要求過嚴等缺陷。這不利於專員披露所需資料，不利於申訴專員行使酌情權，即對申訴展開調查或決定應否進行、繼續或中止調查。1994 年修改後的申訴專員條例在運行中也出現了一些意外後果。第一個是直接投訴制度運行出現的意外後果。《1994 年申訴專員（修訂）條例》生效後，公民可以直接向申訴公署投訴。這激發了公民向申訴專員公署的投訴熱情，導致了投訴案件大量增加。案件的增多又導

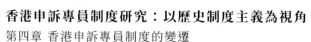
致《1988年行政事務申訴專員條例》中必須向所涉部門首長提交調查報告的規定在實施中出現了一個非預期的後果，即浪費資源，阻礙了效率的提高。正如布政司陳方安生在動議《1996年申訴專員（修訂）條例草案》二讀時說：「申訴專員亦發現，鑒於向專員辦事處提出的申訴個案大增，條例中現行的報告規定對專員有效地執行其職能造成問題，如被申訴的機構對專員就一些簡單的申訴所得出的結論及建議表示同意時，問題尤大。」[30] 所以，為了消除這個不利後果，必須修訂這個規定。

事實上，修訂這個規定的建議得到《1996年申訴專員（修訂）條例草案》委員會的支持。周梁淑怡指出，「委員會成員認為對於那些簡單而又不太嚴重的個案，此建議有助申訴人能迅速得到調查結果，而節省的時間亦相當可觀。既然這項建議能令專員更有效地運用他的有限資源，以提供質素和效率兼備的服務；而大多數申訴人也很可能寧願問題迅速獲得解決，而不需要詳盡的調查報告，因此，條例草案委員會同意支持該項建議。」[31]

第二個是主動調查制度運行導致的意外後果。《1994年申訴專員（修訂）條例》生效後，香港申訴專員多了主動調查權，香港申訴專員的權力與傳統的申訴專員的權力相當。因此，原申訴專員的英文職銜（The Commissioner for Adminis-trative Complaints）不能準確地反映申訴專員的權力範圍與內容，不符合國際慣例，也不利於申訴專員與國際同行的交流。為了消除這些不利影響，也應該修訂申訴專員的英文職銜。正如布政司所說：「將申訴專員的英文職銜改為『TheOmbudsman』的建議將可更準確地反映申訴專員現時的權力和管轄範圍。申訴專員現時的權力和管轄範圍隨著1994年6月生效的法例更改而變得更接近傳統申訴專員的權力和管轄範圍。擬議更改亦可令申訴專員與國際慣例更加配合。」[32]

1996年修訂後的申訴專員制度也存在不足，如申訴專員的獨立性不充分、靈活性不夠、無公布報告權。因此，彌補這些不足成為《2001年申訴專員（修訂）

條例草案》的主要目的。正如，政務司司長所說：「《2001年申訴專員（修訂）條例草案》落實申訴專員公署脫離政府架構的安排。條例草案確保公署

擁有權力和靈活性,有效地運用資源,以便滿足市民對申訴服務的需求。」[33] 吳靄儀議員也指出:「條例草案的主要目的是修訂《申訴專員條例》,使申訴專員成為單一法團,能以獨立於政府當局的模式運作。」[34]

　　這些缺陷和意外後果是不可避免的。歷史制度主義認為,在任何一種制度的設計之時,由於政治家們的認識範圍和時間視域的限制,都有可能會存在著一些沒有完全解決的問題,任何制度在設計之時都有可能存在著一些負功能的要素在內,一些沒能被預測到的問題可能會在將來的運作過程中產生出非預期的後果出來,這些非預期性的後果雖然不一定就會造成制度本身的斷裂,但是卻有可能使制度的功能和制度本身都發生某些微小的變化。[35] 同樣,香港申訴專員制度有以上種種的缺陷以及在運行中出現的意外後果,但是這些不是取消、廢除申訴專員制度的理由,也不是申訴專員制度斷裂的充分條件。只要通過修訂、改善申訴專員條例,就能彌補這些缺陷和消除這些意外後果。

三、新的申訴專員訊息和觀念的輸入:制度—觀念結構

　　歷史制度主義認為,制度演進的動力除來自於制度設計的限制之外,還有可能來自於新訊息和新觀念的輸入。[36] 大衛·馬什等指出,「戰爭和經濟蕭條確實導致了制度的變遷,然而這樣的外部插入既非唯一,亦不是最常見的制度變遷方式。因而,歷史制度主義者轉向觀念,以幫助他們更滿意地解釋變遷。」[37] 在歷史制度主義者的世界中,個人受到其觀念和制度的影響並被建構;觀念能夠告訴行為者他們需要什麼,以及當觀念變化時個人的偏好隨之改變。蓋伊·彼得斯主張:「觀念是歷史制度主義的一個核心因素,結構向當前或未來的制度成員『推銷』觀念的能力對於塑造結構與行動者的聯結至關重要。」[38] 歷史制度主義分析框架的真諦是從制度、利益與觀念之間的結構性互動來分析變量之間的相互關係。或者說,利益、觀念和制度三者之間的結構性關係一直是歷史制度主義關注的核心。[39] 因此,從歷史制度主義看,香港申訴專員制度變遷的一個重要變量是觀念。

　　香港申訴專員通過學習、研究,特別是與同行的交流,首先得到更多的關於申訴專員的新訊息和新觀念,比如,直接向專員投訴、申訴專員有權公

布報告、申訴專員的英文名稱、申訴專員有權主動調查等等。申訴專員有了這些新觀點和訊息後，產生了變革申訴專員制度的衝動，向政府當局提出了改革申訴專員制度的建議。申訴專員還通過提交年報使政府和立法會或立法局議員得到這些新觀念、新訊息、新建議。[40] 比如，行政事務申訴專員在1992年年報中指出：「這項建議（賦予申訴專員可主動展開調查的權力）並不是一項創新的構思，而是有先例可援的。例如澳洲各州、紐西蘭、加拿大大部分省份及巴基斯坦的明政專員都有這樣的權力。」[41] 政府首腦接受了部分新觀念和建議，如直接投訴、有權公布調查報告，但不接受申訴專員有權主動調查新觀念和建議。有的議員接受全部這些新觀念和新訊息，有的議員部分接受這些新觀念和新訊息。由於政府當局和立法會議員大部分都接受直接投訴的新觀念，所以政府制定的《1993年申訴專員（修訂）條例草案》有了直接投訴條款，並且這一條款在立法會順利通過。這意味著申訴專員制度的一次變遷。

同樣，由於政府當局和立法會議員大部分都接受申訴專員有權公布報告的新觀念，所以《1993年申訴專員（修訂）條例草案》有了申訴專員公布報告的規定，並且這一規定在立法會順利通過。這也意味著申訴專員制度的又一次變遷。

在這個變遷過程中，政府當局利用了新的有關訊息。布政司在《1993年申訴專員（修訂）條例草案》二讀上說：「這個制度的第三個主要改變，是申訴專員將獲授權公布他認為公眾可能關注的調查報告。這將有助提高申訴制度在市民心目中的重要性和增強公眾的信心，而且肯定會對各政府部門及公共機構產生有效的制衡作用。這個建議與美國及加拿大等其他國家的做法一致。」[42] 還有，政府當局和立法局在得到和接受了採用「Ombudsman」作為申訴專員職銜的國家數目後，都支持香港申訴專員英文職銜的變化。周梁淑怡指出：「政府告知條例草案委員會，目前有43個國家和地區採用作為擔任類似申訴專員公職的職銜，而另有37個國家和地區則採用別的職銜。有見及此，條例草案委員會支持將專員的英文職銜改為ombudsman的建議。」[43] 再比如，李永達議員正是因為接受申訴專員有權主動調查的新觀念，才會提出《1993年行政事務申訴專員（修訂）條例草案》的修正案，授予香

港申訴專員主動調查權。他還利用相關訊息作為自己修正案的辯護理由。李永達議員在《1993 年行政事務申訴專員（修訂）條例草案》的二讀辯論中指出：「很多國家的類似專員或明政專員都有類似的權力，如澳洲、加拿大、紐西蘭，甚至巴基斯坦的省份，但沒有發生這個問題。」[44]

以上事實說明，香港申訴專員制度變遷的一個動力是新訊息和新觀念的輸入。這也印證了某些歷史制度主義者們的一些觀點。歷史制度主義者豪爾（Pe-ter A.Hall）等人認為，新訊息或新觀念的輸入也可能會導致制度的演進。也就是說，即使承認政治領域內的學習效應不如經濟那麼明顯，但是這一效應所構成的制度演進的動力畢竟還是存在的。豪爾等人認為，觀念一旦被某一制度結構之中的成員接受，就會在既定的制度結構下產生出在原有的制度框架下不可能產生的某些政策，而在這些新政策的凝固及其與舊制度的相互作用過程中，也有可能導致原有制度的某些改變。

[45] 西肯科（Kathryn Sikkink）進一步將豪爾的這一框架分為三個具體的步驟：

第一步，某一制度框架之下的首腦及其顧問班子接受了某種新的觀念，並試圖利用這種新的觀念來改造現存的某種社會經濟形勢，即某一新觀念被帶進某一舊制度之中；

第二步，新觀念利用舊制度所提供的組織基礎來產生出某種新的政策；

第三步，如果這種新觀念影響下的政策能夠解決現存的社會經濟問題，並且與舊制度下的精英群體的意識形態不產生衝突的話，則這種新觀念有可能被精英們進行大肆渲染而在全社會範圍內固定化。

這樣造成了新觀念與舊制度的結合，新觀念開始對舊制度的意義進行重新解釋，精英們也開始利用新觀念來審視舊制度，最終導致舊制度的意義改變或者局部調整。[46]

四、香港申訴專員的理解與行動：制度—行為結構

由於政治行動者的行為處於密集的制度矩陣當中，制度與行為的互動關係遂而成為歷史制度主義分析范式的中心論題。歷史制度主義認為，制度的

變遷歸根結底是由制度與行為的互動來推進的，這種行為主要是制度關涉對象，如當權者、政府職能部門和社會公眾的行為。考慮到香港申訴專員制度與其關涉對象之間的互動是一個非常複雜的過程，作者主要分析制度的運作者——申訴專員對香港申訴專員制度的變更作用。

歷史制度主義的某些學者認為，當某套制度產生出來之後，一旦出現制度的設計者或制度的運作者相分離的情況下，制度的運作者都有可能會試圖按照自己的意願來理解原有的制度，而如果原有制度不利於新來的行動者展開其行動，其矛盾又還沒有發展到需要徹底改變制度之時，就很可能出現制度的修補和疊加。[47] 事實上，1989 年，香港申訴專員制度確立後，香港申訴專員制度的設計者（主要是香港政府和立法局）與香港申訴專員制度的運作者（主要是香港申訴專員）發生分離。香港申訴專員按照自己意願來理解申訴專員制度。如香港第一個申訴專員堅持主張包括自由裁量決定在內的行政失當屬於它的管轄範圍。他認為，像醫療判斷等專業判斷符合行政失當的定義，因為行政失當的成文法定義包括「任何部分或全部基於法律或事實錯誤的行為」。這個觀點與政府觀點相對立，即醫療判斷不屬於行政失當範圍，因為這個條例規定申訴專員只能調查行使相關組織行政職能的行為。申訴專員認為除非條例被適當修改排除醫療判斷，他將對這類案件行使管轄權。[48]

原有的申訴專員制度不利於申訴專員展開行動，如管轄範圍較窄、權力不多、限制過多，獨立性不足，等等。為此，香港申訴專員提出改革申訴專員制度的建議，並參與申訴專員條例草案的審議，對香港申訴專員制度的修補起著重要作用。比如 1991 年 10 月，申訴專員應行政當局的要求，就檢討範圍一事，提交了一份意見書，列出建議檢討事項，以供行政當局審研。建議檢討的事項包括：擴大現行的轉介制度；將行政事務申訴專員的職權範圍擴大至包括法定公共機構；在立法局成立一個特別委員會，監察行政事務申訴專員的工作；將行政事務申訴專員的職權範圍擴大至包括可處理涉及公務員不滿的投訴；賦予行政事務申訴專員可主動對投訴展開調查的權力；凡涉及醫院管理局及衛生署臨床診療的投訴，一概不列入行政事務申訴專員的職權範圍內；行政事務申訴專員可選擇發布某些調查報告，以供傳播媒介報導；行政事務申訴專員的調查結果及建議屬最終決定；賦予行政事務申訴專員權

力,使他可以進入私人處所,即如醫院管理局轄下的補助醫院。[49] 這些建議來源於通過報紙表達和在立法局中的公眾觀點、海外同行的經驗和實踐以及其與行政部門的討論。[50] 這 9 項建議只有 3 項獲政府接納,並成為《1994年行政事務申訴專員(修訂)條例草案》的基礎。[51] 申訴專員賈施雅在第四次年報中詳細地闡述了其他建議不被支持的有關理由以及他對此的意見。申訴專員不僅提出了改革申訴專員制度的建議,而且參加了《1993 年行政事務申訴專員(修訂)條例草案》委員會舉行的一次會議。

又如,在 1995 年,申訴專員根據所得的經驗,對申訴專員條例做出檢討,提出兩項建議,即調查程序改以附屬法例形式附列於條例;附表 1 由現在載列屬申訴專員職權範圍內的政府部門,改為載列那些不在職權範圍內的政府部門。[52] 在 1996 年,有感於現在的權力及職權範圍與申訴專員Ombudsman 的權力及職權範圍可說是等量齊觀,申訴專員已向行政當局提議將其的英文職銜改為 TheOmbudsman。[53] 同樣,申訴專員公署的署理申訴專員陳英麟先生和署理助理申訴專員陳偉忠先生還參與《1996 年申訴專員(修訂)條例草案》委員會的第二次會議,回答委員的詢問。申訴專員公署代表的回答和保證,對委員們支持《1996 年申訴專員(修訂)條例草案》起著重要的作用。

再如,在 2000 年,申訴專員公署根據運作上的經驗,全面檢討該條例,其後建議政府當局對該條例做出若干項修訂,以便公署能依據法例,更有效地運作和履行職能。以下為已經獲政府當局接納的主要修訂:確實訂明申訴專員有權委任顧問,以協助本署執行職務;訂明申訴專員可就其接到的投訴進行初步查訊,並可以調解方法處理投訴;修訂條例第 13(3)條,訂明即使公職人員及該條例附表中所載列機構屬下的人員受到他們執行職務所依據的法例中的保密規定限制,他們仍須向申訴專員提供資料,以便其根據該條例進行調查;擴大申訴專員的職權範圍至平等機會委員會及個人資料隱私專員公署;放寬對申訴專員公布調查報告的權力所施加的限制,但專員不得披露調查所涉人士的身分;保障申訴專員及其職員,使他們在真誠地執行職務時,無須承擔民事法律責任。[54] 而且申訴專員公署參與《2001 年申訴專員(修訂)條例草案》委員會對草案的審議。助理申訴專員溫雪明先生和申訴

專員公署署理首席行政主任莫潤泉先生以公職人員身分出席 2001 年 6 月 28 日、7 月 16 日舉行的《2001 年申訴專員（修訂）條例草案》委員會會議。申訴專員戴婉瑩女士和申訴專員公署總行政主任莫潤泉先生出席 2001 年 9 月 7 日、9 月 26 日舉行的《2001 年申訴專員（修訂）條例草案》委員會會議。

由此可見，申訴專員對香港申訴專員條例的修訂起著重要的倡導、參謀作用。正如斯科特所指出的，「申訴專員在改革過程中採取的立場明顯是重要的。

在香港，專員表示他不滿意這個立法。結果，他在形成改革議程方面發揮重要作用。」

[55] 第一，申訴專員的改革申訴專員制度的建議，讓政府認識到修訂申訴專員條例的必要性，為政府修訂申訴專員條例提供了壓力和動力，使政府制定出修訂申訴專員條例的草案，完成了立法程序的第一步。

第二，有的申訴專員的改革建議被政府接納，成為條例修訂草案的一部分，並最終成為修訂條例的一部分。

第三，申訴專員參與草案委員會對修訂條例的審議，提供相關訊息，做出相關保證（如審慎地使用提交報告酌情權），發表相關看法，傳播相關觀念，對草案委員會支持修訂條例發揮一定作用，進而對草案的通過起到一定作用。

總之，以上幾個動因共同促進了香港申訴專員制度的變遷。香港政治制度的變遷為香港申訴專員制度變遷提供了機會和背景。香港申訴專員制度的缺陷既促使制度創新，又是制度變遷的荊棘地帶。新的申訴專員訊息和觀念的輸入為香港申訴專員制度變遷提供支撐和保障。申訴專員的理解和行動對香港申訴專員制度起了推動作用。這些影響香港申訴專員制度變遷的自變量在歷史進程中的不同組合會帶來差異性的結果。因此，同樣的原因引起了香港申訴專員制度的不同變遷。

註釋

[1] Theda Skocpol，Why I Am an Historical Institutionalist，Polity，Vol. ⅩⅩⅧ，No1，Fall1995，pp，103-106

[2] Sven Steinmo，Taxation and Democracy，New Haven and London：Yale University Press，1993，pp.11-12.

[3] 香港立法局：《香港立法局會議正式過程紀錄》，1992 年 10 月 7 日，第 31-32 頁。

[4] 香港立法局：《香港立法局會議正式過程紀錄》，1994 年 6 月 15 日，第 3176-3177 頁。

[5] 香港立法局：《香港立法局會議正式過程紀錄》，1996 年 7 月 10 日，第 56 頁。

[6] 政務司司長辦公室行政署：《立法會參考資料摘要》，2001 年 5 月 17 日。檔號：CSO/ADM/CR5/3231/00（01）。

[7] 香港立法會：《香港立法局會議正式過程紀錄》，2001 年 5 月 30 日，第 3956 頁。

[8] 法案委員會研究法案的原則及詳細條文、考慮法案的優劣，並可提出與法案有關的修正建議。法案委員會亦可委任小組委員會，以協助委員會及行其職能。法案委員會完成研究法案的工作後，會通知內務委員會並以書面形式向內務委員會匯報其商議結果。一旦有關的法案獲得通過，或經內務委員會決定，法案委員會即告解散。

[9] G.John Ikenberry，etc.The State and American Foreign Economic Policy，Ithaca and Lon-don：Cornell University Press，1988，pp.223-224.

[10] 何俊志：《結構、歷史與行為——歷史制度主義對政治科學的重構》，復旦大學出版社，2004 年，第 248 頁。

[11] Paul Pierson，Increasing Returns，Path Dependence，and the Study of Politics，AmericanPolitical Science Review，Vol.94，No.2.June2000，pp.252-253.

[12] 轉引自何俊志：《結構、歷史與行為——歷史制度主義對政治科學的重構》，復旦大學出版社，2004 年，第 245 頁。

[13] 劉聖中：《歷史制度主義：制度變遷的比較歷史分析》，上海人民出版社，2010 年版，第 128 頁

[14] 何俊志：《結構、歷史與行為——歷史制度主義對政治科學的重構》，復旦大學出版社，2004 年，第 178 頁。

[15] 劉兆佳：《行政主導的政治體制：設想與現實》，《香港二十一世紀藍圖》，香港中文大學，2000 年，第 1 頁。

[16] Scott，I.，Reforming the Ombudsman：the Evolution of the Commissioner for Administra-tive Complaints Office in Hong Kong，Public Law，Vol.27，1994，p.38.

[17] 香港立法局：香港立法局會議正式過程紀錄，1996 年 12 月 18 日，第 74 頁。

[18] Sven Steinmo，Taxation and Democracy，New Haven and London：Yale University Press，1993，pp.11-12.

[19] Scott，I.，Reforming the Ombudsman：the Evolution of the Commissioner for Administra-five Complaints Office in Hong Kong，Public Law，vol.27，1994，p.37.

[20] 香港立法局：《香港立法局正式過程紀錄》，1992 年 10 月 7 日，第 32-40 頁。

[21] Scott，I.，Reforming the Ombudsman：the Evolution of the Commissioner for Administra-tive Complaints Office in Hong Kong，Public Law，vol.27，1994，p.37.

[22] 香港立法局：《立法局立法局會議正式過程記錄》，1996 年 12 月 18 日，第 73 頁。

[23] 王薇：《香港政治體制比較》，中國婦女出版社，1997 年，第 50-57 頁。

[24] 王薇：《香港政治體制比較》，中國婦女出版社，1997 年，第 117-118 頁。

[25] Paul Pierson，Politics in Time：History，institutions，and Social Analysis，Princeton andOx ford：Princeton University Press，2004，p6.

[26] Paul Pierson，The Limits of Design：Explaining Institutional Origins and Change，Govern-ance：An International Journal of Policy and Adminitration，Vol.13，No.4，October 2000，pp.475-499.

[27] Scott，I.，Reforming 宜 he Ombudsman：the Evolution of the Commissioner for Administra-tive Complaints Office in Hong Kong，Public Law，vol.27，1994，pp.28-29.

[28] 香港立法局：《立法局會議正式過程會議記錄》，1994 年 6 月 15 日，第 3180 頁。

[29] 香港立法局：《立法局會議正式過程會議記錄》，1994 年 6 月 15 日，第 3181 頁。

[30] 香港立法局：《立法局會議正式過程記錄》，1996 年 7 月 10 日，第 57 頁。

[31] 香港立法局：《立法局會議正式過程記錄》，1996 年 12 月 18 日，第 65 頁。

[32] 香港立法局：《立法局會議正式過程紀錄》，1996 年 12 月 18 日，第 74 頁。

[33] 香港立法局：《立法局會議正式過程記錄》，1996 年 5 月 30 日，第 3957 頁。

[34] 香港立法會：《立法會正式過程記錄》，2001 年 11 月 28 日，第 1316 頁。

[35] 何俊志：《結構、歷史與行為——歷史制度主義對政治科學的重構》，復旦大學出版社，2004 年，第 250 頁。

[36] 何俊志：《結構、歷史與行為——歷史制度主義對政治科學的重構》，復旦大學出版社，2004 年，第 251 頁。

[37] [英] 大衛馬什，格裡斯托克：《政治科學的理論與方法》，中國人民大學出版社，2006 年，第 308 頁。

[38] [美]B·蓋伊·彼得斯：《政治科學中制度理論：「新制度主義」》，王向民，段紅偉譯，上海世紀出版集團，2011，第 79 頁。

[39] 何俊志：《結構、歷史與行為——歷史制度主義對政治科學的重構》，復旦大學出版社，2004 年，第 172-173 頁。

[40] 當然，不排除政府首腦和立法局議員通過其他途徑獲得申訴專員的新訊息和新觀念。

[41] 香港行政事務申訴專員：《香港行政事務申訴專員第四次年報》，香港政府印務局，1992 年。

[42] 香港立法局：《正式過程會議記錄》，1993 年 7 月 21 日，第 3502 頁。

[43] 香港立法局：《正式過程會議記錄》，1996 年 12 月 18 日，第 65 頁。

[44] 香港立法局：《正式過程會議記錄》，1994 年 6 月 15 日，第 3181 頁。

[45] Peter A.Hall edited，The Political Power of Economics Ideas：Keynesianism Across Na-tion，Princeton：Princeton University Press，1989，pp.383-384.

[46] Kathryn Sikkink，Ideas and Institutions，New York：Cornell University Press1991，pp.1-3.

[47] 何俊志：《結構、歷史與行為》，復旦大學出版社，2004 年，第 252 頁。

[48] See Cooray，M.J.A.，Hong Kong´s Ombudsman：the First Decade，in Institutional Om-budsman Institute & Reif L.C.，eds.，The International Ombudsman Yearbook Vol.3，The Hague：Kluwer Law International，1999，pp.78.

[49] 香港申訴專員：《香港行政事務申訴專員第五次年報》，政府印務局，1993 年，第 21 頁。

[50] 香港行政事務申訴專員：《香港行政事務申訴專員第五次年報》，香港政府印務局，1993 年，第 3 頁。

[51] 香港立法局：《正式過程會議記錄》，1994 年 6 月 15 日，第 3190 頁。

[52] 香港申訴專員：《香港申訴專員第七次年報》，香港政府印務局，1995 年，第 57-58 頁。

[53] 香港申訴專員：《香港申訴專員第八期年報》，香港政府印務局，1996 年，第 11 頁。

[54] 香港申訴專員：《香港申訴專員第十三期年報》，香港政府印務局，2001 年，第 3 頁。

[55] Scott，I.，Reforming the Ombudsman：the Evolution of the Commissioner for Administra-tive Complaints Office in Hong Kong，Public Law，vol.27，1994，p.37.

第五章 香港申訴專員制度的運行機制

在其生成與變遷中，香港申訴專員制度是個因變量。但在本章和下章中，它是個中介性變量或自變量。鑒於香港申訴專員公署是香港申訴專員制度的重要內容和香港申訴專員制度運行的主體，本章從香港申訴專員公署的行為角度來分析香港申訴專員制度的運行。香港申訴專員制度的運行在某種程度上就是香港申訴專員制度對行為的作用發揮。這是任何制度分析的重要部分。彼得·豪爾和羅斯瑪麗·泰勒認為：「任何制度分析的核心都是這樣一個問題，即制度是如何影響個人行為的？畢竟，制度是通過個人行動才對結果產生影響的。」[1] 但由於「歷史制度主義沒有像其他兩個流派那樣用充分的精力來建立起一套對制度如何確切影響行為的複雜理解，它的有些著作也更少注意到具體而確切的因果鏈，而正是通過這些因果鏈，被他們認為是具有重要作用的制度，才影響到他們要加以解釋的行為的」，[2] 所以本章也只是簡單地解釋香港申訴專員公署的行為。

▌第一節 香港申訴專員公署的內部管理

香港申訴專員公署的內部管理是香港申訴專員制度運行的基礎部分。這種內部管理包括機構改革、文化管理、人力資源管理、財務管理。它在內部管理過程中使用了策略規劃和風險管理等多種管理工具。香港第二任申訴專員蘇國榮認為，「策略規劃是任何類似申訴專員公署最為重要的管理工具：透過策略規劃，便可根據社會的要求和期望，應付各項轉變、訂立工作的優先次序、籌劃和改善服務，以及在申訴專員工作上開拓新的境界和領域。」[3] 他還深信，「風險管理是一項重要的管理工作，不但對內來說重要，對我們調查公共機構行政失當也非常重要。風險管理與策劃、組織、人員編制、指導及控制一樣，都是管理邏輯架構的一部分。」[4]

一、公署機構改革：算計途徑

歷史制度主義的一個非常重大的價值在於，它在分析在解決制度與行為的關係這個問題時既使用了「算計途徑」，也採用了「文化途徑」。[5] 那些

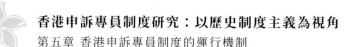

採用了「算計途徑」的人們會集中關注建立在策略性算計基礎上的工具性行為這一方面。他們假定，個體尋求最大化地實現自己由特定的偏好所設定的一系列目標。

而他們實現這一目標的手段也是策略性的。也就是說，他們會徹底考慮每一種方案，並選出那些能夠使自身利益最大化的方案。「算計路徑」適用於公署機構改革的分析，因為香港申訴專員的機構改革目標或偏好是既定的，即高效地完成投訴處理和直接調查。這個目標被貫穿於以下改革的過程中。

在 1989 年成立時，香港行政事務申訴專員公署由行政事務申訴專員、副行政事務申訴專員、行政事務組和審查及調查組構成。審查及調查組下設三個組，即第一組、第二組、第三組。審查及調查組有三個職級，即總行政主任、高級行政主任、一級行政主任。

1991 年 8 月 1 日，公署完成對組織機構的重組，即行政事務及審查組和調查組，各由一名首席調查主任主管。這兩名首席調查主任會直接向申訴專員報告，而無須通過副行政事務申訴專員向申訴專員匯報（副行政事務申訴專員這個職位於 1990 年 12 月 1 日凍結，並於 1994 年 6 月恢復）。在 1993-1994 年度，公署的首長級架構由一名申訴專員、一名副專員和一名首席行政主任組成。

在 1994-1995 年度，公署下設兩組，一組是行政事務及審查組，另一組是調查組。行政事務及審查組由首席行政主任主管，負責申訴專員公署的行政與宣傳工作，也負責審查投訴，還負責調查有關違反公開資料守則的投訴。調查組直接向副專員負責，下設兩個調查小組。

在 1996-1997 年度，申訴專員公署重組其轄下三科的架構，由副申訴專員統轄，並向申訴專員負責。行政事務科已經重組，並且更名為行政及發展科。在 1997-1998 年度，公署設立了兩個專門負責直接調查工作的直查組。在接下來的三個年度，公署的組織機構沒有發生變革。

在 2001-2002 年度，公署把社區關係組改稱為外事組；把評審組從行政及發展科獨立出來，下設評審小組和投訴及查詢小組兩個小組，由副申訴專

員直接領導；撤銷行政及發展科下屬的總行政主任。在 2002-2003 年度，公署撤銷外事小組，把外事組下屬的投訴檔案室轉移到評審組。在 2003-2004 年度，翻譯組從行政及發展科獨立出來，由副申訴專員直接管轄；公署合併直查 1 組和直查 2 組為直接調查組，並由副申訴專員直接管轄。在 2004-2005 年度，直接調查組又改為由調查科 1 和調查科 2 直接管轄。在 2005-2006 年度和 2006-2007 年度，公署的組織結構沒有變化。

自 2007 年 11 月 1 日起，公署重整調查隊伍，把原有的四個調查組增至五個，並恢復在 2002-2003 年度因財政緊縮而取消的一個直接調查組。在 2009 -2010 年度中期，公署增設了第六個負責處理投訴個案的調查組，即 F 組，並重新安排各調查組的職責，以平均分配工作量。但公署的組織架構沒有因為新增的調查組而改變。在 2010-2013 年度，香港申訴專員公署沒有調整組織機構。

雖然申訴專員公署在不同年度進行了一些組織機構的調整，但是它一直呈金字塔型，是直線型組織，也可以說是官僚機構，因為它在根本方面符合官僚組織的特徵。理想官僚制的特徵可用簡化的術語表示：

(1) 基於職能專業化的勞動分工，

(2) 明確界定的權力等級，

(3) 涵蓋職業責任與權利的規章制度，

(4) 處理工作環境的程序系統，

(5) 人際關係非人格化，

(6) 基於技術競爭的選擇和晉升。[6]

二、公署文化管理：文化途徑

香港申訴專員公署通過一系列措施來建立、形成和強化自己的獨特文化，如確立和堅持自己的處事原則，確定和完善自己的期盼或理想、使命、職能和信念或價值取向，建立自己的形象，制定和實施職員行為守則。

申訴專員所奉行的處事原則是「致力於尋求解決問題的對策，提供獨立公正的意見和建議」。正如香港申訴專員所說，「我們的目的是為求改進，而不是指責非難；是提出有建設性的意見，而不是吹毛求疵。」[7]

　　香港第二任申訴專員上任後不久，就確立自己的使命和期盼。香港申訴專員的使命是：「透過對公營部門行政失當所引致的不滿所引發的問題展開或直接展開獨立公正的調查，協助改善公共行政和促進行政公平，服務社群」。申訴專員的期盼是：「申訴專員在促進行政效率及公平方面，任重道遠。無論是在接獲市民投訴，抑或主動展開調查的情況下，申訴專員均會做出獨立公正的調查，笈此促使公職人員盡忠職守，勇於承擔，盡心盡意地提供高質素的服務，力求工作表現出色，體現高度的睿智，笈此得以積極參與有關工作，與各方面共同努力，確保香港繼續朝著穩定繁榮的方向，邁向未來」。在 1996 年 2 月舉行的工作策略研討會上，公署略加修訂申訴專員的冀盼和使命，並擬定了一套價值取向。香港申訴專員的使命修訂為：「透過獨立、客觀及公正的調查，處理及解決因公營機構行政失當而引起的不滿及所引發的問題，笈以改善公共行政服務質素和水平，並促進行政公平」。申訴專員的冀盼修訂為：「無論是在接獲市民投訴，抑或主動展開直接調查的情況下，申訴專員均會做出獨立、客觀及公正的調查，笈以促使公共行政服務更加效率及更見公平，從而協助建立以黽勉從公、勇於承擔、問責開明、專業干練、服務優良、工作出色見著的服務文化。由是，在確保香港能夠繼續安定繁榮方面，發揮作用」。申訴專員的價值取向為：「以不偏不倚、客觀嚴正的態度進行調查；勇於承擔責任，並令我們的服務更方便和見用於市民和申訴專員公署職權管轄範圍內的機構；發揮專業實干的精神，盡力履行申訴專員公署各項職能；對市民和各有關機構待之以禮，予以尊重；悉力以赴，完成使命，實現冀盼」。

　　在 2000 年 3 月舉行的周年策略規劃會議上，第三任申訴專員與其職員檢討了申訴專員公署的理想、使命和信念宣言的內容，確認了宣言的要義和原則，但認為在字眼上應予簡化及修訂。經過多番討論之後，申訴專員同意修訂申訴專員公署的理想、使命、職能、信念和宣言。香港申訴專員的期盼被改為理想，即「確保香港的公共行政公平和有效率，兼且問責開明，服務

優良」。香港申訴專員的使命再次被修訂為:「透過獨立、客觀及公正的調查,處理及解決因公營機構行政失當而引起的不滿和問題,以及提高公共行政的質素和水平,並促進行政公平」。香港申訴專員信念被修訂為:「以公正客觀的態度進行調查;勇於承擔責任,為市民和在申訴專員公署職權管轄範圍內的機構提供便捷的服務;對市民和機構尊重有禮;維持專業水平,切實履行申訴專員公署各項職能」。香港申訴專員的職能被修訂為:「申訴專員應擔當監察政府的角色,以確保:官僚習性不會影響行政公平;公營機構向市民提供便捷的服務;防止濫用職權;把錯誤糾正;在公職人員受到不公平指責時指出事實真相;人權得以保障;公營機構不斷提高服務質素和效率」。從此至今,公署的理想、使命、職能、信念維持不變。

香港申訴專員公署從成立起就建設自己的形象。從 1994 年 7 月起,公署建立新的形象。第一,申訴專員公署採用新徽號。新徽號不但看似公署中英文名稱的縮寫,同時也以抽象圓形方式反映申訴專員公署在很多時候經歷的重要工作過程,即根據片鱗半爪的資料,經過深入調查,然後找出事件真相。新徽號主要由一個圓形和八角形組成。圓形與 Ombudsman 的第一個字母 O 相若,而八角內有許多單形。這些單形編排成申訴專員這個中文職銜的第一個字「申」字。

圓形和八角形相連,就如群眾與公署的關係,有一種相互作用。公署有賴市民的支持和資料提供,才可以展開調查工作,從而達到促使公共行政更見公平及更具效率的目的。一個個單形可以看作是取得的資料。申訴專員公署的工作得以成功,有賴於公署根據公眾提供的片鱗半爪式的資料,經過不偏不倚及深入的調查,然後找出事件的真相。另一項使申訴專員公署形象更新的主要做法就是申訴專員中文職銜的更改。從 1994 年 7 月起,申訴專員的中文職銜由行政事務申訴專員改為申訴專員,而行政事務申訴專員公署的中文名稱也相應改為申訴專員公署。

1997 年 4 月,香港申訴專員公署制定《申訴專員公署職員行為守則》。該守則以 10 項基本原則為依據。這 10 項原則是:積極求真、不驚不懼、不偏不倚;適時作復,報告內容精辟、用字淺白;立場公正,服務見用於民;

程序簡單公平；對市民和各機構誠懇有禮，予以尊重；不妄加判斷、不存偏見、不涉私利；盡忠職守、勤奮盡責、專業幹練；促進公共行政公平；推廣良好的行政作風和操守；在運用資源方面，講求效率和實效。該守則也圍繞與履行申訴專員職能和行使權力有關的各個主要範疇，明確地羅列出了職員應有的操守。這些範疇包括：遵照法律、指令及政策行事，個人操守，專業操守，衣著、舉止和儀容，資料保安和保密規定，利益衝突，嚴禁接受利益、禮物和好處，傳媒查詢和公眾意見。該守則最後規定，若被發現違反本守則、工作表現差劣，或涉及任何會破壞公署聲譽的行為，任何人員可被紀律處分。

總之，在香港申訴專員制度下，申訴專員實施了以上文化管理措施。對於這一關係，可以用「文化途徑」來分析。「文化途徑」是歷史制度主義理解制度與行為關係的另一種方式。它「強調行為並不是完全策略性的，而是受到個人世界觀的限制。也就是說，在不否認人類行為是理性的或目標導向性的同時，它強調了個體通過建立規則或類似的行為模式來實現目標的程度。它傾向於將個體看成是滿意而止的人，而不是最大化利益的實現者，並且往往強調行動過程的選擇依賴於對形勢的解釋而不是純粹工具性的算計。」[8] 香港申訴專員公署在實施文化管理時傾向於把員工看作是滿意的人，而不是理性經濟人。

通過以上措施，香港申訴專員公署的文化逐漸形成和完善。這種文化的核心是正面的投訴文化。香港第三任申訴專員戴婉瑩認為，「投訴皆因冤屈或不滿而起，但這並不表示投訴是消極和負面的。市民若以真誠做出投訴，其實只是適當地行使其公民權利。有理據的投訴促使政府就其政策、措施和程序進行檢討，由申訴專員擔當公證人的角色。投訴其實為我們帶來機會，既可讓市民疏解不滿，又可促使政府做出改善。」[9] 香港第四任申訴專員黎年也指出，「所有投訴個案（包括那些不成立的投訴）都包含市民寶貴的意見，我們可從中了解公眾關注的問題。過去二十年來，申訴專員公署銳意推動正面的投訴文化，提升香港公共行政的水平。我們亦致力成為變革的催化劑，將投訴的負面情緒轉化為帶動積極改變的正能量。本人欣悉，許多公共服務機構都把接到投訴視為檢討和改善服務的機會。」[10] 這就是說，正面的

投訴文化的主要內容有：投訴是管理的一種工具，是一種反饋機制，可以提供糾正錯誤和進行革新的機會。

正面投訴文化影響了申訴專員公署、公眾、政府部門的行為。在「文化路徑」的視角之下，「制度為解釋和行動提供了道德或認知模闊。個體被看成是深深地嵌入了制度世界之中，而由符號、教義和慣例所構成的制度又為行動者對行動情景和自身的解釋起到了過濾作用。特定的行動是在經過制度的過濾後才被構建出來的。制度不僅提供了何種策略才有用的訊息，而且還影響著行動者的身分認同、自我印象和偏好。」[11] 就它對申訴專員公署的影響而言，這種正面的投訴文化深深地烙印在公署對待和處理投訴人對公署的投訴的認識、態度、做法等方面。第三任申訴專員戴婉瑩指出，「申訴專員公署十分重視並認真處理這類投訴，因為這類投訴給予我們一個反思的機會，讓我們檢討所持的尺度。我們珍惜從中所汲取的經驗，並隨時樂意改善工作方法及程序。」[12] 公署的正面投訴文化的影響也體現在對待投訴人異議、質疑、重新評審、複檢要求上。「部門及機構或投訴人不時會對本署的結論或決定提出異議，我們會藉這些機會重新審視本署的立場和處事方式，並在有需要時改善運作模式。我們亦不時提醒自己，要密切監察本署的辦事程序及工作方法，並檢討我們的決定，以確保對投訴人及事涉機構均公平合理。」[13] 公署還積極推廣正面的投訴文化，促進公眾和政府部門樹立正面的投訴文化。

三、公署人力資源管理和財務管理：制度提供背景

歷史制度主義者斯坦默認為，「制度不但提供個人解釋自我利益的背景，而且由此而界定了他們的政策偏好。理性本身受制於某種背景。如果不檢視特定的行為背景，特定的個人甚至不可能界定出何為理性的行動。在某種特定背景下的非常理性的行為，可能在另一制度背景下就變成了一種極不理性的行為。

在政治活動中，政治制度提供了利益集團作出策略性活動的基本背景。任何理性的政治行動者在不同的制度背景下都將會採取完全不同的行為。」[14] 在不同的香港申訴專員制度背景下，申訴專員實施不同的人事和財務管理行為。在 2001 年，香港申訴專員條例對申訴專員的人事權和財務管理權作

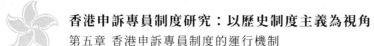
出重大修訂。申訴專員的人事和財務管理行為在 2001 年前後存在很大區別。因此說，2001 年是香港申訴專員人力資源管理和財務管理的重要分水嶺。

1、公署人事運行模式

（1）公署的錄用機制

香港申訴專員公署成立時，除了副行政事務申訴專員胡亮德是直接向社會應徵外，所有其他申訴專員的職員都是暫時被借調過來的在職公務員（大部分屬一般職繫）。第一任申訴專員賈施雅（被任命時 65 歲）不是公務員，而是一個有 35 年公共服務經驗的前地方保安官和高等法院法院法官，也就是一個十分受人尊重、經驗豐富的司法人員。第二任申訴專員蘇國榮被任命時 54 歲，是一個有 31 年教齡、7 年立法局議員和幾個重要諮詢組織成員經驗的教師。只是到了 1999 年 4 月，這一情況出現了新的變化。前高級公務員戴婉瑩被香港行政長官董建華委任為第三任申訴專員。戴婉瑩於 1974 年加入香港政府，時任政務主任，並先後在多個部門任過職，在出任該職前為司法機構政務長。現任申訴專員是資深政務官、前廉政專員黎年先生。這些申訴專員須由行政長官親自簽署文書委任。這不同於其他國家或地區的申訴專員任命模式。美國夏威夷州申訴專員由立法機關在其各分會聯合會議多數票表決通過後任命。加拿大不列顛哥倫比亞省申訴專員是由副總督在議會的一個特別委員會的全體一致的推薦基礎上任命。雖然香港申訴專員認為由公務員擔任其職員職責不會影響其獨立性，但是他還是指出這種做法的一些缺陷：「要是說現行的安排確有其不足之處，那主要是由於這些職員都是公務員，以致必須按照公務員應徵、晉升、調職及調任政策升遷調派。在甄選、訓練和挽留職員方面，這種情況對本人確實有所掣肘。」[15] 為了彌補這些不足，為了緩解人們的擔心和疑慮，自 1994 年 10 月起，公署以合約形式聘任了五位並非來自公務員隊伍的高級調查主任。在 1996 財政年度，公署增加一名以合約形式聘任的總調查主任和兩名以合約形式聘任的高級調查主任。聘任調查主任的專業水平要求是：知識廣博、經驗豐富；恪盡職守、公而忘私；正直忠誠、德高節亮。因此，在 2001 年之前，公署是按照公務員規例和辦

事程序運作，與政府部門十分類似。公署有固定的人員編制，主要由政府借調過來的公務員組成。

2001 年 12 月 19 日，《申訴專員條例》經過修訂，確立申訴專員為單一法團，他或她有全權制定和推行行政、財政及運作方面的政策和處事方式，特別是可自行決定應徵條款與條件。於是，大約在 2001 年以後，申訴專員加快了職員非公務員化進程，加大了職員非公務員化力度，應徵和合同聘任逐漸成為職員任職的主要方式。從社會上應徵到的職員可以是固定的，也可以是臨時的。聘用臨時職員的好處是，讓申訴專員更迅速靈活地應付突然增加的工作量。這也是比較具有成本效益的應變措施。臨時職員均具備豐富公共服務經驗，在行政及管理事宜上有卓越才能。到了 2004 年 12 月 10 日，公署送別了被借調到申訴專員公署的最後一名公務員。從此以後，申訴專員公署的全部職員由申訴專員根據《申訴專員條例》自主聘任。

從 2005 年 3 月 31 日至 2013 年 3 月 31 日，申訴專員根據業務量等因素聘用一定數量的常規人員或臨時人員（見表 5-1）。為了致力建立一個干練的調查團隊，公署採取三管齊下的策略，即聘請沒有工作經驗或經驗較淺的大學畢業生，加入為基本入職職級的助理調查主任；聘請了一些具有公營機構工作經驗的人員擔任較高級的職位，善用他們在公共行政方面的不同資歷，擴闊這個職繫的視野；聘請具有豐富公共行政經驗的臨時調查人員，分擔常規人員的工作。因為工作量的不斷增加，公署的應徵人員基本上逐年增加，公署每年的職員總數在總體上呈現上升趨勢。

表 5-1 申訴專員及其職員各年度人數

職員分類	截至 2005年 3月 31日	截至 2006年 3月 31日	截至 2007年 3月 31日	截至 2008年 3月 31日	截至 2009年 3月 31日	截至 2010年 3月 31日	截至 2011年 3月 31日	截至 2012年 3月 31日	截至 2013年 3月 31日
首長級人員	4	4	4	4	4	4	4	4	4
調查人員	40	47	45	50	56	51	54	55	60
行政及支援人員	40	38	41	44	47	47	48	49	47
常規人員合計	84	85	90	98	107	102	106	106	111
臨時調查人員：相等於全職人員	0.9	1.2	0.4	4.4	4.8	4.3	5.1	5.1	3.9
臨時支援人員	無	無	無	無	4	12	無	無	無
總人員	84.9	86.2	92.4	102.4	115.8	118.3	111.1	113.1	114.9

資料來源：整理香港申訴專員公署年報第 19-25 期。

（2）公署的培訓機制

香港申訴專員不僅可以獨立地聘用員工，而且也可以獨立地、自主地決定培訓內容、培訓方法、培訓時間、培訓地點。

從培訓目的來看，為了鞏固和提升職員的工作技能，從而提高公署的服務效率和效益；為了使一線人員以良好的服務態度服務市民；為了減輕工作壓力和保障員工安全，公署重視和加強對員工的培訓。

從培訓內容來看，公署安排和實施了入職簡介課程、調解技巧、疏解壓力、辦事方法等培訓。比如，公署於 2006 年 8 月邀請勞工處職業健康組的代表，就「壓力管理」問題舉辦講座。2007 年 6 月，公署邀請香港中文大學專業進修學院為調查人員主持兩天的課程，以改善他們撰寫報告的技巧。2009 年 1 月和 3 月，公署先後舉辦了兩次入職簡介課程，協助所有在 2008-2009 年度入職的人員盡快熟習工作。公署在 2010 年 5 月為調查人員舉辦調解培訓課程，除講述調解理論的知識外，並透過角色扮演活動，讓他們實際體驗調解過程。

從培訓方式來看，公署員工培訓可以分為內部培訓和外部培訓。內部培訓是由申訴專員公署工作人員作為培訓師的培訓。從 2005 年 2 月起，在內

部培訓與分享經驗方面，公署定期（約每 2 個月）舉行內部研討會，交流意見並討論工作上的常見問題。在 2012-2013 年度，公署為調查人員舉辦了一個工作坊，透過交互式的交流，模擬在平常與投訴人接觸時可能遇到的難以處理的情況，提升他們的應對技巧。外部培訓是由申訴專員公署外部組織和人員作為培訓機構和培訓師的培訓。比如，在 2006 年 7 月，公署聘請香港調解顧問中心為舉辦調解訓練研討會，培訓新入職的調查人員。2008 年 5 月，加拿大安大略省申訴專員 André Marin 先生為公署人員舉辦了為期兩天的「行政體制問題的調查」高級課程。在 2011-2012 年度，公署邀請了律政司和個人資料私隱專員公署的代表，為職員分別主持兩次關於國際人權公約與實務分析和《個人資料（私隱）條例》的研討會。

從培訓地點來看，員工培訓地點有香港、中國、國外。在本地培訓計劃方面，2010-2011 年度，公署調派了兩名高級調查主任到立法會祕書處的申訴部實習半天，觀察立法會議員如何接見遞交請願信的投訴團體。在 2012-2013 年度，公署有 10 名職員參加了國際申訴專員協會在香港及澳門舉辦的區域培訓課程，進一步認識了不同國家和地區在投訴處理方面的卓越工作方法。在 2010-2011 年度，公署兩名高級調查主任在年度內前往上海，參與專為香港紀律部隊而設的為期一周的「國情培訓班」課程，研究中國的行政體制和發展。為擴大員工的視野，申訴專員樂意為屬下職員提供機會，認識其他國家和地區關於公共行政及調查投訴的辦事方法及制度。公署一名調查人員於 2009 年 11 月前赴韓國申訴專員公署實習，兩名調查人員則於 2010 年 2 月前往泰國，參加亞洲申訴專員協會按「區域技術支持計劃」籌辦的投訴處理專門課程。

（3）公署的薪酬機制

在脫離政府機制時，香港申訴專員已為 2001 年 4 月 1 日或以後聘用的雇員訂立新的薪酬福利條件。也就是說，在當年，為訂立薪酬架構，公署曾根據公務員相類職級，把大部分職級的起薪點調低二至六點，目的是把薪酬維持在當時市場薪金的水平，以及確保公署在「整筆撥款」的資助下，維持長遠的財政穩健。

在 2006-2007 年度，申訴專員根據當時經濟和就業機會普遍向好的情況，檢討公署的條件是否仍具競爭力。公署進行了一次全面的薪酬福利檢討，範圍包括薪酬結構、增薪點、現金津貼額、約滿酬金水平、假期及醫療和死亡福利等。

公署決定在薪酬結構、不自動按年增薪的政策與現行約滿酬金水平方面均維持不變，但在續約時的增薪點方面，則適當地修訂了準則，以加強公署的競爭力，挽留年青優秀的人員。至於現金津貼、假期，以及醫療、傷殘和死亡福利等，參考公務員及公營機構的做法，作了適當調整。申訴專員作決定時，考慮到員工流失率高、公署長遠的財務穩健情況以及在安排接任人方面的需要，務求使公署的短期及長遠發展都能取得平衡，保持暢順有效的運作。

在 2007-2008 年度中期，鑒於香港經濟與就業情況改善，為了在應徵人手方面加強競爭力和挽留人才，公署參照公務員及其他公營機構的薪酬調整幅度，檢討自身薪酬水平。除了跟隨 2007-2008 年度公務員薪酬調整外，公署研究了非首長級人員的入職起薪點，並自 2007 年 10 月起調高一至兩個薪點，以縮小公署人員與公務員之間的薪酬差距。即使經過上述調整，公署個別職繫的薪酬福利條件仍維持在不高於公務員相類職級的水平，以符合資助機構的一貫方針。

2、公署財務運行模式

自 1989 年成立一直到脫離政府架構之前，申訴專員公署一直是按照政府部門的模式運作，在財務行政上受到同樣的約束。也就是說，在 2001 年之前，公署是按照公務員規例和辦事程序運作，與政府部門十分類似。在財政方面，申訴專員公署無異於政府部門，每項開支同樣受縝密的監控。這種模式導致公署在計劃及調配資源方面缺乏自主和靈活性。因此，第三任申訴專員戴婉瑩上任後不久就與政府當局商談申訴專員公署的獨立問題，也在 2000-2001 年度設計本身的會計系統，以取代庫務署的會計及財政資料系統和支付債權人記錄系統這兩個系統。經過與政府當局商談大約 18 個月後，申訴專員公署在 2001 年 4 月 1 日脫離政府架構，朝著完全獨立於政府的目

標邁出了關鍵的一步。即從 2001 -2002 財政年度開始，公署會採用新的撥款模式。根據這個模式，政府當局會以資助金形式給予公署整筆撥款，以維持公署的運作和支付員工的薪酬等。這項撥款安排是按照不贏不虧原則和根據公署在脫離政府結構時所提供的服務確定的。為了給申訴專員的獨立提供明確的法律依據，政府修訂了《申訴專員條例》。隨著《2001 年申訴專員（修訂）條例》在 2001 年 12 月 19 日生效，申訴專員公署正式脫離政府架構，成為單一法團，有全權處理本身的行政及財務事宜，有權自行制訂行政方針、財務準則、運作方式及工作程序，在行政體制、運作程序和工作方法上脫離政府機制。在 2005 年 10 月 24 日，申訴專員與政府當局終於簽訂「行政安排備忘錄」，明確政府為申訴專員公署提供撥款及服務的安排。備忘錄的基本原則是：申訴專員擁有管理與財務上的自主權，自主決定申訴專員公署的行政工作和支援服務。備忘錄確認了申訴專員公署完全獨立的地位，並且標誌著公署脫離了政府機制。

在獨立的財務管理模式下，香港申訴專員負責根據香港會計師公會頒布的香港財務報告準則和會計準則編制每個年度的真實與公平的財務報表。財務報表包括資產負債表、收支結算表、全面收益表、資金狀況變動表、現金流量表、主要會計政策概要以及其他附注說明。香港申訴專員聘請獨立核數師對財務報表作出審核意見和出具審核報告。申訴專員還重視金融風險管理。

總之，在 2001 年 4 月 1 日脫離政府架構以前，香港申訴專員公署在人事和財務方面的運行模式與政府部門的運行模式基本相同。正如申訴專員所說，「申訴專員公署是一個獨立的法定機構，不過，在行政和財政管理方面，本身像所有政府其他部門一樣，必須按照同一套規則和模式運作。」[16] 2001年 12 月 29 日生效的《2001 年申訴專員（修訂）條例》為香港申訴專員的獨立運行模式提供了堅強的法律保障。申訴專員公署在 2002/2003 年度（2002年 4 月 1 日 -2003 年 3 月 31 日）已經建立起自身的行政制度，並逐步減少依賴政府部門提供的服務。

但只有它與政府當局在 2005 年 10 月 24 日簽訂了「行政安排備忘錄」，香港申訴專員才完全脫離政府機制，有了自己獨立的運作模式。

▌第二節 香港申訴專員公署的外部治理

除了做好內部管理外，香港申訴專員公署還要進行有效的外部治理。它是指為了獲得更多、更好的輸入和支持，香港申訴專員公署處理其與公眾、公共部門和同行的關係。

一、公署對公眾的宣傳：制度塑造動機

歷史制度主義認為，制度通過對行為動機的塑造而產生了某種政治結果。

「歷史制度主義把制度理解為規則，規則影響政治結果，因為他們能界定誰參與政治選擇，他們建構行動者如何在政治背景下行動，最終形成信念和偏好。」[17] 歷史制度主義把制度看作選擇和偏好的決定性力量。制度構造規範、認同，限定行動者選擇的方向，決定行動者互動的關係，這些都影響行動者採取何種偏好。在香港申訴專員制度中，申訴專員有宣傳這個制度的強烈動機。正如申訴專員指出，「若要為民請命，則其服務必須廣為人知，廣為人用。因此，加強推廣宣傳，讓市民明白專員隨時樂意為他們解決困難、昭雪冤屈，這點是非常重要的。」[18] 這也說明申訴專員制度的宣傳具有重要的功能。「宣傳不僅增加申訴專員接受到的投訴數量，而且影響向投訴的內容。」[19]

在這種動機的驅使下，申訴專員公署從成立以來就一直採取多項措施教育公民，讓他們知道有權要求公營機構辦事負責以及在公共行政方面做到公平、公開和高效。在直接投訴制度實施以後，這種宣傳力度更大。申訴專員公署的宣傳手法或措施包括：派發宣傳單張及海報；在香港電視臺、電臺和廣播上宣傳資訊訊息；製作宣傳短片介紹公署的職能及職權範圍；設計電腦互動遊戲；定期舉辦記者招待會及出版，以不披露個案所涉人士身分的方式公布調查報告；前往政府部門、各主要法定組織、學校、社會服務機構、區議會等訪問，並舉辦簡介會和講座；舉辦一系列展覽，介紹公署的工作；邀請太平紳士協助推廣申訴專員制度；為公營機構人員舉辦投訴處理專題研討會；設立申訴專員嘉許獎，表揚在處理投訴方面具專業水平的公營部門，推廣積極的服務文化；開放申訴專員資源中心（1996 年 9 月建成）；在網頁

（www.ombudsman.gov.hk）刊載公署的最新資料；以及印發刊物（如1996年10月，申訴專員印發了一本《公生明，廉生威》的小冊子，以深入淺出的手法，介紹公署作為申訴專員機構的運作情況、申訴專員的角色、職能以及期盼等）……

在宣傳手法方面，富有特色的是邀請非官守太平紳士協助推廣。公署自1996年推行「太平紳士協助推廣計劃」，至今已有超過500位非官守太平紳士參加這個計劃。非官守太平紳士是社會知名人士，在公共行政方面經驗豐富，知識廣博。他們推廣申訴專員制度的內容主要有兩項：當接到投訴時，可轉介公署處理；當察覺公共行政方面有值得關注或欠妥之處，也可通知公署注意。為了使非官守太平紳士更好地推廣申訴專員制度，香港申訴專員支持和鼓勵他們參加有關處理投訴的訓練和其他同類活動。為了讓參加這項計劃的太平紳士掌握公共服務運作的最新情況，公署定期安排他們到《申訴專員條例》附表1所列的政府部門及公營機構參觀訪問。有賴他們多年來的支持，公署推廣申訴專員制度的工作進展順利，並加強了與公眾的聯繫。

在宣傳對象方面，香港申訴專員公署特別重視對青少年的教育。公署相信公民應該從小開始認識公平、公正等積極的社會價值觀。或者說由於公署深信公民應該從小獲得灌輸正確的社會價值觀及公民意識，所以年青人向來是公署宣傳推廣活動的主要對象。鑒於互聯網是向年青一代發布訊息的一個重要而且有效的途徑，公署在2010年10月與志願團體合作，製作了一輯關於申訴專員工作的短片，並把短片上載到一個專門與香港學生分享教育短片的網上平台「我愛香港頻道」。在2012-2013年度，公署接待了兩個中學的學生，並參與香港貿易發展局主辦的「教育及職業博覽2013」。

在宣傳機制上，香港申訴專員注重與新聞媒體的合作。「在向公眾發布關於本署的重要訊息方面，本人非常倚重大眾傳媒的支持。」[20]公署定期舉行記者招待會，公布一些關乎公眾利益的調查結果，借此宣傳公署的調查工作。如在2007-2008度，公署公布了3項直接調查及2宗投訴個案的調查結果，並宣布主動進行5項直接調查。在2010-2011度，公署舉行了3次記者

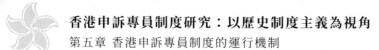

招待會，公布了 2 份投訴調查報告（不披露個案所涉人士的身分）和 5 份主動調查報告的結果。

上述事項均得到香港傳媒的廣泛報導。傳媒報導不但有助公眾認識公署的職能和工作，而且有利於公民認識公共行政的不同方面，還讓公眾知道公署對社會關注的事項有何跟進行動，藉此顯示公署促進優良公共行政的決心。因此，與新聞媒體合作是香港申訴專員制度成功的重要條件。

通過以上這些宣傳措施，申訴專員公署實現了以下目標：宣傳自身的職能和服務；鼓勵公職人員建立積極主動的服務文化；向市民、政府部門和公營機構推廣正面的投訴文化。

二、公署爭取政府的合作：制度配置權力

歷史制度主義認為，制度作用在於它不僅僅是靜態的框架，而且是塑造行動者日常行為的規範和結構，制度建立了一個交往的平台，涉及了一套交往的規則，塑造交往者的偏好。制度可以說是牽繫各個場域、各個關係與各大規模之間的紐帶。[21] 在香港申訴專員制度下，為了完成使命、任務以及促使政府部門和公營機構實施申訴專員的建議，香港申訴專員公署已經採取種種措施爭取總督或行政長官、政府部門和立法部門等政治權力主體的合作。

1、向總督或行政長官呈交報告

申訴專員定期在每年的六月份按照《申訴專員條例》第 22（1）條的規定向總督或行政長官提交年度工作報告，匯報她或他在一年內行使專員職能情況（除了 1989 年和 2002 年的報告）。一個工作報告年度的具體起算點在不同的時期有所不同。第一個報告的時間區間為 1989 年 2 月 1 日至 1989 年 6 月 30 日，共 5 個月。從第 2 次年報到第 13 期年報，年度區間為上一年的 7 月 1 日至當年的 6 月 30 日。第 14 期報告的時間區間為 2001 年 5 月 16 日至 2002 年 3 月 31 日，總共 10 個半月。從第 15 期報告開始，報告年度區間為上一年的 4 月 1 日到當年的 3 月 31 日。除了這個定期的年度報告外，申訴專員還不定期向總督或行政長官提交兩種特殊報告，一種是關於重大行政失當的，一種是關於部門不遵守申訴專員建議的。

2、爭取政府機構的合作

香港申訴專員制度的運行必須得到政府部門和公營機構的支持。「申訴專員的有效運作取決於申訴專員的充分的資金，而最終又取決於政府。」[22] 申訴專員的調查工作尤其需要政府部門的合作。香港第一任申訴專員認為，「要迅速地處理市民投訴的一個重要因素，在於有關部門的合作，因為調查投訴時所採用的資料，大部分都是由有關的部門提供。」[23] 香港第二任申訴專員也持有同樣的觀點，「公署若得不到被投訴部門／機構及投訴人忠誠和鼎力合作，便無法以不偏不倚、獨立自主及嚴正客觀的方式進行調查。」[24] 受申訴專員管轄的部門或機構所採取的態度對申訴專員制度能否有效運作有著決定性的影響。因此，香港申訴專員公署採用多種方法來獲得政府部門的合作。

（1）訪問政府機構

自 1995 年初起，申訴專員每年訪問相關部門或機構。如在 2007-2008 年度，申訴專員訪問了 10 個政府部門及公營機構。為了加強與政府部門的直接溝通，第三任申訴專員自 2005-2006 年度開始提高訪問層次，即與部門的首長級人員面談，就彼此關注的事項交換意見，希望借此更深入了解各部門處理投訴的文化，並向他們解釋公署在改善公共行政方面的使命及立場。

申訴專員的職員也訪問相關機構。比如，為了主動地提高公共行政質量，助理申訴專員會定期率領其屬下一些人員訪問某些選定的機構，與這些機構的代表討論，了解他們實施公署各項建議的進度，也會要求他們在更多方面採用申訴專員的建議。香港申訴專員公署不僅訪問其職權範圍內的機構，也訪問不在其職權範圍內的為市民提供服務的法定機構，向其推廣申訴專員制度和以專業態度處理投訴的概念。比如在 1995 年下半年，公署曾訪問當時不在其職權範圍內的香港旅遊協會、香港貿易發展局、香港生產力促進局、消費者委員會以及香港康體發展局，加強彼此的聯繫。通過這些訪問，公署與有關機構可以更深入地了解對方的職能及運作，公署人員也有機會與有關機構就處理投訴事宜交流意見及經驗，並特別向這些機構推廣以積極態度處理投訴的文化。

（2）為政府機構舉辦研討會為了提升公職人員處理投訴的專業水平以及向公職人員闡述申訴專員制度及其運作情況，從 1996 開始，公署每年邀請政府部門或公營機構的代表，出席公署舉辦的投訴處理專題研討會。如在 1996 年 2 月，公署為約 80 名部門首長、機構主管及首長級人員舉辦了兩次研討會。當年的 4、5 月間，公署也為政府部門的約 140 名在前線處理投訴的投訴主任舉辦了四次研討會。

這種研討會的內容不斷拓展。比如，在 2004-2005 年度以前的研討會只集中於討論處理投訴機制提供服務等原則性問題。而在當年度，公署特別委託國際糾紛決議事務所（香港）有限公司負責安排不同的討論內容，主題為「與投訴人溝通」。

這種研討會的形式也不斷更新。在 2005 -2006 年度以前，研討會在一天內舉行完畢。研討會一般包括兩個部分，一是全體參與的講座，二是分組舉行的研討會。而在當年度，公署改變以前一整天的研討會形式，改為在 2006 年 3 月至 5 月期間分四次舉行半天會議。在這幾次半天的會議中，申訴專員與各政府部門負責處理投訴的人員會面，向他們講述公署處理投訴的原則和立場。大家就共同關注的問題及對特定事宜所持的態度自由討論，坦誠交換意見。

除此之外，公署也前往政府部門舉辦講座。如在 2012-2013 年度，公署為政府部門及公營機構共舉辦了 6 次外展講座，當中包括個人資料私隱專員公署、社會福利署、郵政署、食物環境衛生署、香港大學及蘇港交流促進會。這類講座為公署向公職人員更深入介紹公署的工作提供了良好的機會。

（3）頒發申訴專員嘉許獎為了表揚以積極態度處理投訴的公營部門或機構，公署在 1997 年 7 月特設申訴專員嘉許獎，以鼓勵各公營部門或機構透過處理投訴改進管理和服務。申訴專員每年頒發一次嘉許獎。這種嘉許獎也稱為「公營機構獎」。這種獎項的候選名單都會經遴選委員會審議。遴選委員會由副申訴專員擔任主席，其成員包括兩位助理申訴專員、調查組和外務組的主管。這個獎項促進了申訴專員與政府部門的合作。正如庫瑞指出，「在 1997 年 7 月，申訴專員設立申訴專員獎來表揚受它管轄的組織對其實施調查

的積極支持。這些措施已經幫助申訴專員公署與它管轄的組織保持一種健康的關係。」[25] 自 2000 年開始，公署擴大嘉許計劃的範圍，增設一個獎項，表揚提供高效服務的個別公職人員，即頒發獎項給能夠持續妥善地處理投訴，從而有助於大大改善公共服務的公職人員。這個獎項可稱為公職人員獎。這個獎項的候選名單由公營機構提供。公署以其在 1998 年 3 月出版的《良好服務指引》為準則，審核獲提名的人員是否符合得獎資格。後來，這個獎項也被用來表揚那些提供良好客戶服務以及推廣正面的投訴文化的公職人員。

香港申訴專員公署積極嚴格地實施了這一激勵制度，表揚在處理投訴和改善公共行政方面表現出色的公營機構及公職人員。在 2006 年的 9 月 20 日，公署還特別頒發「申訴專員嘉許獎十年大獎」，以表揚過去十年在處理投訴方面一直表現出色的機構。這個十年大獎由稅務局獲得。這些公營機構獎、公職人員獎和十年大獎都產生了良好效果。「申訴專員嘉許獎不但有助增進公職人員對申訴專員制度的認識，同時亦可鼓勵他們以積極態度，處理市民對公營機構行政失當的不滿。」[26]

3、公署爭取立法機構的支持香港申訴專員不僅需要公營機構的支持，而且需要立法機構的支持。李·曼凱特認為，「它的成功依靠公眾和立法會議員的支持。沒有這樣的支持，申訴專員在爭取額外的管轄範圍、權力和資源，以及反對強有力官僚方面有困難。沒有這樣的武器，它很難實現它作為有效申冤途徑的全部潛力。」[27] 奧斯汀也指出，「申訴專員有必要從議會或總統處獲得政治支持。最重要政治支持的是對申訴專員職位候選人的選擇。另外，申訴專員的報告，特別是他的年報應當獲得政治辯論。」[28] 因此，香港的每一任申訴專員每年都積極拜訪立法機構。

如第一任申訴專員在 1989 年出席了立法局、市政局、區域市政局、十九區區議會及鄉議局的匯報會。通過這些拜訪活動，申訴專員可以廣傳公署成立的訊息，聽取各位議員對公署運作的意見和建議，以求為市民提供更佳的服務。第二任申訴專員大約每隔六個月，便會訪問立法機構，就申訴專員制度的運作情況與各議員進行討論並交換意見。第二任申訴專員還訪問市政局及各區區議會。這些訪問為申訴專員提供了非常有用的背景資料，例如

公共行政方面的問題；有關當局的處事方針及所面對的侷限和限制；市民對這些問題的認識及了解，以及他們期望如何解決這些問題。香港第三任和第四任申訴專員每年都與立法會議員會面，向他們講述公署工作的最新發展，並與他們就公署的運作交流意見。如 2007-2008 年度的會面在 2007 年 12 月 11 日舉行，申訴專員當天向議員講述了工作概況，並與他們就公署的運作交換意見。在 2008 年 12 月 9 日的會面上，雙方就申訴專員的職能、申訴專員多年來所處理的公民特別關注和涉及公眾利益的事項，坦誠地交換意見。

為加強與立法會議員及區議員的合作，申訴專員公署還為議員的助理舉辦研討會。如 2011 年 3 月 3 日，公署為議員的助理舉辦了一次研討會，藉此讓他們更加認識公署的職能及運作，促進彼此日後在處理公眾關注事宜上的合作。

在這次研討會上，逾 90 名出席者就大廈管理、公共房屋、滲水問題、交通設施、公共醫療服務等市民關注的重要問題進行討論。

申訴專員與立法機構多種形式的接觸和互動，確實取得了良好的成效。比如，在 1995 年 3 月 17 日的特別財務委員會會議上，與會議員所關注的，並不是申訴專員以什麼理由來證明公署的預算開支合理，而是申訴專員需要哪些額外資源、權力和職權，使公署的工作得以進一步推展，爭取更佳的成績，從而發揮更大的作用。這說明立法局議員對申訴專員的工作一直十分支持。

以上是香港申訴專員公署爭取政府合作的三種長效機制。香港申訴專員公署建立和實施這些長效機制的一個原因是它與總督或行政長官、政府部門和立法部門之間的在處理投訴和改革行政等方面的權力不對稱。這一權力不對稱是由香港申訴專員制度形成的。豪爾認為，「制度的作用在這裡主要體現在兩個方面：一方面，制度塑造著政治行動者所追求的偏好、目標和實現目標的手段，即處於一套制度體繫的特定位置，就決定了行動者的權力義務關係及其與其他行動者之間的相互關係，從而也就決定了行動者對自身利益的界定方式和實現方式；與此相關的一方面是，即特定的制度結構決定了各個行動者接近和享有權力的大小，任何一套制度體繫都有為某些行動者設置

了特權而將另一部分人置於不利地位的情形。」[29] 這就是說，任何一套制度為不同的政治行動提供了不同的權力、資源和限制，制度本身就為政治行動的展開設置了條件和偏見。香港申訴專員制度為香港總督或行政長官、政府部門、立法部門、申訴專員配置了不同的權力和資源。這些權力和資源是不對等的。比如，香港申訴專員制度授予申訴專員充分而強大的調查權力，但是沒有授予申訴專員改變行政決定的權力，沒有強制要求被調查部門遵守它的建議的權力。在這種情況下，香港申訴專員公署就有必要爭取政府的合作。

三、公署與同行的交流：理念影響政策

理念是歷史制度主義特別強調的重要要素，影響著制度選擇和政策選擇的方向、模式和結果。理念在特定制度結構下會對一定的政治人物產生重要的觀念影響，從而推動他實施某項新的政策，所以理念也是政策變革的重要推動力。

理念影響政策不是直接的，而是通過一定的管道來實施的。或者說，理念總是由一定的行動者帶入政治制度，然後通過政策的手段來得到展現。[30]為了更好地制定和實施政策，為了獲得新的觀念或產生觀念的碰撞，香港申訴專員公署一直保持與國內外同行的交流。

1、公署與國外同行的交流

香港申訴專員每年都訪問其他國家或地區的申訴專員。如香港第一任申訴專員認為，「一位明證專員如能經常與世界各地的明證專員交換意見及資料，會更能發揮本身的力量、對事物更有見地，以及更清楚自己的目標。」[31]於是，他上任後不久，即在 2 月 5 日至 12 日拜訪英國申訴專員白理德爵士，在 2 月 13 日至 16 日訪問斯德哥爾摩，並與瑞典四位議會行政監察專員進行討論。香港申訴專員公署對其他國家申訴專員的訪問，不但可以吸取非常有用的經驗，拓寬視野，得到新的體會和創見，更為他們開拓新的思維空間以及探索最具有成果及最具效率的方法提供有益的幫助。正如申訴專員黎年所說：「本人非常重視與外地的申訴專員機構保持緊密聯繫，他們的調查和運作模式可作借鑑，亦有助本署的辦事方式及程序更加完善。」[32]

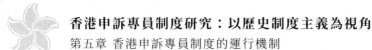

　　香港申訴專員積極加入申訴專員的國際組織或地區組織。香港申訴專員公署已於 1989 年 11 月加入國際申訴專員協會。公署也是澳大利亞暨太平洋區申訴專員公署成員。1996 年 10 月 24 日，第二任申訴專員被選為國際申訴專員協會常務理事會成員。2000 年 11 月，第三任申訴專員被選為國際申訴專員協會常務理事會成員，擔任澳大利亞暨太平洋區理事。從 2002 年起，第三任申訴專員兼任國際申訴專員協會常務理事會和亞洲申訴專員協會常務理事會的祕書長。2010 年 10 月，申訴專員於國際申訴專員協會在百慕達舉行的常務理事會會議上獲選為司庫。

　　香港申訴專員積極參加申訴專員的國際會議或地區會議，積極參與國際層面的交流活動，與世界各地的申訴專員機構保持緊密聯繫。香港申訴專員公署參加國際申訴專員會議及其常務理事會會議。如在 1991 年 10 月，申訴專員與公署的首席調查主任出席了在維也納舉行的第五屆國際申訴專員會議。2012 年 11 月，申訴專員出席了國際申訴專員協會在紐西蘭舉行的世界大會暨常務理事會會議。香港申訴專員也參加澳大利亞暨太平洋區申訴專員會議、亞洲申訴專員協會會議及其常務理事會會議。2007 年 4 月，申訴專員參加了亞洲申訴專員協會在越南舉行的常務理事會會議及協會會議。2012 年 6 月，申訴專員出席了亞洲申訴專員協會在阿塞拜疆舉行的常務理事會會議。除了申訴專員親自參加國際會議或區域會議，公署的其他職員也參加國際會議和區域會議。如 2010 年 7 月，公署的一名助理專員與一名高級調查主任前往馬來西亞吉隆坡，參與亞洲申訴專員協會「地區技術支持計劃」的集思會，與亞洲區內多個成員機構的代表交流處理投訴及調查工作的心得。這些活動不僅有助於提升公署專業水平和加強彼此的關係，更可以為日後的工作計劃帶來新的觀點和角度，還能夠了解其他申訴專員制度的最新發展。

　　香港還舉辦申訴專員的國際或地區會議。1995 年 10 月，公署首次在香港主辦兩項國際性會議，即第十五屆澳大利亞暨太平洋地區申訴專員會議和 1995 年國際申訴專員研討會。2005 年 11 月 28 日至 12 月 1 日，香港申訴專員公署主辦了第九屆亞洲申訴專員協會會議，主題是「演進中的申訴專員機構」。2008 年 11 月 5 日至 8 日，公署在香港主辦了國際申訴專員協會的常務理事會會議。

2012 年 5 月，公署在香港主辦國際申訴專員協會常務理事會中期會議。

香港申訴專員公署也接待其他國家申訴專員的訪問。如新南威爾士申訴專員公署調查人員賈麗爾小姐及南澳大利亞申訴專員貝諾斯基先生分別於 1989 年 9 月 6 日和 11 月 29 日訪問公署，與公署人員就雙方關注的事項進行詳盡的討論。公署一向樂意接待其他國家和地區的訪客。這種分享經驗和訊息的活動，有利於促進相互的了解，拓寬大家的視野，改革和完善行政監察制度。

總之，香港申訴專員公署與其他國家申訴專員機構交流各種觀念、辦事方法及工作經驗，不但有助於提高專業水平和工作質素，而且有助於取得更大的工作成果。這印證了歷史制度主義的一個重要結論，即觀念是產生結果的一個重要因素。歷史制度主義學者豪爾等人指出，「儘管他們極其關注政治生活中制度所扮演的角色，但是很少有歷史制度主義者堅持說制度是產生政治結果的唯一因素。他們尤其傾向於將制度與其他因素一道定位於因果鏈之中，社會經濟發展與觀念的分布也是他們重點考慮的因素。歷史制度主義者尤其傾向於關注制度與觀念信仰間的相互關係。」[33] 觀念的重要作用也為 20 世紀 80、90 年代以來的公共政策理論所強調。「觀念的重要意義並不侷限於它在問題解決過程中的作用，在澄清目標、定義行為的可能範圍，或者是在缺乏特定方案的情況下，選擇一個特殊的結果等方面，觀念也具有重要的作用。」[34]

2、公署與大陸同行的交流

香港申訴專員公署與中國監察學會的交流。1996 年 2 月，香港申訴專員公署率團到北京訪問中國監察學會，與該學會原則上達成協議，推行一項交流計劃。這一交流計劃得到持續的實施。也就是說，自 1996 年起，公署一直與中國監察學會合辦交流活動。如 2006 年 11 月底，中國監察學會的一個十人代表團來港進行六天的交流。在參觀訪問期間，大家就監察公共行政的制度和方法交流經驗。代表團還參觀了若干政府部門和公營機構，親身體會香港的法律及行政制度。

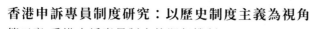

2007 年 8 月底，在中國監察學會的安排下，申訴專員率領代表團到中國進行約一個星期的考察。香港申訴專員及其有關職員與北京、大連、內蒙古負責監察工作的官員深入討論，並就監察公共行政的制度和方法交換意見。2012 年 9 月，副申訴專員率領五位同事訪問山東省監察廳，參觀了省監察廳屬下多個單位，並與有關領導舉行座談會，加深了對省級監察制度的認識。公署也接待中國的其他訪港團體。如在 2007-2008 年度內，公署接待了 4 個團體共 116 人，並為他們舉辦講座。這些交流活動有助申訴專員及其職員了解中國機構的運作，也加強了中國官員對公署工作及理念的認識。

香港申訴專員公署與澳門同行的交流。澳門反貪汙暨反行政違法性高級專員斐明達在 1996 年 3 月訪問公署，並且原則上落實港澳兩地的交流計劃，內容包括定期互相探訪、互換資料文件、共同組合訪問團訪問海外申訴專員機構、交流專員經驗以及互換職員培訓。2013 年 2 月，申訴專員和幾位同事訪問了澳門廉政公署，更加深入了解該署所處理的各種個案性質和調查工作模式。

香港申訴專員公署為什麼加強與同行的交往學習還可以從歷史制度主義的世界時間觀來分析。歷史制度主義的時間觀還包含著這一特徵，即這個時間不是孤立存在的，而是與世界共時性存在的，一定時期的世界背景和重大事件會對某個地區的政治社會發展產生重大影響，這種一定時間內的世界範圍的關聯性就可以被定義為世界時間性。

[35] 歷史制度主義者提出歷史的重要性，堅持要認真對待歷史，是因為他們認為有三個重要的推理方式能說明這一點，這三種方式是：

（1）政治事件在歷史背景下發生；

（2）行動者能從歷史經驗中學習；

（3）預期被過去型塑。

[36] 正是它們處於世界體繫和世界時間內，所以國家之間存在著互相學習的時間的關係。新制度注意研究中所創造的「後發優勢」概念很好地說明這一點。所謂「後發優勢」是指世界時間序列上不同國家之間互相學習，因而

後發國家可以通過學習先進國家的技術和制度減少發展時間，提高發展速度，因此反而從劣勢轉變為一種優勢。[37] 香港申訴專員公署與同行進行交往，就是為了學習其他國家或地區的先進申訴專員制度，學習同行的先進經驗和技術，增加自己的後發優勢。

▌第三節 香港申訴專員公署的業務處理

香港申訴專員公署的內部管理和外部治理的目的是為其處理業務或提供服務創造有利的條件。香港申訴專員公署的主要業務包括投訴處理和主動調查（也稱直接調查）。

一、公署的投訴處理：制度框定範圍

歷史制度主義認為，制度對行為者設定限制，讓行動者按照制度的規定展開行動，並和其他人進行互動。[38] 也就是說，政治制度是某種行為展開的背景因素，為政治行為提供了外在的制度框架，框定了某些行為的展開範圍，限制人們的選擇範圍，框定了他們的選擇機會。香港申訴專員公署在處理投訴方面遵循一套清晰的工作流程，如圖5-1。它包括五個主要步驟：第一步是接受投訴，第二步是評審投訴，第三步是運用合適的投訴處理方法，第四步是發出回覆函或調查報告給投訴人或所涉機構，第五步是跟蹤建議的落實。

1、接受投訴

（1）投訴方式

在實行轉介制度時期，提出投訴的人士須是聲稱因政府部門行政失當而遭受不公平待遇的人士，投訴必須由立法局非官方議員轉介給行政事務申訴專員。

具體地說，要將投訴轉介公署，有三個途徑：

第一，直接要求一位立法局非官方議員把投訴轉介公署；

第二，向立法局議員辦事處提出投訴，然後由一位非官方議員把投訴轉介給公署；

第三，直接向公署提出投訴，公屬經審議投訴內容，若確定投訴事項屬於行政事務申訴專員的職權範圍，便會徵詢投訴人的意見，看看他是否同意由一位立法局非官方議員將投訴轉介公署。如果投訴人同意，公署就會將投訴轉送立法局議員辦事處，以便該處依法辦理。

在廢除轉介制度和實施直接投訴制度以後，投訴人可以直接向申訴專員提出投訴。投訴的方式，既有傳統的郵寄信件，也有親臨公署，還有投訴表格、傳真、電子郵件（2000 年 1 月 5 日開始）和電話（2000 年 4 月開始試驗，2001 年 3 月正式實施）。也就是說，投訴的方式有三大類：親臨公署、書面和電話。香港申訴專員制度中的投訴方式比加拿大不列顛哥倫比亞省申訴專員制度中的投訴方式多了兩種。根據《加拿大不列顛哥倫比亞省申訴專員法》，向加拿大不列顛哥倫比亞省申訴專員提出的申訴必須採用書面形式。假如投訴性質簡單，或你在書寫方面有困難，投訴人可以電話向公署提出投訴。為確保投訴事項的記錄真確無誤，公署在征得投訴人同意後，會把電話談話的過程錄音，然後將電話談話內容摘要筆錄後寄給投訴人，請其在投訴表格上簽署確認。投訴人也可以把投訴以電郵傳送到：complaints@ omb. gov.hk。但是，除非投訴人有已妥善加密並為申訴專員接受的電郵帳戶，可以傳送與投訴有關的資料，否則公署將會以郵寄信件與其聯絡，並在信封上注明「私人密件」。基於嚴格的保密規定，公署須以郵寄方式回復，以免個案數據泄露。

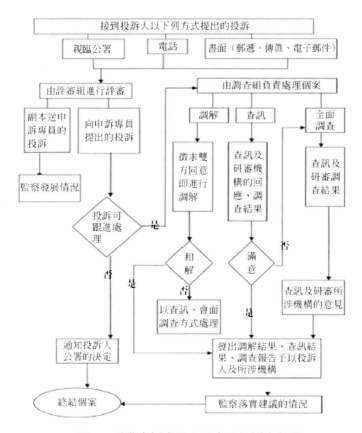

圖 5-1 香港申訴專員公署處理投訴流程圖

（2）投訴條件

不論其是什麼國笈，或是否擁有居港權，只要投訴人對申訴專員公署職權範圍內的政府部門或公營機構的行政失當事項感到不滿，均可向公署提出投訴。

提出投訴的人士通常須為感到受屈者本人，除非他或她不能親自行事。投訴若是由代表法人團體提出，則投訴人必須使申訴專員相信其已經獲得該法人團體的授權；申訴專員如認為理據充分，會准許由法律代表提出投訴。有時，多名投訴人大約同時提出一些關於某項時事或社會大眾廣泛討論的課題的投訴。公署把這類個案統稱為「同類主題投訴」（自 2008-2009 年度

起在公署的統計數字上顯示），以別於其他內容或課題獨立的個案，以便更準確地反映公署的工作量和統計不同機構被投訴的次數多寡。投訴人無論以哪種方式投訴，都必須提供姓名和住址，確保公署可以識別身分並能與其聯絡，因為《香港申訴專員條例》規定公署必須確定投訴人本身是受屈人士。從 2010-2011 年度起，香港申訴專員對受屈人士採取較為寬鬆的詮釋。假如投訴人能夠提出有合理論據的說法，顯示他因為某項行政行為導致的行政失當而遭受不公平對待，公署就會視他為「感到受屈的人士」。[39]

凡以匿名提出或無從識別身分的投訴，公署把其列為無須進行調查的類別。

但是，公署不會置之不理，而會把這些投訴視為有可能成為正式投訴的個案，收集相關的資料，研究在行政體制方面是否有任何問題或流弊。這將有助於公署日後就同類投訴進行調查和選定可能展開直接調查的課題。

（3）投訴原因

大部分投訴人感到不滿的原因，是他們認為所涉機構的決定或意見出錯。

如在 2009-2010 年度，投訴人感到不滿而提出投訴的五大原因是：出錯、決定或意見錯誤；不按程序辦事、延誤；厚此薄彼、處事不公、選擇性執法；疏忽、有遺漏缺失的情況；以及監管不力。[40] 根據 2010-2011 度處理的投訴個案中投訴人所提出的指稱，引致投訴的五大原因是：出錯、決定或意見錯誤；延誤；辦事疏忽、有缺失遺漏的情況；監管不力；沒有回應投訴。[41]

（4）對投訴的響應

對於以電子郵件提出的投訴，由於《申訴專員條例》規定公署人員必須嚴格保密，如有違反可被判罰款或監禁，所以除非投訴人有電子證書，能夠提供電子簽署證明身分，否則公署必須以郵寄方式回復投訴人，以防資料外泄。對於投訴人親臨公署，香港申訴專員公署還建立當值主任計劃和設立接待處。市民親身或以電話做出的查詢和投訴全部都會先由接待處的職員處理。如果查詢的事項性質簡單直接，接待處的職員便會即時解答，但如果查詢的事項是需要有關專業處理投訴的知識才能解答，便會交由當日的當值主任或

助理當值主任處理（公署設有輪值制度，由各級調查主任或行政主任職繫人員輪流擔任當值主任和助理當值主任，負責解答性質較為複雜的查詢事項）。任何投訴人如果需要協助或與公署職員面談，都會獲得當值主任或助理當值主任的接見。投訴人如果以書面記述他們的投訴事項有困難，公署的當值主任可以為他們記下投訴的要點，然後把記錄的內容寄給他們核實。申訴專員每月親自在接待處當值三次，直接與投訴人交談，以便了解他們的感受、意見和期望。

在實際投訴中，有些人是在利用、誤用甚至濫用申訴專員制度。對於這些行為，公署絕不會向壓力低頭，不會向歪理屈服，也不會協助或教唆他們借投訴解決私人仇怨。申訴專員公署有時也會接到一些無理的投訴，即雖然投訴人本身理虧甚或違法，卻指責政府無理地對他們的錯誤行為採取行動。對於此類無理的投訴，公署在終結查訊時會毫不猶疑地直斥其非。

2、評審投訴

接到投訴後，申訴專員公署會發出認收函件，並由評審人員開始對投訴進行審查。評審工作通常在收到投訴的一兩天內進行。如有需要，評審組會要求投訴人提供補充數據或澄清有關事項。評審必需的資料包括被投訴的機構和事項、涉及的人物和時間等詳情、投訴人感到受屈的原因。評審投訴的主要目的是確定投訴是否在申訴專員的職權範圍之內和有否表面證據，足以讓公署展開調查。或者說，審查投訴的目的在於確保投訴獲得應有的考慮與適當的調查。在轉介投訴制度運行期間，評審投訴的另一個目的是，確定投訴是否經過立法局議員的轉介。為了對投訴人及被投訴機構公平起見，申訴專員一向明辨是非曲直，情理兼重，對於《香港申訴專員條例》就公署的職權範圍一詞所下的定義，會以開明的態度去詮釋，絕不會拘泥於字面上狹義的解釋。

香港申訴專員評審投訴的主要標準是《申訴專員條例》對申訴專員角色和權限的規定。申訴專員公署根據香港法例第 397 章《申訴專員條例》於1989 年成立，是獨立的法定機構，專門負責監察香港的公共行政。公署負責調查政府部門和公營機構的行為在行政方面可有不足之處，並建議補救和改

善措施，藉此促進公平合理、開明負責、並能迅速響應市民訴求的良好公共行政。申訴專員有權調查《申訴專員條例》附表 1 第 I 部所列的政府部門及公營機構涉嫌行政失當的投訴。根據《申訴專員條例》第 2 條，「行政失當」一般而言是指行政拙劣、欠缺效率或不妥善，當中包括不合理的行為；濫用權力或職權；不合理、不公平、欺壓、歧視或不當地偏頗的程序，以及延誤；無禮或不為他人著想等行為。申訴專員並非對任何事情都有權調查。根據《香港申訴專員條例》第 8 條與附表 2 規定，以下 10 種行動不受香港申訴專員調查：保安、防衛或國際關係；法律程序或檢控任何人的決定；行政長官行使權力赦免罪犯；合約或商業交易；人事方面的事宜；政府頒授勛銜、獎賞或特權；行政長官親自作出的行動；有關施加或更改土地權益條款的決定；與《香港公司收購、合並及股份購回守則》有關的行動；香港警務處或廉政公署就防止及調查任何罪行而採取的行動。《申訴專員條例》第 10（1）條列明申訴專員 6 類調查投訴的限制，即投訴人對投訴事項已知悉超過兩年；投訴由匿名者提出；投訴人無從識別或下落不明；投訴並非由感到受屈的人士或適當代表提出；投訴人及投訴事項與香港並無任何關係；投訴人有權利根據法律程序（司法復核除外）提出上訴或尋求補救辦法。依據《申訴專員條例》第 10（2）條，申訴專員可以決定不展開調查的情形有 4 類，即以前曾調查性質相近的投訴，而結果顯示並無行政失當之處；投訴關乎微不足道的事；投訴事屬瑣屑無聊、無理取鬧或非真誠作出；因其他理由而無須調查。

申訴專員在作評審決定時，會充分地行使自己的自由裁量權。在行使申訴專員條例第 10（1）條所賦予的酌情處理權方面，對於那些已喪失時效的個案，以及投訴人可或曾經可循法律途徑尋求補救的個案，特別是當有關投訴看來關乎公眾利益或有極不公平的因素存在時，申訴專員會秉持開明的態度處理。

經過評審後，假如申訴專員決定不予跟進或不進行調查，公署會盡可能在 15 個工作日內通知投訴人（這個通知必須經申訴專員審批），向他解釋為何不能跟進其投訴事項，也會不遺餘力地通過其他適當的途徑協助投訴人，包括告訴他們可向哪些機構尋求協助，建議轉介其投訴予適當的部門考慮，或引述在審查過程中取得的資料，使其了解實際情況。此時，投訴個案被終

結。值得肯定的是，即使由於投訴人匿名或無從識別其身分，或投訴人並非感到受屈者本人，經評審後決定不受理的投訴，公署也不會完全置之不理，而會研究那些投訴是否反映行政體制上有任何普遍性問題或系統性流弊，值得公署考慮展開主動調查。

投訴人對申訴專員是否展開查訊的決定可以提出異議。這種異議，實際上是要求重新評審申訴專員是否有權受理有關個案，或是否理應酌情展開查訊。

遇到這種情況，評審組會重新研究與評審，繼而向副申訴專員提交建議，以決定是否跟進處理。假如有理由和證據支持此類要求，申訴專員會就個案重新展開查訊。比如，2009-2010 度內共接到 227 宗重新評審個案的要求，當中有 131 宗並無理由支持重新查訊；96 宗投訴隨後被重新展開查訊，大部分是因為投訴人提出新證據。[42] 在 2010-2011 年度內，公署接到共 290 宗重新評審個案的要求，並就其中 89 宗重新展開查訊。[43] 這就是對不予受理或調查的決定的第一條救濟途徑，即向公署提出上訴。另外，投訴人對申訴專員不予調查的決定可以向法院申請司法審核。

經過評審後，申訴專員如果決定受理，就會把投訴交給調查組進行深入審查研究，進行查訊、安排調解或展開全面調查。每個調查組由一位總調查主任領導，專責處理若干政府部門和公營機構的個案，向所屬的助理申訴專員或副申訴專員匯報工作。

3、運用合適的投訴處理方法

成立初期，香港申訴專員公署只以正式調查的方法處理投訴。這時，香港申訴專員處理投訴的方法與一些國家的申訴專員處理投訴的方式相同。如美國夏威夷州申訴專員和加拿大不列顛哥倫比亞省申訴專員只能運用調查方法處理投訴。後來，香港申訴專員公署逐漸採用「另類排解糾紛方法」處理投訴。因此，在只有一種方法處理投訴的情況下，申訴專員在決定受理投訴之後，就必須對投訴展開全面調查或正式調查。而在有多種方法可以處理投訴的情況下，在決定受理之後，香港申訴專員公署還得決定是否需要全面調查投訴。而要確定是否以全面調查方法處理投訴，可以進行初步查訊。

（1）初步查訊

初步查訊是指根據《香港申訴專員條例》第 11A 條進行的查訊，以決定是否需要展開全面調查。為了顧及投訴人的利益，公署往往會以「初步查訊」這種較快捷的方式處理一般性質的投訴個案。初步查訊會以「機構內部投訴處理計劃」（即「現處計劃」）或「提供協助／做出澄清」的方法進行。機構內部投訴處理計劃自 1996 年 1 月起實施，目的是將公署所接到的簡單投訴轉介被投訴部門或機構，以便有關部門或機構可先通過本身的內部投訴處理機制解決投訴。這個方法的內容是：公署在取得投訴人同意後，把個案轉介所涉機構，由該機構進行調查和直接回復投訴人，並把回復的副本送交公署參閱。對於這類個案，申訴專員可以要求所涉機構在答覆投訴人時處理特定的事項，也可以指定有關機構在回復時提供某些相關數據，並監察整個處理過程和審查研究有關的答覆。假如發現機構的回復有欠妥善，或者未能令人滿意，申訴專員可以隨時介入。若決定介入，公署會採用提供協助／做出澄清的方法或進行全面調查。而採用「提供協助／做出澄清」方法，公署往往先要做出多方面的初步查詢，搜集與投訴個案有關的重要事實。公署通常會要求被投訴的機構提交資料與評論，但不會要求他們直接回復投訴人。公署如果接受被投訴機構所提交的資料與評論，便會以書面形式把分析、調查結果和觀察所得告知投訴人，向投訴人解釋和做出澄清。如有需要，公署也會提議或建議所涉機構採取改善措施或補救行動。「提供協助／做出澄清」是公署最常用的查訊方式。

「現處計劃」和「提供協助／做出澄清」是公署在 2009-2010 年度前對初步查訊的兩種分類。後來公署發覺這種分類似乎未能完全反映實際情況和不易被人理解。事實上，為了投訴人及早收到所涉機構的回復，為了取得更加詳細的數據進行比較深入的分析，公署有時會結合這兩種方式處理投訴個案。為此，在 2010-2011 年度，公署決定不再作上述劃分，而改為以「查訊」這個統一的名稱。

「查訊」用來描述這樣的工作程序：如認為適當，公署會要求被投訴機構同步回復公署和投訴人。在此情況下，公署會審查研究有關機構的回復、

投訴人對回復的意見、任何其他相關資料或所搜集的證據。在完成對投訴的查訊時，公署會把查訊結果告知投訴人，如有需要，也會建議所涉機構採取補救行動或改善措施。

如認為有必要更深入、全面地調查投訴事項，公署會展開全面調查。

公署在進行查訊時無私無畏、不偏不倚，並且公平公正地就個案做出合理的結論。以經查訊後終結的編號為 OMB 2010/0339 個案為例。[44] 運輸署在接到有關投訴後，已跟進及回復投訴人。鑒於投訴人再無表示不滿，因此該署終結個案是合理的做法。不過，公署曾三次派員前往實地視察，發現該路線的巴士班次確有延誤。公署認為，班次不準並非完全出於偶然情況，運輸署必須正視問題。

（2）調解

若不涉及行政失當或情況輕微的投訴，申訴專員根據條例第 11B 條可以對其進行調解。「調解」是公署於 1997 年 4 月開始採用的另類處理個案方法。它的優點是：便捷高效；消除敵意對立；集中於尋求解決方案；締造雙贏局面。1998 年 5 月香港申訴專員公署制定的《調解服務工作手冊（以魯仲連方法解決投訴）》規定了提供調解服務的原則、步驟等內容。2002 年 1 月，香港申訴專員公署出版了《調解服務》刊物。

調解服務旨在解決投訴的事項，而非查找行政失當。調解可以協助投訴人和被投訴機構：辨明投訴的事項，澄清相關事實；直接討論問題；了解雙方的需要；達致雙方都能接受的和解協議。調解堅持自願原則。調解必須經申訴專員和投訴雙方同意。投訴人和被投訴人雙方在調解過程中或其後所做出的任何決定，均完全出於自願。任何一方均可以隨時決定退出調解。調解員也可以根據實際情況隨時中止調解。調解過程一般是不公開的，除非經雙方同意和調解員接受其他人士出席調解會議，並讓他們提供意見或協助。調解過程須由雙方親自參與，或在有需要時委派一名有能力商議和訂立和解協議的正式授權代表出席。只要雙方同意，可以達成任何形式的和解條款。受過訓練的公署中立調解員，會以公平和專業的方式主持調解過程。調解員會協助雙方探求可行方案，並盡力促成順利解決投訴的事項。調解可以通過舉

行會議的形式，由調解員與投訴雙方共同或分別會面，或者以調解員認為適當的任何其他形式進行。調解須以保密方式進行，除非獲得另一方同意，否則在調解過程中曾經討論、發現或展示的任何資料均不得披露，只有以下情況則屬例外：公署認為符合公眾利益，可以把投訴內容撮要和調解結果公布；公署根據《申訴專員條例》第15條必須予以披露。在調解過程中的任何話語或所承認的任何事宜以及展示的任何文件，不得在隨後的查訊或調查中被用作證據（除非說出有關話語或承認有關事宜的人，或有關文件所關乎的人，同意該等話語、事宜或文件作為證據）；也不得在任何法庭或其他法律程序中被用作證據。調解員除非以非出於真誠的方式行事，否則無須就調解過程中因疏忽或其他原因而做出或不做出的任何作為負上法律責任。2011-2012年度有一宗集體調解個案特別值得一提。18個團體分別向公署投訴某政府部門的有些措施不合理。公署就這宗同類主題投訴進行初步評審後認為，有關措施背後或許有其理據，但部門假如能稍作改善或妥協，當能消除那些提出投訴的團體的疑慮。起初，雙方對於通過調解來解決問題的成效存在疑慮，但經公署人員遊說後，他們最終願意坐下來一起討論。經過數小時的調解過程之後，雙方簽訂了協議，就解決問題達致一個雙贏的方案。

如果調解不成功或未能解決問題，或者投訴人要求重新處理其投訴，公署就會另派調查員重新展開查訊或全面調查。此舉旨在確保個案得到客觀處理，不會被從調解會議獲得的意見和數據所影響。

（3）全面調查

對於涉及原則性問題、嚴重行政失當、極不公平的情況、制度上出現流弊或程序上有缺失的複雜個案，申訴專員會指令進行全面調查。這種全面、徹底的調查一般要按照調查通知、調查、編寫和發出調查報告草擬本、發出調查報告等步驟進行。調查的過程涉及廣泛而深入的探討，以查明事實的真相。除了研究文件數據之外，公署也可以傳召證人加以訊問，並與投訴人核對數據，以及進行實地視察和檢查。如有需要，公署也會向不同界別的顧問徵詢意見。公署的調查工作，旨在查明事實的真相，以及致力提高公共行政的水平。任意責難或誣衊他人，絕非公署進行調查的用意。全面調查的結果

的類別有成立、部分成立、「投訴事項不成立，但有關機構另有行政失當之處」、不成立等四種。

在實施這些方法過程中，申訴專員可能做出中止調查的決定。這就形成公署經初步查訊後中止調查的個案。它與公署基於職權範圍所限而不能調查的個案、投訴人主動撤回的個案等構成無法跟進處理的個案。另外，有些個案是公署認為無須進一步查訊而不予繼續處理的，主要理由有：未能確立表面證據顯示有行政失當的情況；投訴人只是發表意見或尋求協助；投訴人拒絕披露其個人數據，而公署則必須獲得其同意才可展開查訊；所涉機構已就有關事件採取行動；或另有機構負責處理有關事宜。

4、發出回覆函或調查報告給投訴人或所涉機構

在完成初步查訊或調解之後，申訴專員會向投訴人發出回覆函。但在完成全面調查之後，申訴專員既要向投訴人發出回覆函，也向所涉機構發出調查報告。公署會讓可能遭到其批評或者蒙受負面影響的機構或個別人員就公署初步觀察所得提出意見。申訴專員一般都會在所涉部門提出評論後發出調查報告。調查報告一般包括投訴要點、背景資料、觀察所得、調查結果、結論和建議。申訴專員調查報告的篇幅一般比較長。

申訴專員會選擇部分投訴調查報告通過記者招待會以不披露個案所涉及人士身分的方式向社會公布。如在 2009-2010 年度，公署舉行了記者招待會，公布了兩份投訴調查報告，即在 2009 年 6 月 2 日的記者招待會上，公布一項有關投訴漁農自然護理署及效率促進組誤把報失狗隻人道毀滅的調查結果；在 2009 年 10 月 29 日的記者招待會上，公布一項有關投訴地政總署及土地註冊處的調查結果。[45]

雖然《香港申訴專員條例》賦予申訴專員絕對的自主權，申訴專員就投訴個案所作的決定是最終決定；但是，收到回覆函或調查報告後，投訴人或所涉機構如果對申訴專員的決定感到不滿，仍然可要求公署複檢其個案。促使投訴人要求進行複檢的原因主要有：對公職人員服務質量的要求不斷提高；直覺地認為他們的投訴是有理的；認為申訴專員只應該完全支持投訴人的要

求；希望向有關機構施加壓力。在 2009-2010 年度以前，這類個案會全部被當作「複檢個案」處理。

先由原本負責的調查員審查投訴人要求複檢的理由，然後把意見提交其調查組的總調查主任。假如該名調查人員未能處理有關個案，上述工作會由另一名調查人員接手負責。總調查主任會重新審視個案，並著眼於投訴人所提出的新證據或新觀點；如有需要，會要求被投訴機構提供進一步的數據或意見。主管的助理申訴專員在收到總調查主任意見後向副申訴專員報告。副申訴專員請示申訴專員，由專員決定應否接受複檢個案的要求。這就是說，所有複檢個案的要求均經副申訴專員審核，再由申訴專員本人最後批核並作結論。假如接受複檢要求，則應維持或改變原來的結論。

自 2009-2010 年度起，由於大多數複檢要求只是對調查結果表示不滿或失望，並無實質證據或論點支持，又或只是重提或重複先前的證據或論點，因此公署改變了處理方式，即以新證據或新觀點為理由決定是否複檢案件。首先，會決定應否接納投訴人的複檢個案要求。投訴人假如確有新證據或新觀點支持，申訴專員會接納其要求，然後全面地重新審研個案。倘若沒有新的證據或觀點，申訴專員會向投訴人說明拒絕複檢的理由。公署接到複檢個案的要求後，會由有關的總調查主任仔細審研，並與原本負責個案的調查人員商討。假如他們認為沒有新的證據或論點，便會向主管的助理申訴專員建議不接納有關要求。助理申訴專員若認同他們的意見，會經副專員提交建議，由本人作最後決定。有關的調查組假如找到新的證據或論點，足以支持複檢個案，原本負責個案的調查人員會審慎地進行複檢，並在有需要時要求被投訴機構提供進一步的數據或意見。

該名調查人員如未能處理有關個案，則會交由另一名調查人員負責。完成複檢工作後，調查人員會向所屬調查組的總調查主任報告，並經總調查主任把意見提交主管的助理申訴專員審閱。所有複檢個案的調查結果及結論均經副申訴專員審核，再由申訴專員作最後結論。在這種新模式下，在 2011-2012 年度，公署否決了 22 宗，並就 39 宗進行複檢 [46]；在 2012-2013 度，公署否決了 40 宗，並就 48 宗進行複檢 [47]。

投訴人或機構除可要求申訴專員複檢其決定外，也可以向法院申請司法復核。司法復核是確立申訴專員正直不阿地行使職能和權責的重要機制和最終保障。或者說，司法復核是最重要的防線，可以確保申訴專員的決定是合法和合理的。正如終審法院首席法官於 2007 法律年度開啟典禮上指出：「我們不應以負面的態度將司法復核看成是施政的障礙；相反，我們應將此視作為法治社會良好管治而提供的重要基礎。」[48] 事實上，要求複檢的投訴人多，但向法院申請司法復核的投訴人少，得到法院支持的更少。如在 2005-2006 年度，公署曾應一名投訴人的要求，在一年內四度複檢其個案，但他始終不滿申訴專員的決定，並申請司法復核，但被法院駁回。[49] 在 2008-2009 年度，三名投訴人曾就申訴專員的決定申請司法復核。[50] 高等法院並沒有批准該三名人士的申請。然而，其中一宗個案的申請人就法院的決定提出上訴並取得許可，以復核申訴專員有關投訴人委託法律代表的決定。法院駁回其上訴，並命令上訴人須支付雙方的堂費。

投訴人對公署的決定或查訊結果感到不滿意的，可以通過適當途徑要求公署重新評審或複檢其個案。然而，有些投訴人卻以抗爭的手法表達不滿。一些個案的投訴人經常三番四次致電公署多名職員，有時甚至出言辱罵。遇到這類情況，公署總會保持克制，以一貫的專業態度向投訴人耐心解釋提出上訴的適當途徑，包括他們若認為有需要，可以向法院尋求司法復核。然而，假如他們依然蠻不講理，公署會採取果斷措施，以確保其對市民的服務不致受到影響。

總之，無論以何種方式提出異議，異議對公署既有不利影響，也有有利的影響。正如申訴專員總結的那樣，「投訴人或被投訴的機構不時會對本署的結論或決定提出抗辯，這當然會增加我們的工作壓力，甚至令處理某些個案的時間延長。不過，這卻促使我們注意細心進行查訊，嚴格監督辦事程序，並不時檢討處事方式。總而言之，抗辯或異議令我們提高警覺，確保本署的處事方式公平合理。」[51]

5、跟蹤建議的落實

根據《香港申訴專員條例》第 16 條，申訴專員可以提出補救辦法或建議。

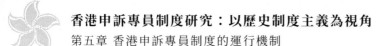

從建議的功能看，香港申訴公署所提出的建議大致可分為兩類：昭雪冤屈的建議和改善行政的建議，或者說疏解不滿的建議和改善行政的建議。疏解不滿的建議旨在糾正錯誤，包括採取即時和長遠的補救措施。改善行政的建議旨在令有關機構改正整體或某些方面的行政現狀，包括修改某些制度、程序和工作方法，以糾正錯誤、堵塞漏洞或彌補不足。較多的建議是在全面調查後提出的。由於公署的主要目標是紓解投訴人的不滿和改善公共行政和服務，所以在完成全面調查後，申訴專員會視乎需要向所涉機構提出建議，不管投訴成立與否。即使是以初步查訊終結的個案，公署如認為適當也會提議改善措施。公署在調查投訴個案或主動調查報告中向所涉機構提出改善建議，目的是促使公共行政更加開明負責，提高透明度和以人為本，最終提高公共行政的服務質量和水平。為了確保建議的措施切實可行，就全面調查而言，公署在決定提出建議前，會邀請事涉機構就調查報告草擬本發表意見；即使是以初步查訊方式處理的個案，公署也會諮詢有關機構，然後才確定提出的建議。

香港申訴專員的建議，雖然不像法庭的裁決一樣具有法律約束力，但是仍可以通過幾種途徑加以實施。

第一，機構首長有責任定期向公署匯報落實建議的進度。

第二，建立政府覆文制度。

從 1995 年開始，政府建立了一種實踐慣例，即在把申訴專員年報提交給立法局審覽的 3 個月內，政府向立法局或立法會提交政府覆文，匯報政府部門和公營機構採取了哪些跟進行動落實申訴專員的建議。

這份被提交立法局或立法會議員參閱的覆文記載政府對公署就成立或部分成立的投訴個案所作建議的回應。這些安排反映出政府當局重視申訴專員在確保政府開明負責和促進公共行政公平方面的職能。申訴專員認為，「在監察公署建議實施情況方面，政府覆文實為極其有用的文件。」

[52] 第三，申訴專員進行跟蹤、監察。提出建議後，公署會要求有關部門或機構表態會在多長時間內落實報告所提出的建議，同時也會密切監察這些

部門或機構實施有關建議的進展情況。公署還會定期與有關機構首長跟進建議的實施情況，以確定建議實際上獲得有關機構的採納類型（全面接納、部分接納、原則上接納、不獲接納）。假如所涉機構在落實建議方面有實際困難，例如有難以預料的情況出現或情況有變，公署會與他們重新商討，不會堅持一成不變地推行原本的建議，而會要求有關機構另行研究合適的辦法，落實原有建議希望改善的地方。

第四，申訴專員可以向總督或行政長官提出報告。在跟進過程中，如果他認為有關部門或機構未能採取適當行動落實有關建議，或無理拒絕接納這些建議，香港申訴專員可按照申訴專員條例的規定，擬就報告，連同申訴專員的意見以及他認為適宜提出的其他觀點，一並呈交總督或行政長官。申訴專員如果認為嚴重的不當或不公平事件已經發生，他可呈交另一份報告，以便總督或行政長官審研，而總督或行政長官必須在一個月內，或總督或行政長官厘定的更長期間內，將這份報告提交立法局或立法會省覽。

迄今為止，申訴專員向總督或行政長官提交過兩份這種報告。1995 年 7 月，申訴專員根據申訴專員條例第 16（3）條的規定，致函總督，將屋宇署未能悉數跟進調查報告提出的各項建議一事相告。2002 年 10 月，申訴專員向行政長官報告新界的違例建築物問題。

以上這些步驟與世界上其他國家或地區的申訴專員處理投訴的一般步驟基本相同。「申訴專員在結束一個行政失當投訴案件前必須採取 5 組有時 6 組活動：接受投訴（或者在自我啟動的案件中，通過一些其他手段意識到錯誤行政的可能性）；確定投訴是否屬於管理範圍和是否值得調查，並且通知投訴人；展開調查以確定案件事實；做出投訴是正當的和所涉政府機構應當修改程序以防止行政失當的結論；把他的觀點和建議通知投訴人和政府機構；如果政府機構拒絕這些建議，進一步採取措施使其接受之。」[53] 這些程序具有歷史制度主義所提出的結構性特徵 [54]，框定了香港申訴專員和香港申訴專員公署的行為範圍。在歷史制度主義的「行為 - 制度 - 結果」模式下，政治制度是某種行為展開的背景因素，它為政治行為提供了外在的制度框架，它

框定了某些行為的展開範圍，由於香港申訴專員制度的匡約作用，香港申訴專員公署在處理投訴時嚴格依照這些程序。

二、公署的主動調查：制度塑造策略

歷史制度主義者斯溫·斯坦默認為，「制度對政治生活的塑造作用主要體現在三個方面：

一是制度決定著誰能夠參與某種政治活動的場所；

二是制度塑造著各個政治行動者的政治策略；

三是制度影響著行動者的目標確立和偏好形成。」

[55] 在歷史主義者看來，具有結構性特徵的制度框定和限制了政治行為的機會、偏好、目標和策略。《申訴專員1994年（修訂）條例》授予申訴專員可在沒有接到投訴的情況下，主動展開直接調查（簡稱「直查」，從2008-2009年度起稱為主動調查）。也就是說，根據《申訴專員條例》第7條第1款的規定，申訴專員有權主動展開調查。這個制度塑造了申訴專員的主動調查策略。這項權力使申訴專員能夠從更宏觀的角度，調查研究行政體制本身的問題或普遍性流弊，而不限於處理個別投訴。申訴專員在1995年1月首次行使主動調查權，就取締違法建築工程的問題展開直接調查。在1997-1998年度，公署已定下發展方向，加大直接調查工作力度。1999年1月，公署出版了《直接調查工作》小冊子，詳述申訴專員進行直接調查具有的積極主動、防患於未然的特點。在展開直接調查過程中，香港申訴專員公署已主動創造和運用以下步驟。

1、選擇主動調查項目

公署設有多個調查組，專責處理直接調查工作；另外還有一個常設小組，每周舉行會議，研究適合直接調查的項目。常設小組由副申訴專員擔任主席，其成員包括兩位助理申訴專員和直查組的調查人員。他們會從時事、市民所提出可能涉及制度問題的投訴、小組成員的觀察中選定適合直查的項目。選擇直查項目的過程非常嚴謹，公署必須考慮周詳，並須在公眾利益、問題的性質和可運用的資源等因素中取得平衡。

申訴專員已制訂若干概括性的準則，作為鑒別進行直接調查事項的指南。

這些準則如下：

（1）該事關乎公共行政，涉及申訴專員條例所界定的指稱或涉嫌行政失當的行為；

（2）該事必須有相當的重要性及複雜性，代表社會普羅大眾或最低限度代表社會某個階層的利益、意願或期望；

（3）個別受屈案件通常不會成為直接調查的對象，因為有關的個別人士沒有理由不能自行提出投訴；

（4）該事受到申訴專員條例第 10（1）條的限制；

（5）該事通常不會經由根據任何條例組成的法庭或審裁處審理，或預期受該事影響的人士會向法庭或任何審裁處尋求補救是不合理的；

（6）相對於不展開直接調查的後果，是否已是須採取行動的時候。

公署決定進行直查往往是因為當時社會上發生了某些廣受市民關注的問題，或因為政府推行新政策或修訂政策而出現了行政上的問題，又或者因為公署多次接到市民就某些事項的投訴（包括公署於評審後決定不予跟進或不受理的個案）顯示行政體制上存在普遍性問題或制度上有行政失當。直查項目的共同點是：廣受市民關注，關乎公眾利益、訴求或期望；牽涉廣泛的層面，或受影響的人士眾多；並未有其他監管機構展開調查；以及有關事項不適合在法庭或審裁處解決。

申訴專員選擇、審研、選定和展開主動調查，是為了充分發揮主動調查的功能。進行一項主動調查，可以幫助公營機構防止很多類似的投訴再次出現。直接調查在以下方面尤其能發揮作用：

（1）徹底跟進單靠調查投訴也不一定能解決的各項制度上的問題；

（2）解決制度上和程序上的流弊，防患於未然；

（3）處理那些未必是投訴所針對，但卻相信或懷疑是引起投訴的根本問題，從而徹底地解決周而復始的投訴。

因此，申訴專員在履行主動調查這項法定職能時，會協助在其職權範圍內的公營機構找出他們在公共行政方面有哪些地方可以改進，以求做得更加公平和高效。

2、審研主動調查項目

在正式宣布就所選定的項目進行直接調查之前，申訴專員必須就該直查項目的背景進行審研工作或初步評審（稱為「主動調查審研」）。公署研究公開的資料，例如年報、網頁、相關的法例和傳媒報導等，通常也會要求有關部門或機構的首長提供相關的背景資料和意見，以便更全面地評估整體情況，以及決定是否進行直接調查。概括地說，申訴專員採取了有系統的方法不斷密切監察申訴專員職權管轄範圍內的機構在履行其行政職能時所採取的各項行動，以選定適合展開主查的項目。這些系統方法包括：研究及分析市民以口頭、書面方式、親自向申訴專員提出的投訴以及向公署諮詢的事宜與表達的意見的性質和內容；自願參與申訴專員推行的太平紳士協助推廣計劃的太平紳士所作出的提議；申訴專員或其屬下人員所作出的具體提議；參閱某些有關行政事宜的刊物，包含政府部門及其他公共機構所出版的刊物；整理與分析傳媒的有關報導。在這個過程中，申訴專員須審研是否有人因行政失當而受到不公平待遇。所審研的事項包括，有關當局為解決一些問題及公眾關注的事項而採取或建議採取的補救行動的範圍及性質，以及資源或其他運作方面的考慮因素。其後，常設小組會仔細審研，如認為有充分理由展開直查，便會正式向申訴專員做出建議，請申訴專員考慮應否根據《申訴專員條例》展開調查。

直接調查審研雖然不是深入調查，但同樣會就涉及廣泛公眾利益的問題進行分析，並指出需要改善的地方。例如，公署曾審研稅務局發出的「評稅及繳納稅款通知書」內向納稅人提供的評估資料，發現通知書沒有清楚說明應納稅額是如何計算出來的，以致部分納稅人無法明白何以與自己計算出來

的應納稅額之間出現的差距。雖然公署決定無須對問題進一步調查，但仍然提出了多項建議。[56]

公署進行初步審研後，不一定會展開全面的直接調查。如果問題重現的可能性低或並無重大行政失當，或有關機構已經採取或正在採取補救行動或改善措施，則公署不會正式展開調查。但公署會將調查結果撰寫一份審研報告（或稱「小型直查」報告），送交有關機構評論。在 1999-2000 報告年度之前，審研工作報告屬公署內部文件，不會被公開；從 1999-2000 報告年度開始，公署公開其認為公眾有興趣閱讀的報告，請市民查閱。報告會載明審研事項的背景資料，評估對市民造成的影響，以及說明公署對有關機構的角色及行動（尤其是補救措施）的觀察所得。如有需要，公署會提出改善建議。換句話說，即使公署決定終結審研工作，也可以提出建議，供有關機構的首長考慮，並監督他們施行建議的進度。最後，值得注意的是，凡經直查組審研的項目，申訴專員均有權因有關機構所採取的行動不妥善，或因為情況有轉變而再次進行審研。比如，在 2010-2011 年度內，公署完成了 10 項主動調查審研工作（也稱「小型主動調查」），涉及的範圍甚廣，包括非法渡輪服務、持續進修基金、樓宇安全、公營醫院如何妥善看管病人、公共屋邨、旅館及床位寓所的管理。[57]

3、宣布和進行主動調查

經審研後，如果決定直接調查，除了通知有關機構外，公署在展開直查之前也會通過媒體公開宣布其決定，並邀請有關界別和廣大市民提出意見，因為直查項目往往都是廣受市民關注的事情或者對市民生活有廣泛的影響。公署也會聯絡其相信能夠就直查事項提供資料或意見的人士和機構。如在 2010-2011 年度，公署舉行了記者招待會，宣布了展開兩項主動調查。在 2010 年 9 月 9 日的記者招待會上，宣布就當局為有情緒及行為問題的學生提供的特殊教育服務展開主動調查；在 2010 年 11 月 10 日的記者招待會上，宣布就當局對水表及用戶帳目的管理展開主動調查。[58]

申訴專員在直查方面的法定權力與調查投訴的權力相同，直查程序與全面調查程序相同；但公署直接調查的工作範圍較廣，過程較複雜，需時較長。

公署通常會審研所涉機構提供的有關檔案和文件，與負責人員甚或其他利益相關人士進行討論，向他們索取補充資料，並進行實地視察以掌握第一手資料。在公署調查過程中，所涉機構都與其合作，因為他們明白公署的目的，是協助大家改善行政制度、程序和工作方法，提高公共行政的質量。正如調查投訴一樣，公署也會徵詢公署專業顧問的意見。有時，直接調查涉及的範圍很大，公署難以一次性完成任務。在這種情況下，公署會適當地分階段調查以便盡快完成並公布調查結果。

調查後，公署編寫調查報告草擬本，並徵詢所涉機構對調查報告草擬本的意見。公署在結案前亦可能與其高層人員開會討論。這類交流會議有助澄清疑點，加深對事情的認識，增進彼此的了解，可使調查報告的內容更加充實。公署會把他們就調查結果及建議所提出的恰當意見納入調查報告內。主動調查報告內容引言、被調查機構的相關情況、個案研究、觀察所得及意見、建議等。公署通常會在記者招待會上公布主動調查報告。這些調查報告的文本，均會被存放在公署的資源中心及上載於公署的網頁，供市民參閱。最後，申訴專員公署跟蹤建議的落實。

遵循以上三個程序，截至 2005 年 3 月 31 日，公署已完成 51 項直查，並提出了 700 項建議。[59] 其中，最矚目的和最複雜的一項調查是有關赤鱲角新機場的籌備啟用事宜的直接調查。[60] 這些結果是香港申訴專員制度通過塑造申訴專員公署的主動策略而產生的。在歷史制度主義的「制度-行為-結果」模式下，政治制度是某些行為產生的制度根源，它塑造了行為產生的動機、目標和具體策略。在這裡，制度就成了一種自變量，即制度通過對行為的塑造而產生了某種政治後果。

總之，香港申訴專員制度框定了香港申訴專員公署處理投訴的邊界，提供了它主動調查的根源和依據，塑造它主動調查的策略。申訴專員在處理具體案件時，著眼於解決問題而不是追究過錯、責任，著眼於未來行政管理水平的提高而不是對過去的功過是非進行評價。香港歷任申訴專員都強調：「本人進行調查工作，目的並不是要找出罪魁禍首，而是要找出解決問題的辦法以及衡量有關機構的行政程序是否公平，從而向其提供獨立意見。」除此之

外，香港申訴專員公署在業務處理過程中還必須遵守保密規定。保密條文是申訴專員制度的基石，保障公署能夠獲得所需的資料和進行有效的調查。也就是說，保密條文旨在確保任何人士或機構可毫不保留地向公署提供資料，而無需擔心因身分或有關資料被披露可能帶來的後果。香港申訴專員公署在業務處理過程中還會實施內部監察。內部監察的形式主要有三種：處理投訴的電腦系統、調查組會議和公開研討會。香港申訴專員公署在業務處理過程中還關注人權。雖然推廣和保護人權現在並非公署法定的職能範圍，但是香港第二任申訴專員認為，「除非公署在調查過程中找出投訴人被忽略或被剝奪的權利，然後由本人建議適當的補救措施，以及有關機構將本人建議付諸實行，否則便不能完全疏解投訴人的不滿。」[61] 因此，申訴專員在調查涉嫌行政失當的情況時，必定考慮所有與人權相關的法律和政策，包括任何適用於香港的國際人權條約。為了更好地開展這項工作，公署還在 1998 年編制和發表了一份「香港申訴專員與保障人權的工作」為題的文件，探討如何將各項適用於香港的國際人權公約的條文付諸實行，以及申訴專員在這方面所擔當的特定角色。

註釋

[1] [美] 彼得 豪爾，羅斯瑪麗·泰勒：《政治科學與三個新制度主義》，《經濟社會體制比較》，2003 年第 3 期，第 21 頁。

[2] [美] 彼得·豪爾，羅斯瑪麗·泰勒：《政治科學與三個新制度主義》，《經濟社會體制比較》，2003 年第 3 期，第 27 頁。

[3] 香港申訴專員：《香港申訴專員第十期年報》，香港政府印務局，1998 年，第 31 頁。

[4] 香港申訴專員：《香港申訴專員第十期年報》，香港政府印務局，1998 年，第 32 頁。

[5] [美] 彼得 豪爾，羅斯瑪麗·泰勒：《政治科學與三個新制度主義》，經濟社會體制比較 2003 年第 3 期，第 20-29 頁。

[6] [德] 馬克斯·韋伯：《經濟與社會》，林榮遠譯，商務印書館，2006 年，第 246 頁。

[7] 香港申訴專員：《香港申訴專員第十五期年報》，2003 年，第 25 頁。

[8] 彼得·豪爾，羅斯瑪麗·泰勒：《政治科學與三個新制度主義》，《經濟社會體制比較》，2003 年第 5 期，第 21 頁。

[9] 香港申訴專員：《香港申訴專員第十四期年報》，2002 年，第 17 頁。

[10] 香港申訴專員：《香港申訴專員第二十三期年報》，2011 年，第 6 頁。

[11] 彼得·豪爾，羅斯瑪麗·泰勒：《政治科學與三個新制度主義》，《經濟社會體制比較》，2003 年第 5 期，第 21 頁。

[12] 香港申訴專員：《香港申訴專員第十五期年報》，2003 年，第 5 頁。

[13] 香港申訴專員：《香港申訴專員第十九期年報》，2007 年，第 22 頁。

[14] Sven Steinmo，Taxation and Democracy，New Haven and London：Yale University Press，1993，pp.

[15] 香港行政事務申訴專員：《香港行政事務申訴專員第六次年報》，香港政府印務局，1994 年，第 21 頁。

[16] 香港申訴專員：《香港申訴專員第十二期年報》，2000 年，第 30 頁。

[17] Seve Steinmo，Historical linstitutionalism，in Donatella Della Porte and Michael Keating，eds.Approaches in the Social Sciences，Cambridge：Cambridge University Press，2007.

[18] 香港申訴專員：《香港申訴專員第九期年報》，香港政府印務局，1997 年，第 19 頁。

[19] Izhak E.Nebenzahl，The Direct and Indirect Impact of the Ombudsman，in Caiden G.E.，ed.，International Handbook of the Ombudsman：Evolution and Present Function，Westport：Greenwood Press，1983，p.62.

[20] 香港申訴專員：《香港申訴專員第二十三期年報》，2011 年，第 34 頁。

[21] 劉聖中：《歷史制度主義：制度變遷的比較歷史分析》，上海人民出版社，2010 年版，第 196 頁。

[22] David Gwynn Morgan，The Value of an Ombudsman in Hong Kong：a Comparative Per-spective，in Priscilla MF Leung，Zhu Guobin，The Basic Law of the Hong Kong：From Theory toPractice，Butterworth Asia，1998.p.369.

[23] 香港行政事務申訴專員：《香港行政事務申訴專員第一次年報》，香港政府印務局，1989 年，第 3-4 頁。

[24] 香港申訴專員：《香港申訴專員第八期年報》，香港政府印務局，1996 年，第 7 頁。

[25] Cooray，M.J.A.，Hong Kong´s Ombudsman：the First Decade，in Institutional Ombuds-man Institute & Reif L.C.，eds.，The International Ombudsman Yearbook，Vol.3，The Hague：Kluwer Law International，1999，pp.79-80.

[26] 香港申訴專員：《香港申訴專員第二十三期年報》，2011 年，第 36 頁。

[27] Leung Man-kit，The Office of the Ombudsman of Hong Kong：an Evaluation from the Per-spective of Stree-level Bureaucrats，the Public and Members of

Legislative Council，（unpublishedMA Dissertation）The University of Hong Kong，1998，.p.118.

[28] Marten Oosting，The Ombudsman and his Environment：A Global View，in Linda C.Reif，ed.，The International Ombudsman Anthology：Selected Writings From The International Om-budsman Institute，The Hague：Kluwer Law International，1999，p.12.

[29] Peter Hall，Governing the Economy：The Politics of State Intervention in Britain andFrance，New York：oxford university press，1986，p233.

[30] 劉聖中：《歷史制度主義：制度變遷的比較歷史分析》，上海人民出版社，2010 年版，第 171 頁。

[31] 香港行政事務申訴專員公署：《香港行政事務申訴專員第一次年報》，香港政府印務局，1989 年，第 7 頁。

[32] 香港申訴專員公署：《香港申訴專員第二十三期年報》，2011 年，第 37 頁。

[33] [美] 彼得·豪爾，羅斯瑪麗·秦勒：《政治科學與三個新制度主義》，經濟社會體制比較，2003 年第 3 期，第 23 頁。

[34] 馬約恩：《公共政策與公共行政：觀念、利益和制度》，[美] 羅伯特·古丁，漢斯 - 迪特爾·克林格曼：《政治科學新手冊》，三聯書店，2006 年，第 889 頁。

[35] 劉聖中：《歷史制度主義：制度變遷的比較歷史分析》，上海人民出版社，2010 年版，第 164 頁。

[36] Seve Steinmo，「Historical Iinstitutionalism」，in Donatella Della Porta and Michael Keat-ing，eds.Approaches in the Social Sciences，Cambridge ：Cambridge University Press，2007.

[37] 劉聖中：《歷史制度主義：制度變遷的比較歷史分析》，上海人民出版社，2010 年版，第 165 頁。

[38] 劉聖中：《歷史制度主義：制度變遷的比較歷史分析》，上海人民出版社，2010 年版，第 140 頁。

[39] 香港申訴專員公署：《香港申訴專員第二十三期年報》，2011 年，第 27 頁。

[40] 香港申訴專員公署：《香港申訴專員第二十二期年報》，2010 年，第 17 頁。

[41] 香港申訴專員公署：《香港申訴專員第二十三期年報》，2011 年，第 19 頁。

[42] 香港申訴專員公署：《香港申訴專員第二十二期年報》，2010 年，第 26 頁。

[43] 香港申訴專員公署：《香港申訴專員第二十三期年報》，2011 年，第 26 頁。

[44] 香港申訴專員公署：《香港申訴專員第二十三期年報》，2011 年，第 69 頁。

[45] 香港申訴專員公署：《香港申訴專員第二十二期年報》，2010 年，第 33-34 頁。

[46] 香港申訴專員公署：《香港申訴專員第二十四期年報》，2012 年，第 25 頁。

[47] 香港申訴專員公署：《香港申訴專員第二十五期年報》，2013 年，第 29 頁。

[48] 香港申訴專員公署：《香港申訴專員第十九期年報》，2007 年，第 23 頁。

[49] 香港申訴專員公署：《香港申訴專員第十八期年報》，2006 年，第 28 頁。

[50] 香港申訴專員公署：《香港申訴專員第二十一期年報》，2009 年，第 30 頁。

[51] 香港申訴專員公署：《香港申訴專員第十八期年報》，2006 年，第 26 頁。

[52] 香港申訴專員公署：《香港申訴專員第七期年報》，1995 年，第 39 頁。

[53] William Gwyn，The Investigations of Ombudsman，in Caiden G.E.，ed.，InternationalHandbook of the Ombudsman：Evolution and Present Function，Westport：Greenwood Press，1983，p.82.

[54] 在歷史制度主義看來，建立起一套制度分析的框架的一個原因是制度具有結構性特徵。制度結構既包括集團活動的組織特徵，又包括引導著行動者展開活動的規則和規範。

[55] Sven Steinmo，The New Institutionalism，in Barry Clark and Joe Foweraker，（eds.），TheEncyclopedia of Democratic Thought，London：Routlege，2001，p.782.

[56] 香港申訴專員公署：《香港申訴專員第十七期年報》，2005 年，第 16 頁。

[57] 香港申訴專員公署：《香港申訴專員第二十三期年報》，2011 年，第 20 頁。

[58] 香港申訴專員公署：《香港申訴專員第二十三期年報》，2011 年，第 34-35 頁。

[59] 香港申訴專員公署：《香港申訴專員第十七期年報》，2005 年，第 16 頁。

[60] 香港申訴專員公署：《香港申訴專員第十一期年報》，香港政府印務局，1999 年，第 4 頁。

[61] 香港申訴專員公署：《香港申訴專員第十期年報》，香港政府印務局，1998 年，第 22 頁。

第六章 香港申訴專員制度的績效評估

香港申訴專員制度的運行結果就是一種績效。評估香港申訴專員制度的績效在一定程度上可以彌補和加強歷史制度主義的不足和薄弱之處，因為歷史制度主義雖然關注導致政治結果的制度原因或其他原因，但是缺乏對政治結果本身的評估。本章主要借鑑丹奈特的評估模式，並適當參考其他學者提出的評估指標，從公眾、行政系統、申訴專員公署三個維度來評估香港申訴專員制度近十年的績效。績效數據主要來源於香港申訴專員年報和香港政府統計處出版的統計調查報告。

▌第一節 申訴專員制度績效評估概述

在中國，雖然公共部門績效評估的研究如火如荼，方興未艾，但是缺乏有關申訴專員制度績效評估的成果。為了彌補這一缺陷，本節在揭示申訴專員制度評估內涵的基礎上，主要譯介和歸納了西方學者在申訴專員制度評估原因、主體和指標等方面的理論觀點。

一、申訴專員制度績效評估的內涵

績效是個綜合性概念，是對成績和成效的綜合。「績效這個概念不僅包括有效性、適應能力和反應靈敏度，同時也包含著生產率或者生產效率」。[1]對於績效，可以從結果和過程兩個方面來評估。所謂評估，就是估量和評價，是對事物和運動的本質、數量及其對相關事物的影響程度的定性與定量的判定。因此，申訴專員制度績效評估就是對申訴專員制度的有效性、效率等方面做出估量和評價。

評估申訴專員制度績效的核心是建構評估模式。評估模式主要包括維度、指標、指標要素和技術指標等四個方面的內容。[2]維度（模組）位居評估模式的中間層次，是對評估範圍的類型劃分。從廣義上，指標既是一種量化手段，又是一種反映事物價值的定性方法。維度是評估對象、評估行為的類型劃分，規定了評估的基本面向，指標則是評估的具體手段，可以看成是維度

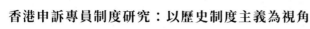

的直接載體和外在表現。平衡計分卡中的每個維度都至少具備目標、指標、目標值和行動等共同內容。這些維度、幾十個目標和指標通過策略等方法連接在一起。它們都要來源於策略，都要服務於策略，都要有助於執行和實現策略。指標的類別有定性指標和定量指標、過程指標和結果指標、正數指標和負數指標、基本指標和修正指標、等等。指標要素（三級指標）是評估指標的進一步具體化。尋求指標要素確立的方法，是整個評估模式建構過程中最複雜、最困難，也是最具有操作意義的階段。指標要素可以來源於組織的使命、策略和目標。技術指標包括等級劃分、分值匹配和權重計算等內容。指標的等級就是按照指標在指標體繫中的重要程度進行的一種由高到低或由低到高的排列。指標的權重是衡量指標在整個指標體繫中所處位置重要性程度的數值表示。所謂指標的分值，就是反映達到指標程度的大小或多少的數值表示。

二、申訴專員制度績效評估的原因

奧夫切特和赫特夫認為，評估申訴專員主要基於兩個方面的考慮：技術和政治的。

[3] 技術方面的考慮涉及評估申訴專員的功能目的：促進責任、改進不足、做出是否保留申訴專員的決定和記錄申訴專員的活動。具體地說，評估的一個基本原因是保持申訴專員向資助它的立法機構負責。評估的另一個與責任相關的原因是發現能被提高的地方。一個好的評估應該幫助機構辨別差距、弱點和完成使命的更好途徑。馬勒也認為，「評估公共組織的一個主要原因是幫助官員改善他們的項目。」[4] 申訴專員評估也能幫助任免機構做出是否應當保留申訴專員的決定。一個總結性的評估能提供申訴專員活動和程序的紀錄。這能幫助局外人理解申訴專員做什麼。它也為研究申訴專員的研究者提供數據。許多申訴專員的這種記錄也可以提供什麼慣例和程序是更有效的線索。除了這些技術原因，申訴專員評估還有政治原因。這構成為什麼評估的問題的第二方面——評估背後的動機是什麼？可能有許多潛在的動機，但最重要的動機處在意欲加強申訴專員制度和意欲減弱申訴專員制度這個連續光譜的某個地方。

評估申訴專員雖然是必要的，但是它是困難的。奧夫切特和赫特夫指出，「我們能測量顧客、投訴、查詢、已完成調查等的數量，但基本上沒有什麼是好的絕對指標。這個問題不是評估申訴專員獨有的。它內在於社會科學。」[5] 馬勒認為，「提出一個共同框架的主要困難是沒有兩個申訴專員組織有共同的目標、實踐和績效指標。每一個辦公室生存在自己獨特的政治和環境背景中。利益相關者對申訴專員角色的認識、被服務人們的需要、正在出現的外部趨勢、資源挑戰和過去的績效構成影響評估的組織背景。申訴專員績效評估目前由於缺乏最佳實踐或與其他組織相關的豐富的評估例子。」

[6] 丹奈特也指出，「像申訴專員角色的制度評估具有服務導向項目的更加抽象的性質：目標的模糊性問題和設計評估有效性的具體指標的困難。」[7] 認識到這些困難並不是要找出反對評估的藉口，而是為了更好地評估申訴專員制度。「申訴專員評估是重要的，但不是容易的。然而，意識到評估過程中的許多方法和政治障礙，能使評估更具生產力和最終具有更少的壓力。」[8]

三、申訴專員制度績效評估的主體

申訴專員制度評估主體是申訴專員制度評估的利益相關者，是申訴專員制度評估體繫的一個非常重要的要素。「評估成功的關鍵是決定誰將展開評估和誰應當被諮詢、會見或參與。」[9] 奧夫切特和赫特夫具體分析了申訴專員、良好的行政人員、差勁的行政人員、大眾、申訴專員的競爭者、立法者、評估者、媒體等利益相關者在申訴專員評估方面的利益。[10]

評估對申訴專員及其職員有主要的利益。申訴專員公署評估他們自己，自然想突出他們的成就和最小化他們的問題，運用這些問題來為被增加的預算提供理由。這不意味著申訴專員公署不能和不會產生資料豐富的和準確的報告。

即使絕大多數職員有最好動機，他們也對評估有自己的利益訴求。總體上，我們相信絕大多數的職員有良好服務公眾的意願。但是，他們也有被連續雇用的利益。不滿的職員可能感到一個否定性評估將不利於他們。那些做好工作的公共行政人員對良好的、有效的申訴專員公署有興趣。申訴專員公

署將幫助他們實現良好公共服務的目標。通過報告和其他出版物，申訴專員也能使大眾知道行政人員正在良好地工作。他們能幫助一個投訴者理解機構的行動。那些沒有做好工作的行政人員很可能把申訴專員看作一種危險。申訴專員將盡力改變他們的工作模式，很可能做出對他們不利的宣傳報導。

公眾對良好、有效的申訴專員公署有既得利益。在某種程度上，公眾知道申訴專員做什麼，他們通常支持申訴專員。以公眾為角度，申訴專員被看作政府無能、非正義和腐敗的反對者。其他調查投訴的機構可能把申訴專員當作為良好政府而戰鬥的聯盟。他們也可能把申訴專員看作處理投訴、吸引大眾注意和爭取公共資金的競爭者。從這個角度看，審計署和議員與任何形式的申訴專員評估都有利益的衝突。立法者對申訴專員可能有混合的感情。對把解決選民投訴作為他們工作的重要內容和發展忠實選民的一個途徑的立法者來說，申訴專員被看作他們的競爭對手。一方面，他們想得到選民需要被快速表達的保證；另一方面，通過授權給申訴專員，他們失去對過程的控制。申訴專員而不是立法者可能獲得其問題被解決的選民的感激。對那些是特別項目的強烈支持者的立法者來說，當申訴專員調查他們的寵愛項目，很可能會遇到麻煩。多數申訴專員研究成果由學術界完成。內部審計機構，甚至私人諮詢機構被邀請評估申訴專員。每一個組織或個人有不同的利益。內部審計者可能是申訴專員的競爭性機構之一。諮詢者經常考慮到將來合同的利益而取悅於雇傭者。學術界有許多綜合利益，如他們的名聲、任期、提升和贊助。私有媒體有讀者規模和銷售廣告的利益。他們如何報導申訴專員可能取決於他們的興趣點或者故事怎樣能有助於他們的市場份額。

因此，不同的利益相關者對申訴專員制度的評估有不同的利益和觀點，甚至是對立的利益和觀點。正如奧夫切特和赫特夫所指出那樣，「不同人們與組織對評估申訴專員有自己的利益訴求。他們的利益可能交叉和衝突。每一個利益相關者可能對申訴專員的目的和評估申訴專員的目的有不同的看法。」[11] 只有認識到這個事實和這個申訴專員評估的政治背景，才能全面理解評估過程的複雜性和敏感性。同時，評估申訴專員制度面臨兩種挑戰，即發展一種能客觀地和有意義地測量申訴專員績效的方法和選擇一個有足夠能力和誠實來獲得不同利益相關者的尊重和信任的評估者。

四、申訴專員制度績效評估的指標

申訴專員制度評估的關鍵是設計有效可靠的績效指標，因為「績效考評是定期界定、監測和使用關於組織和工作項目績效的客觀指標的過程。」[12] 不同的學者提出了不同的申訴專員制度評估指標。丹奈特（B.Danet）提出測量申訴專員角色的三個維度，即顧客、公共行政體制和申訴專員公署自身。[13] 顧客方面的指標有 6 個，即投訴或請願的比率；對利用申訴專員幫助的認識；對申訴專員權限的認識；大眾的代表性；個人和集體的投訴、請願利益；投訴、請願形式和內容的適當性。公共行政系統方面的指標有 6 個，即投訴的對象、投訴的主題、一般公平、次小組的公平、對申訴專員建議的反應、改革的目標。申訴專員公署方面的指標有 7 個，即年度工作量、人均工作量、調查的程度、效率、幫助能力、對次小組的公平、對行政改革的影響。艾葉尼（Victor Ayeni）對丹奈特評估方法作出了正反兩方面評價。[14] 丹奈特的測量方法努力追求提供一些關於申訴專員角色實際有效的系統知識。它是申訴專員方案的最綜合和權威的評估框架。丹奈特主要把他的討論定位在項目評估的流行文獻上，從投訴的社會性出發。這個框架是從兩個寬廣的維度形成的：首先他定義申訴專員的目標，接著試圖選擇適當的指標來決定它們被實現的程度。丹奈特在確定申訴專員的目標時借用希爾的觀點，即「申訴專員追求下列寬廣的目標：糾正個人的錯誤；促使官僚更加人性；減少政府與大眾的隔膜；監察官僚，阻止權力濫用；當他們被不正當指責時，為公務員辯護；引進行政改革。」[15] 但是丹奈特評估方法存在數據來源問題，即評估者只好依靠兩個主要技術：文獻評估和社會調查。丹奈特評估方法本身至少存在兩個重大缺陷。第一缺陷是指標的可靠性和有效性程度問題，當考慮到這個事實：被提出的案例研究設計幾乎不能解決建立一個客觀標竿問題。第二個明顯缺陷是有限覆蓋面。丹奈特評估方法忽略了社會政治環境、經濟成本、調查工作必需的組織和管理系統等。

在批判丹奈特模式的基礎上，結合發展中國家特別是非洲國家申訴專員的實際，艾葉尼（Victor Ayeni）提出評估申訴專員的額外指標。

[16] 根據列維、邁爾特斯、威爾達夫斯基的建議，艾葉尼把申訴專員目標分為三個廣泛的類別：產出、結果和影響。

[17] 申訴專員的主要產出由糾正個人的錯誤和當他們被不正當指責時為公務員辯護兩個目標組成。涉及結果的三個申訴專員目標是：促使官僚更加人性；減少政府與大眾的隔膜；監察官僚，阻止權力濫用。

它的長期影響是引進行政改革。他認為，「這個分類的主要優點是它能使我們評價不同層次的申訴專員效果和相應地調整評估模式。為了掌握這個制度的不同影響，評估者被鼓勵評估申訴專員的不同層面。通過這種方式，申訴專員的評估避免過分依靠目標導向的途徑。」

[18] 在此基礎上，他提出評估申訴專員的額外指標。行政管理方面的指標有 7 個，即

（1）人事：結構、規模、發展、勝任水平；

（2）公署的組織：部門化、溝通的正式和非正式界限、地方辦公室；

（3）申訴專員的領導：個性、風格、勝任能力；

（4）周期報告的質量：覆蓋面、組織、溝通的有效性；

（5）公署的外部影響：通過影響和鼓勵遵循建議行動的能力來測量；

（6）公署運作成本；

（7）服務條件（對申訴專員和職員）。

生存性指標有 5 個，即

（1）恢復力：對公眾情緒和需要變化的反應、對政治變化的管理、申訴專員的政治策略；

（2）適應性：通過結構和組織變化的適當性來測量；

（3）憲法化：憲法存在的指標；對憲法化社會和政治支持的範圍；

（4）自主：資金和運作事務的獨立範圍；

（5）管轄範圍和正式權力。

「社會 - 政治」考慮的指標有 5 個，即

（1）政府的公眾印象：像通過它的合法性和其中公眾信任程度來測量；

（2）其他處理投訴制度的存在；

（3）社會的自由程度；

（4）城市化程度；

（5）申訴專員概念的本土根基。

馬勒（Barbara Male）也在一個以結果導向的系統評估申訴專員績效的框架中提出了五個方面的績效指標。

[19] 這個框架包括一個假設、五個關鍵問題和五個關鍵描述性訊息。這個假設就是申訴專員讓公民更多地進入他們的政府和擁有更多的對投訴救濟的機會。五個關鍵的問題是：

（1）作為一個與申訴專員互動的結果，公民認為他們獲得進入政府的機會了嗎？

（2）作為與申訴專員交涉的一個結果，公民認為他們對政府滿意嗎？

（3）與申訴專員的互動影響了公民對投訴或問題的解決認識嗎？

（4）申訴專員能影響機構或項目的變化嗎？

（5）什麼因素出現在對美國和加拿大公共組織申訴專員的比較分析中呢？

五個關鍵的描述性訊息是：申訴專員辦公室的描述；關於進入政府的認識；關於對政府滿足的認識；關於投訴或問題解決的效果和效率的認識；關於機構和項目運作變化的認識。申訴專員辦公室的描述包括服務提供、管轄範圍、項目質量、專業資格和標準、焦點的和功能的組織。關於進入政府的認識包括進入的容易性、申訴專員的社區參與、政府對公民需要的反應。關於對政府滿足的認識包括對過程的滿足、對申訴專員人際關係的滿足、對服務結果

的滿足。關於投訴或問題解決的效果和效率的認識涉及結果的性質、解決過程的持久性、對環境的效果、成本、時限和對組織不利影響的減少。關於機構和項目運作變化的認識包括申訴專員對一個組織中未發現的潛在的官僚病因和行政失當事件的影響、程序和過程的變化、系統趨勢。這些描述性訊息及其 20 個組成要素也就是績效指標。馬勒認為，「這個評估框架具有價值評估和快速反饋評估的關鍵要素。」[20] 總之，不同的學者從各自角度提出了有所不同的申訴專員制度績效指標體繫。有的適用範圍較廣，有的適用範圍較窄。它們為我們評估香港申訴專員制度的績效提供了一個良好的基礎。本章主要借鑑丹奈特的評估模式，並適當參考其他學者提出的評估指標，從公眾、行政系統、申訴專員公署三個維度來分析香港申訴專員制度的績效。公眾維度的二級指標有三個，即公眾對申訴專員制度的認識度、公眾對申訴專員制度的滿意度、公眾對申訴專員制度的誠信度。行政系統維度的二級指標有五個，即被投訴的部門分布、投訴的行政失當類型、確認的行政失當類型、對申訴專員建議的反應、對申訴專員調查的配合。申訴專員公署維度的二級指標有六個，即公署的產出、工作效率、工作質量、投訴被調查程度、對投訴人的幫助程度和對行政改革的影響。

第二節 公眾維度的績效

在公眾維度下，可以構建三個指標來測量香港申訴專員制度的績效。一個是公眾對香港申訴專員制度的認識度，另一個是公眾對香港申訴專員制度的滿意度，第三個是公眾對香港申訴專員制度的誠信度。

一、公眾對香港申訴專員制度的認識度

一個公眾如果不認識申訴專員制度，他就不可能利用它，不可能向申訴專員請求幫助。公眾對申訴專員制度的認識直接影響了申訴專員制度的績效。格裡格利等人認為，「使申訴專員活躍的全部需要是公眾的投訴。申訴專員的使用在很多方面掌握在公眾手裡。人們越多地使用它的服務，它可能越多地影響公共官僚。人們使用它越少，它被忽略的可能性越大。」[21] 香港第二任申訴專員蘇國榮也認為，「本署如何為市民提供服務，以及市民對本署服

務的接受及理解程度，不但甚為重要，同時也是衡量本署工作是否成功的基準。」[22] 因此，必須測評公眾對申訴專員制度的認識度。

1、公民的查詢數和投訴數

測量公眾對申訴專員制度的認識程度，首先可以用公眾向申訴專員提出的詢問和投訴數量這個指標。公民的查詢數和投訴數也就是公署接到的詢問數和投訴數。李曼凱特也認為，「申訴專員的公眾認識能通過接到的詢問和投訴的數量來評估。」[23] 根據《香港申訴專員條例》，公眾向香港申訴專員提出的投訴有兩種，即對行政失當的投訴和對違反《公開資料守則》（以下簡稱《守則》）的投訴。

公眾只能對特定部分的政府部門和公營機構提出行政失當的投訴，但可以對所有的政府部門提出有關違反《守則》的投訴。表 6-1 列出的是 2003-2013 年度香港申訴專員公署接到的查詢和投訴數量（含關於《守則》的投訴數量）。從 2006-2007 年度起，公署的投訴數不再統計「副本送公署的投訴」（以前稱為「有可能成為正式投訴的個案」），即公民直接向其他機構投訴而副本抄送公署，但沒有要求公署採取行動的個案。或者說從這個年度起，「副本送公署的投訴」不算為向公署提出的投訴。從表 6-1 可以看出，香港申訴專員每年接到的查詢和投訴數量是較大的。這說明香港公眾對香港申訴專員制度的認識程度是較高的。

表 6-1 香港申訴專員公署接到的查詢和投訴（數且統計）

年度	接到的查詢（宗）	接到的投訴（宗）
2003—2004	12552	4661
2004—2005	11742	4654
2005—2006	14633	4266
2006—2007	15626	5606
2007—2008	12169	4987
2008—2009	14005	5386（853）
2009—2010	13789	4803（393）
2010—2011	12227	5339（627）
2011—2012	12545	5029（180）
2012—2013	12255	5501（238）

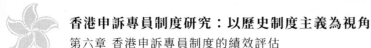

資料來源：香港申訴專員公署：《香港申訴專員第二十期年報》，2009 年，第 130 頁；《香港申訴專員第二十五期年報》，2013 年，第 136 頁

說明：（ ）中數字表示同類主題投訴個案數，自 2008—2009 年度起，公署會在統計數字上顯示同類主題投訴的數目。

表 6-1 中數字沒有形成遞增或遞減的趨勢。正如香港申訴專員第四任申訴專員戴婉瑩所說，「投訴個案數目的增減並無常規可循，若社會上發生廣受關注的事情或影響部分公眾的問題，投訴個案便會激增。」[24] 如 2007 年 5 月，某大學學生報因登載一些文章而被淫褻物品審裁處評為不雅，此事引起 300 多宗投訴。各個年度中的月度和季度的投訴量不是均衡分布的。另外，受到公署宣傳推廣活動和新聞媒體宣傳報導的影響，投訴個案的數目會有季節性增減。一般來說，公署在記者招待會上公布調查結果或宣布展開新的查訊後，投訴立即增加。有關公共行政重大缺失的新聞報導也會導致投訴數目上升。如 2005 年 9 月，由於公署開展新的宣傳活動，投訴馬上增加到 520 宗，為本年度月份最高紀錄，而公署當年度每月平均接到的投訴個案是 355.5 宗。[25] 在 2008 年 2-3 月，公署推出宣傳計劃和公布數項直接調查的結果，導致隨後的投訴飆升。公署在 3 月份接到了 481 總投訴，而該年度的每月平均投訴數為 416 宗。[26] 由此可見，公眾對香港申訴專員公署的認識度與公署的宣傳推廣息息相關。

2、公民以不同方式的投訴數

如果說公民的投訴數是對香港申訴專員認識度的總體把握和宏觀計量，那麼公民以不同方式的投訴數則是對香港申訴專員認識度的具體把握和微觀計量。不同的公民偏好不同的投訴方式。公民投訴方式情況的歷時分析，是公民對香港申訴專員制度認識度的更進一步剖析，可以更加具體、更加深入地測量公民的認識水準。這種分析有利於香港申訴專員公署運用更加具有針對性和有效性的宣傳策略，以便提高公民對香港申訴專員制度的認識水平。從表 6-2 可以看出，書面是公民投訴的主要方式。在書面投訴中，電子郵件逐漸成為最多人採用的投訴方式。從 2006-2007 年度至今，電子郵件是主導

性的投訴方式，但 2007-2008 年度除外。在這個年度以前，採用郵寄信件方式的投訴最多。

表 6-2 公民的投訴方式情況

年度	親臨公署（宗）	書面（宗）				電話（宗）
		投訴表格	郵寄信件	傳真	電子郵件	
2003—2004	324	722	1634	972	742	267
2004—2005	396	934	1599	615	821	289
2005—2006	231	613	1305	863	902	354
2006—2007	412	586	1002	836	2461	309
2007—2008	251	486	1829	753	1380	288
2008—2009	370	1300	936	890	1515	375
2009—2010	413	863	870	764	1362	531
2010—2011	634	544	882	766	1954	559

年度	親臨公署（宗）	書面（宗）				電話（宗）
		投訴表格	郵寄信件	傳真	電子郵件	
2011—2012	573	518	947	657	1783	551
2012—2013	769	621	752	540	2144	675

資料來源：香港申訴專員公署：《香港申訴專員第二十期年報》，2009 年，第 17 頁；《香港申訴專員第二十五期年報》，2013 年，第 21 頁

3、公民認識度的統計調查

「接到的查詢和投訴數量」這個指標是根據認識與使用的邏輯關係來構建的。提出查詢和投訴是一種使用行為。使用香港申訴專員制度往往包括認識這個制度。通過接到的查詢和投訴數量這個指標來測量公眾對申訴專員制度的認識水平，是比較容易的，卻是間接的。我們還可以通過直接的方法來評估公眾對申訴專員制度的認識。李曼凱特認為，「公眾認識也可以通過其他統計方式來測量。」[27] 斯科特也認為，「統計調查部門已經把有關申訴專員的問題納入它的綜合的主題入戶調查中，試圖評估申訴專員工作的公眾認識。」[28] 為了了解公眾對香港申訴專員制度的認識和期望，香港申訴專員公署在 2000 年度、2003 年度和 2007 年度分別委託香港政府統計處進行主題性住戶調查（以下簡稱 2000 年調查、2003 年調查、2007 年調查）。香港政府統計處把調查結果分別發表在主題性住戶統計調查第四號、第十七號、第三十三號報告書。

（1）對投訴管道的認識

選擇的前提是認識和信任。不認識香港申訴專員制度，就不會選擇香港申訴專員公署作為投訴管道。如表 6-3 所示，有較多的香港市民知道和認識申訴專員制度，而且近年來越來越多的公民選擇申訴專員公署投訴行政失當。2003 年的調查訪問了約 8000 個住戶，大約 72% 的受訪者知道公署的工作，比 2000 年的調查結果上升了 7%。[29] 但從橫向對比，申訴專員公署還沒有成為公民願意投訴行政失當的首要管道。

表 6-3 對政府部門行政失當投訴管道的選擇比例

投訴管道	2000年調查	2003年調查	2007年調查
有關部門、公營機構本身設立的投訴管道	37.5%	25.1%	35.5%
區議會或區議員	46.1%	19.8%	30.5%
申訴專員公署	22.3%	9.8%	15.5%
傳媒（例如電台、電視台、報紙）	20.5%	14.7%	13.9%

資料來源：香港申訴專員公署：《香港申訴專員第二十年報》，2008 年，第 55 頁。

說明：2000 年調查總人數為 5651000 人，2003 年調查總人數為 5692600 人，2007 年調查總人數為 5704000 人。

（2）對主動調查的認識

《香港申訴專員條例》授權香港申訴專員出於主動展開直接調查。從表 6-4 得知，在不同年度香港公民對申訴專員公署主動調查權力認識程度不同。近年來，知道香港申訴專員公署享有主動調查權的人數逐漸提高，而不知道香港申訴專員公署享有主動調查權的人數大幅減少。

表 6-4 對申訴專員公署主動調查權力認識情況

指標	2000年	2003年	2007年
知道有權	22.4%	20.6%	24.2%
知道無權	不適用	21.6%	38.6%
不知道	不適用	57.8%	37.2%

資料來源公署：香港申訴專員：《香港申訴專員第二十期年報》，2008 年，第 56 頁。

　　總之，香港公民對香港申訴專員制度的總體認識程度是較高的。當然，不同的香港公民對香港申訴專員制度不同方面的具體內容的認識程度是不同的。斯科特認為，「總體上，調查表明申訴專員已經得到公眾的很好的接受，雖然親身經歷申訴專員工作的人比那些沒有親身經歷申訴專員工作的人給予申訴專員低一點的評價。」[30]

二、公眾對香港申訴專員制度的滿意度

　　申訴專員制度的成功不僅取決於公眾對該制度的認識，更重要的是取決於公眾對該制度的滿意和信心。香港第二任申訴專員蘇國榮認為，「行政事務申訴專員制度的成功，取決於公眾人士對這項制度的信任和信心。」[31] 因此，有必要測量公眾對申訴專員制度的滿意度。但是，這項評估工作是較為困難的。正如蘇國榮指出，「在評估本人與投訴人的關係方面，要訂定一套有意義及客觀的指標，即使不是不可能，也是極為困難的事。」[32]

　　1、投訴人的異議程度

　　投訴人有權對申訴專員是否展開查訊的決定或對投訴個案的結論提出異議。投訴人如果不服申訴專員的不受理或不跟進個案，可以要求公署重新評審個案。在跟進並採用查訊或全面調查等終結後，投訴人如果對個案的決定不滿，可以要求申訴專員複檢決定，也可以向法院申請司法復核。投訴人異議程度低，說明其對香港申訴專員制度滿意度高。

　　兩者存在負相關關係。根據異議對象和異議途徑，我們構建重新評審要求率、案件複檢要求率、司法復核申請率等三個指標來衡量投訴人的異議程度。

　　重新評審要求率＝要求重新評審的案件數無法跟進處理的案件。無法跟進的投訴是指不在公署職權範圍內、受《申訴專員條例》條例限制不得調查、已撤回、公署基於個案已進入法律程序或缺乏表面證據等原因而中止調查或不予繼續處理的投訴。

案件複檢要求率＝要求複檢的案件數已跟進並終結的案件數。已跟進並終結的案件數包括以查訊、全面調查和調解後終結的投訴數。當年已跟進並終結的案件數加上當年無法跟進處理的案件就等於當年已處理的投訴數。

　　司法復核申請率＝申請司法復核的案件數已跟進並終結的案件數。

　　從表 6-5 看出，近十年的重新評審要求率和案件複檢要求率都比較低；近十年的司法復核申請率都相當低。從絕對數來看，年度重新評審要求數和年度案件複檢要求數不多；年度司法復核數很小，甚至為 0。這表明投訴人異議程度低，投訴人對香港申訴專員制度滿意度高。從縱向對比看，後五年的案件複檢要求率比前五年的案件複檢要求率低；近五年的案件複檢要求率基本上呈現逐漸下降趨勢，近四年的司法復核申請率為 0 或極低。這反映出投訴人的滿意度逐漸提高。

　　表 6-5 投訴人的異議程度

年度	重新評審要求率	案件複檢要求率	司法複檢申請率
2003—2004	不適用	359/2125＝16.89%	0/2125＝0%
2004—2005	不適用	335/2004＝16.72%	1/2004＝0.050%
2005—2006	不適用	361/1825＝19.78%	1/1825＝0.054%
2006—2007	不適用	336/1716＝19.58%	1/1716＝0.058%
2007—2008	不適用	310/1977＝15.68%	1/1977＝0.051%
2008—2009	225/3017＝7.46%	246/2684＝9.17%	3/2684＝0.112%
2009—2010	227/2560＝8.87%	147/2215＝6.64%	0/2215＝0%
2010—2011	290/2381＝12.18%	93/3056＝3.04%	0/3056＝0%
2011—2012	248/2560＝9.69%	61/2677＝2.28%	1/2677＝0.037%
2012—2013	374/3116＝12%	88/2285＝3.85%	0/2285＝0%

資料來源：整理香港申訴專員第 16-25 期年報

　　2、對公署的投訴率

　　對公署的投訴率是指對公署職員的投訴數與已處理的投訴數的比率。對公署職員的投訴內容只包括職員態度、工作制度和程序。對公署的投訴率也可以在某種程度上反映出對香港申訴專員制度的滿意程度。申訴專員黎年認為，「投訴人針對本署職員的投訴，往往是由於他們不滿意本署就其投訴某些政府部門或公營機構所作的結論和決定。」[33] 但對公署的投訴率與公署的工作質量沒有必然聯繫。申訴專員戴婉瑩指出，「這些投訴很多時並不完全

反映本署人員的工作表現或查訊質素。引發投訴的往往是由於投訴人不滿意本人就其個案所作的結論及決定，尤其是當他們認為本人的決定未能滿足其期望，又或所作的結論未能支持其指稱的時候。」[34] 如表 6-6 所示，每個年度的對公署投訴數和投訴率都很低，這說明投訴人對香港申訴專員制度的滿意度較高。

表 6-6 投訴人對公署的投訴率

年度	投訴數	已處理的案件數	對公署的投訴率
2003—2004	11	4345	11/4345＝0.25%
2004—2005	14	5023	14/5023＝0.28%
2005—2006	9	4309	9/4309＝0.21%
2006—2007	12	5340	12/5340＝0.22%
2007—2008	9	4644	9/4644＝0.19%

年度	投訴數	已處理的案件數	對公署的投訴率
2008—2009	15	5701	15/5701＝0.26%
2009—2010	21	4775	21/4775＝0.44%
2010—2011	18	5436	18/5436＝0.33%
2011—2012	14	5237	14/5237＝0.27%
2012—2013	23	5401	23/5401＝0.43%

資料來源：整理香港申訴專員第 16-25 期年報

3、滿意度的統計調查

投訴人的異議程度和對公署的投訴率是從投訴人的行為表現來評估其對香港申訴專員制度的滿意度。因此這兩個指標可以說是一種間接性指標。它們測量的只是投訴人的滿意度，不能評價作為非投訴人的其他公民對香港申訴專員制度的滿意度。因此，我們還需要滿意度的統計調查，以便全面掌握公民對香港申訴專員制度的滿意度。

上文提到的 2000 年、2003 年、2007 年等三次主題性住戶統計調查還對公眾對香港申訴專員制度的滿意度進行了分析。每次調查公署表現的評價指標基本相同。2003 年的調查增加了一個評價指標，即「讓市民清楚知道作為

投訴管道的機構的服務範疇」；2007 年的調查又增加了一個評價指標，即「清楚解釋整件事情」。至此，對申訴專員公署表現的評價指標有 11 個。每次調查公署表現的評分標準有所不同。2000 年主題性住戶統計調查採用 1 至 3 分制度，即 3 分表示「表現最佳」，2 分表示「表現令人滿意」，而 1 分表示「表現最差」。2003 年主題性住戶統計調查採用 1 至 3 分制，即 3 分表示「表現良好」，2 分表示「表現一般」，而 1 分表示「表現差」。2007 年住戶統計調查採用 1-4 制，即 4 分表示「表現非常好」，1 分表示「表現非常差」。越高的分數意味著越高的滿意度。2007 年調查的結果與 2000 年、2004 年調查結果比較在表 6-7 中。從表 6-7 可以得知，香港公民對香港申訴專員公署的評價是較高的。這表明香港公民總體上對香港申訴專員制度的滿意度較高。從表 6-7 還可以發現，不同的評價指標的得分是不同的。這說明香港公民對香港申訴專員制度不同方面的績效的滿意度是不同的。「把有關資料保密，保障投訴人的隱私」這個指標在每年調查中的得分都是最高的。這說明公眾對申訴專員公署的保密最為滿意。

表 6-7 申訴專員公署表現的平均得分

評價指標	2000年調查	2004年調查	2007年調查
為市民提供方便容易的投訴途徑	1.93	2.20	2.67
讓市民清楚知道作為投訴管道機構的服務範疇	不適用	2.17	2.61
能夠在設定的時限內迅速採取行動及找出解決方法	1.93	2.19	2.62
能夠保持客觀，不會受到不應有的影響或干擾	2.00	2.34	2.88
相關資料保密，保障投訴人的隱私	2.21	2.49	3.13
清楚解釋來龍去脈	不適用	不適用	2.72
認清投訴的關鍵問題	1.94	2.19	2.71
清楚解釋所作決定的理據	1.96	2.14	2.65
定期告知投訴人個案的進度	1.84	2.22	2.61
職員樂於助人，以禮待人	1.88	2.34	2.98
提供有用的資料及意見	1.99	2.24	2.78

資料來源：香港申訴專員公署：《香港申訴專員第二十期年報》，2008 年，第 56 頁。

總之，通過統計調查表明，公民對香港申訴專員制度的滿意度較高。但香港社會中不同的人對申訴專員制度的滿意程度不同。如在 138000 人參與的「促使涉及部門或組織做出改善」評價中，27.5% 的人認為非常有效，47.7% 的人認為有效，15.1% 的人認為沒有成效，2.9% 的人認為完全沒有

成效，6.9% 的人不知道。[35] 其中一個重要原因是人們對公平的認識和理解不同。香港第一任行政事務申訴專員賈施雅指出，「投訴人對本署調查工作的評價，在很大程度上是依靠個人對公平這個概念的見解而定。」[36] 香港第二任申訴專員蘇國榮表達了同樣的觀點，「投訴人對本署調查工作是否滿意，在很大程度上視乎投訴人的見解中，怎樣才算公平。」[37] 最後，需要指出的是，香港的每一個公眾不可能都對申訴專員的工作感到滿意。尼本扎哈指出：「每一個申訴專員都有一些令人失望的顧客。這些顧客不僅是習慣性投訴者，或者是簡單地不能接受不符合他們利益的事實的少數人。他們主要是那些不能真誠地接受申訴專員決定的投訴人。」[38]

三、公眾對香港申訴專員制度的誠信度

公眾對香港申訴專員制度的誠信度包括公眾對香港申訴專員制度的正確理解程度、合理使用程度和支持配合程度。申訴專員黎年指出，「投訴人如能充分合作，提供清新的所需資料，必定有助加快查訊的進度」。[39] 投訴人的合作程度是香港申訴專員制度績效的基礎內容。

1、無法跟進處理率

無法跟進處理率，是指無法跟進處理的投訴數與已處理並終結的投訴數的比例。無法跟進處理的投訴，包括不在公署職權範圍內的、受《申訴專員條例》限制不得調查的、已撤回的、中止調查或不予繼續處理的投訴。不在職權範圍的投訴事項，是指《申訴專員條例》明確規定申訴專員不得調查的被投訴的機構或行動。中止調查的投訴，是指公署停止就某宗投訴進行查訊。中止調查的原因包括投訴人沒有提供充分資料或證據、投訴人不同意公署取得個人資料等。決定不予繼續處理的投訴是指申訴專員在考慮有關情況後，決定不再繼續處理某宗投訴。決定的依據包括證明所涉機構行政失當的充分的表面證據等。由此可見，無法跟進處理投訴往往與投訴人不正確理解或不合理使用香港申訴專員制度、不配合調查等有關。因此，無法跟進處理率可以作為評價公民對香港申訴專員制度誠信度的一個量化指標。如表 6-8 所示，從 2003 年到 2013 年，每個年度無法跟進處理的投訴數和無法跟進處理率都比較高。這可以說明較多的投訴人不能正確地認識和合理地運用香港申訴專

員制度。「我們亦注意到，部分市民對本署的角色及職權存在誤解。一方面，有人認為本署的宣傳攻勢對政府人員構成過大壓力。另一方面，亦有市民大凡遇到不滿便向本署投訴，期望我們飭令所涉機構立即滿足他們的要求。」[40] 這也意味著香港申訴專員公署需要採取措施提高投訴人的配合程度。在2011-2012 年度，公署制定了「投訴人約章」，明確了投訴人的責任，即清楚說明投訴事項、適時提供真實的資料、配合查訊工作、以合理的態度提出投訴、對職員有禮和尊重。

表 6-8 無法跟進處理率

年度	無法跟進處理的投訴數	已處理並終結的投訴數	無法跟進處理率
2003—2004	2220	4345	51.09%
2004—2005	3019	5023	60.10%
2005—2006	2484	4309	57.65%
2006—2007	3624	5340	67.87%
2007—2008	2667	4644	57.43%
2008—2009	3017	5701	52.92%
2009—2010	2560	4775	53.61%
2010—2011	2381	5436	43.80%
2011—2012	2560	5237	48.88%
2012—2013	3116	5401	57.69%

資料來源：整理《香港申訴專員第二十期年報》和《香港申訴專員第二十五期年報》。

2、制度的濫用情況

香港申訴專員制度被個別公民不合理利用或濫用情況一直存在。第四任申訴專員戴婉瑩認為：「過去，本人一再評論，有些投訴人蠻橫無理和固執己見，有些則因為個人的理由或存心報復，濫用投訴制度，此風不可長。」[41]第五任申訴專員黎年也指出，「本署與所有其他接受及處理投訴的機構一樣，都會遇到不少固執己見的投訴人。他們當中有些是因為申訴專員的結論並非他們所期望的結果，部分則可能只是為了私人恩怨或達到個人目的。這類投訴人當中有少數是蠻橫無理，近乎濫用投訴制度，嚴重者甚至會辱罵本署人員，擾亂我們的工作，並且對其他投訴人造成不便。」

[42] 不合理利用或誤用甚至濫用申訴專員制度的行為具體包括：

（1）意圖避開正常行政程序，從某部門或機構得到一些投訴人似乎不應得的個人利益；

（2）意圖阻止執法機關採取執行行動或進行調查；

（3）意圖要監管當局代表投訴人，就後者與商務服務提供者的紛爭作出交涉；

（4）利用有關部門或機構，借以解決跟第三者的私人仇怨；

（5）利用投訴程序阻延部門採取行動。

如在 2006-2007 年度的一宗個案中，投訴人獲某政府機構批准給予財政資助，須定期前往領取支票。他透過一名友人代領，但卻拒絕依從確認身分的程序。在首次領取支票時，涉事職員酌情予以通融。第二次領取時，投訴人要求同樣的豁免安排。機構職員再予通融，但請投訴人遵從某些程序，可是投訴人沒有照辦，結果未能順利辦理領取手續。投訴人其實是把某次豁免安排視作常規，反而指有關機構在處理上前後不一致。[43]

這些行為可能會帶來不良後果。

第一，對其他公民造成不公。由於社會資源有限，容許某些人取得他們不應得到的個人利益，就會損害或剝奪了其他人的權益。

第二，構成另一類行政失當。行政部門向壓力屈服，甚至不惜違反一貫政策，以圖息事寧人，這與過於墨守成規同樣是不當行為。

第三，影響部門提供的服務。由於極少數投訴人固執己見和反覆提出不合理要求，可能造成干擾或滋擾，嚴重影響某部門或機構的運作。

[44] 對於濫用申訴專員制度的情況和固執己見的投訴人，申訴專員公署總會保持克制，著眼於投訴的實質內容，堅守不偏不倚和客觀公正的宗旨，並以一貫的開放和專業態度向投訴人耐心解釋，毫不遲疑地指出正確的看法。

第三節 行政系統維度的績效

行政系統維度的香港申訴專員制度績效可以用被投訴的行政部門分布、投訴的行政失當類型、確認的行政失當類型、對申訴專員建議的反應、對申訴專員公署調查的配合等五個指標來測量。

一、被投訴的行政部門分布

截至 2013 年 3 月 31 日，申訴專員有權對以下機構行政失當行為的投訴進行調查，即政府所有部門或機構（公務員敘用委員會祕書處、香港輔助警察隊、香港警務處、廉政公署除外）、九廣鐵路公司、民眾安全服務隊、市區重建局、立法會祕書處、平等機會委員會、西九文化區管理局、地產代理監管局、香港考試及評核局、香港房屋協會、香港房屋委員會、香港金融管理局、香港藝術發展局、香港體育學院有限公司、個人資料私隱專員公署、財務匯報局、消費者委員會、強制性公積金計劃管理局、雇員再培訓局、機場管理局、職業訓練局、醫院管理局、醫療輔助隊、證券及期貨事務監察委員會。這些機構在某個年度不一定都會被投訴。

在某一年度，某個機構的被投訴次數會有所不同。這就形成不同的被投訴的行政部門結構。被投訴的行政部門分布可以被投訴的行政部門比率來測評。在 2008 年 3 月 31 日以前，被投訴的行政部門比率 = 行政部門被投訴的次數 / 公署接到的投訴數。從 2008-2009 年度起，被投訴的行政部門比率 = 行政部門被投訴的次數 / 公署決定調查的投訴數。這因為「以往，我們會根據這些數字排列最多人投訴的機構，但本署在檢討後認為，根據有表面證據而決定調查的投訴數目來排序，才更具參考價值」[45]。考慮到研究的方便，我們只分析個別年度最多人投訴的十個機構的分布情況。

在 2003-2004 年度，排在投訴數前十位的十個機構分別是房屋署、食物環境衛生署、地政總署、懲教署、屋宇署、運輸署、民政事務總署、環境運輸及工務局、醫院管理局、社會福利署。它們的被投訴數在總投訴數中的比率分別是 119%、8.8%、6.9%、6.2%、6.0%、5.5%、4.2%、3.6%、3.4%、3.4%。[46] 關於這些機構的投訴數占總投訴數的 59.9%。

在 2010-2011 年度，由於有兩個機構並列第十位，因此出現「最多人投訴的十一個機構」。地政總署名列榜首，主要是因為大浪西灣的違例發展工程引發了大量同類主題投訴。環境保護署、規劃署基於同一理由，分別排在第五位、第六位。食物環境衛生署、屋宇署（為處理樓宇滲水投訴成立聯合辦事處的兩個部門）分別名列第二位、第四位，而房屋署則一如去年居於兩者中間。社會福利署的排名在本年度稍為上升，而在上年度沒有出現在排行榜的民政事務總署則再次上榜，與康樂及文化事務署並列第十位。已跟進並終結的地政總署、食物環境衛生署、房屋署、屋宇署、環境保護署、規劃署、社會福利署、醫院管理局、運輸署、康樂及文化事務署、民政事務總署的投訴數分別是 378、334、33、290、180、170、116、107、99、98、98。這些投訴數的總和占公署已跟進及終結的 3056 宗投訴個案的 72%。[47]

由以上數據得知，被最多人投訴的十個機構或十一個機構的投訴數至少在總投訴數或已跟進並終結的投訴數的一半以上。這說明公眾的投訴集中和聚焦於少數的幾個部門。特別是房屋署、食物環境衛生署、地政總署、屋宇署等機構的投訴數一直比較多。這是因為它們的服務範圍廣泛且與民生息息相關。正如申訴專員指出，「各部門或機構被投訴次數多寡，跟其與市民直接接觸的頻密程度，以及所提供服務的性質、範疇及範圍是息息相關的。倘有關服務與民生有直接關係，或與費用、收費、稅項相關，便會有較大機會招引投訴。」[48]

二、投訴的行政失當類型

公民向申訴專員提出投訴的理由是公營機構存在行政失當。根據《申訴專員條例》，「行政失當」（maladministration）是指行政欠效率、拙劣或不妥善，包括：

（1）不合理的行為，包括拖延、無禮及不為受行動影響的人想的行為；

（2）濫用權力（包括酌情決定權）或權能，比如不合理、不公平、欺壓、歧視或不當地偏頗的行動，或按照屬於或可能屬於不合理、不公平、欺壓、

歧視或不當地偏頗的慣例而作出的行動，或完全或部分基於法律上或事實上的錯誤而作出的行動；

（3）不合理、不公平、欺壓、歧視或不當地偏頗的程序。

香港申訴專員公署把行政失當具體劃分為 10 種類，即

（1）出錯、決定或意見錯誤；

（2）不按程序辦事、延誤；

（3）辦事疏忽、有缺失遺漏的情況；

（4）監管不力；

（5）厚此薄彼、處事不公、選擇性執法；

（6）沒有回應投訴；

（7）職員態度欠佳；

（8）程序不妥；

（9）濫用職權；

（10）其他，如缺乏諮詢等。

因此，衡量投訴的行政失當類型情況的指標就是具體類型行政失當的投訴率。它是指稱有某種具體類型的行政失當的投訴數與已終結的投訴數的比率。

表 6-9 2005-2010 年度具體類型行政失當的投訴率

具體類型行政失當的投訴率	2005—2006	2006—2007	2007—2008	2008—2009	2009—2010
出錯、決定或意見錯誤的投訴率	23.8%	46.5%	24.3%	29.4%	38.4%
不按程序辦事、延誤的投訴率	14.7%	11.0%	13.3%	14.3%	18.6%
厚此薄彼、處事不公、選擇性執法的投訴率	7.3%	7.4%	25.4%	14.1%	7.2%
辦事疏忽、有缺失遺漏的情況	11.1%	8.0%	8.3%	7.6%	7.2%
監督不力的投訴率	10.0%	6.5%	6.7%	16.2%	7.0%
程序不妥的投訴率	4.8%	5.7%	5.4%	4.2%	5.2%
沒有回應投訴的投訴率	6.4%	5.0%	5.3%	5.1%	5.1%
職員態度欠佳的投訴率	5.8%	4.7%	5.2%	3.7%	5.0%
濫用職權的投訴率	4.0%	3.2%	4.4%	2.9%	2.2%
其他的投訴率	12.1%	2.0%	1.7%	2.5%	4.1%

資料來源：香港申訴專員公署：《香港申訴專員第二十二期年報》，2010 年，第 17 頁。

從表 6-9 得知，具體類型行政失當的投訴率在每個年度都不同；其排位在每個年度也不同。出錯、決定或意見錯誤往往是公民最常投訴的行政失當類型。

出錯、決定或意見錯誤是公民投訴的主要原因。比較少的投訴是基於機構職員態度不佳和濫用職權等理由提出的。這說明香港政府機構在工作態度和慎用權力等方面表現良好，得到公民的較高認可。

三、確認的行政失當類型

投訴的行政失當類型只是投訴人的感覺和判斷。為了全面評價行政失當類型情況，我們需要對確認的行政失當類型進行評估。衡量確認的行政失當類型情況的指標就是具體類型行政失當的確認率。它是指確認有某種具體類型的行政失當的投訴數與成立的投訴數的比率。

表 6-10 2005-2010 年度具體類型行政失當的確認率

具體類型行政失當的確認率	2005—2006	2006—2007	2007—2008	2008—2009	2009—2010
不按程序辦事、延誤的確認率	30.6%	31.7%	16.1%	4.2%	26.5%
出錯、決定或意見錯誤的確認率	13.9%	12.2%	29.1%	14.5%	24.4%
辦事疏忽、有缺失遺漏的情況	11.1%	9.8%	6.45%	3.3%	12.7%
厚此薄彼、處事不公、選擇性執法的確認率	2.8%	2.4%	12.9%	69.7%	6.4%
監管不力的確認率	19.4%	14.6%	6.45%	1.3%	6.4%
沒有回應投訴的確認率	11.1%	17.1%	16.1%	0.8%	6.4%
程序不妥的確認率	5.6%	9.8%	6.45%	2.9%	4.3%
職員態度欠佳的確認率	2.8%	0%	6.45%	0.4%	4.3%
濫用職權的確認率	2.8%	0%	0%	0.4%	4.3%
其他的確認率	0%	2.4%	0%	2.5%	4.3%

資料來源：香港申訴專員公署：《香港申訴專員第二十二期年報》，2010 年，第 18 頁。

從表 6-10 得知，行政失當具體類型的確認率在每個年度都不同；其排位在每個年度也不同。不按程序辦事、延誤的確認率在每個年度都是最高的。每個年度行政失當具體類型的確認率排序和投訴率排序是不同的。如在 2005-2006 年度，出錯、決定或意見錯誤雖然是第一大投訴原因，但在投訴成立的排行榜上只占第三位。香港第三任申訴專員戴婉瑩認為，「這項差異大概是由於有關機構的決定在政策和一般原則上是恰當和合理的，但卻影響到個別人士，因而被視為錯誤。」[49]

四、對申訴專員建議的反應

行政部門對申訴專員建議的反應程度可以通過行政部門的建議採納落實率這個指標來測量。它在一定程度上反映了申訴專員建議的有效性。「申訴專員建議的有效性通過以下指標測量：被投訴機構是否同意遵循建議，被投訴機構是否實際採納建議，申訴專員是否能命令機構遵循建議，等等。」[50]申訴專員也認為，「經本署提出而又獲有關機構採納的改善建議的數目，其實是一個重要指標，顯示了我們的工作成果。」[51]《華東法律評論》編輯、香港普通法碩士胡健指出，「有兩個指標可以用來評價申訴專員的工作成效，一是案件複檢率和改變率……，二是建議的採納率。」[52] 近十個年度的建議總數和建議採納落實率列在表 6-10 中。建議總數是指公署在全面調查個案後提出的建議數與主動調查後提出的建議數的總和。

表 6-11 2003—-2013 年度的建議採納落實率

年度	建議的總數	採納落實率
2003—2004	209	94.3%
2004—2005	270	93.4%
2005—2006	110	94.5%
2006—2007	134	93.3%
2007—2008	103	95.1%
2008—2009	153	77.1%
2009—2010	203	96.1%
2010—2011	182	88.5%
2011—2012	169	89.3%
2012—2013	217	88.5%

資料來源：整理香港申訴專員第 16-25 期年報。

　　從表 6-11 可以得知，除了個別年度，申訴專員建議的被採納率都維持在很高的數字上。這說明香港申訴專員公署的大部分建議都獲得了有關機構的接受和落實，也說明行政部門對申訴專員的建議做出積極的反應。申訴專員指出：

　　「本署經查訊及調查後提出的建議，大多已獲政府當局接納，並在多方面達到實質的改善，令我們感到欣慰。」[53] 這種響應具體表現在 8 類提高公共行政質量的措施上，即制定更清晰指引、改進跨部門的協調安排、改善處理查詢或投訴的措施、改善客戶服務的措施、加強監管、訂立更清晰合理的規則、提供更適時和更清晰的資料、培訓員工。比如，2010-2011 年度，公署查訊或調查編號為 2009/2378 的投訴後，屋宇署修訂有關接獲舉報後調查違例建築工程的內部指引，訂明職員若無法進入事涉樓宇，須視察該樓宇的周圍，並從鄰近樓宇進行觀察，盡可能搜集全面的環境證據，以評估有關構築物是否已存在及結構上安全，才可決定應否暫停跟進個案。[54] 通過制定更加清晰的指引，政府機構的運作更為一致和有效。

五、對申訴專員公署調查的配合

行政部門和公營機構對香港申訴專員調查的合作是香港申訴專員制度運行順暢的基礎。公署服務承諾指出「本署調查工作的進展，有賴於投訴人及被投訴機構通力合作，向本署提供正確和齊全的資料。」因此，評價行政部門和公營機構對香港申訴專員調查的配合程度是一件有意義的工作。大部分機構都盡可能在限期前提供資料給申訴專員，都盡可能配合申訴專員的調查。「在調查過程中，所涉機構一般都相當合作。畢竟，我們的目的是協助這些機構改進行政體制、運作程序和工作方法，以改善公共行政。」[55] 但也有少部分政府部門及其人員不僅不能積極配合，而且質疑申訴專員的職權。第二任申訴專員蘇國榮指出，「少數公職人員採取不合作的態度，不肯與本署忠誠合作，尤其是在本署所需的資料方面，往往有所延緩，甚至毫無根據地質疑本人的權力和職權範圍。」[56] 第三任申訴專員黎年也指出，「至於被投訴的部門及機構方面，他們大多非常合作，樂意配合本署的調查工作；可是也有少數對於我們的查訊遲遲不作回應。這不但令本署無法加快處理投訴，有時更會令投訴人誤以為我們縱容這些部門或機構的不當行為」。[57] 遇到這種情況，申訴專員公署會向他們解釋，其調查工作不偏不倚，在查明所有事實前，不能先行判斷某項指稱是否成立，故此必須進行查訊。

▌第四節 申訴專員公署維度的績效

香港申訴專員制度的績效由香港申訴專員公署的產出、工作效率、工作質量、投訴被調查程度、對投訴人的幫助程度和對行政改革的影響等內容組成。如果工作質量、投訴被調查程度是香港申訴專員公署的過程指標，那麼對投訴人的幫助程度和對行政改革的影響可以說是其結果或影響指標。

一、公署的產出

香港申訴專員公署的產出就是香港申訴專員工作的直接產品。「產出指標是很重要的，因為它們代表著公共和非營利工作的直接產品。」[58] 香港申訴專員的業務工作主要有三項，即處理查詢、調查投訴和主動調查。查詢是

指公民要求公署提供資料或意見。主動調查是指儘管沒有接到投訴，但公署基於公眾利益而決定主動進行的調查。因此，測量香港申訴專員公署產出的指標就有查詢數、已處理的投訴數和完成的主動調查項數。已處理的投訴和完成的主動調查這兩個產出包含了申訴專員提出的建議。表 6-12 歸納了最近 10 個年度的公署產出。因為接到的查詢在當年度完成，所以其數量等同於已處理的查詢數。從指標數據看，公署的產出穩定在較高的水平。後 5 個年度已處理投訴多於前 5 個年度的已處理投訴。後 5 個年度完成的主動調查數大於前 5 個年度完成的主動調查數。

表 6-12 香港申訴專員公署的產出

年度	已處理的查詢數（宗）	已處理的投訴項目（宗）	完成的主動調查數目（項）
2003—2004	12552	4345	5
2004—2005	11742	5023	5
2005—2006	14633	4309	4
2006—2007	15656	5340	4
2007—2008	12169	4644	4
2008—2009	14005	5701	6
2009—2010	13789	4775	7
2010—2011	12227	5437	6
2011—2012	12545	5237	5
2012—2013	12255	5401	6

資料來源：香港申訴專員公署：《香港申訴專員第二十期年報》，2008 年，第 130 頁。香港申訴專員公署：《香港申訴專員第二十五期年報》，2013 年，第 136 頁。

香港申訴專員公署的產出不同於其工作量。因為工作量「代表著進入系統的流量情況和需要服務的客戶數量。」[59] 香港申訴專員公署的主要工作量是須處理的投訴數。每個年度的須處理投訴是由當年度接到的投訴加上上年度轉入的投訴。2003-2004 年度、2004-2005 年度、2005-2006 年度、2006-2007 年度、2007-2008 年度香港申訴專員公署須處理的投訴數分別是 5433、5742、4985、6292、5929。[60] 2008-2009 年度、2009-2010 年度、2010-2011 年度、2011-2012 年度、2012-2013 年度香港申訴專員公署須處理的投訴數分別是 6671、5869、6467、6085、6349。[61] 後 5 個年度的工作量大於前 5 個年度的工作量。

二、公署對投訴的調查程度

1、具體類型無須調查率

衡量申訴專員對投訴調查程度的一個指標是具體類型無須調查率或具體類型無法跟進率。無須調查或無法跟進的案件包括不在公署職權範圍內、受條文所限不得調查、投訴已撤回、中止調查、不予繼續處理的案件等類型。無法跟進的總體比率已統計在表 6-8 中。無法調查的比率既可以衡量公眾對香港申訴專員制度的正確使用情況，也可以估量公署對投訴的調查程度。這一指標具有雙重含義，可以從不同角度解釋。這裡我們分析 2003-2013 年度具體類型的無法調查比率（見表 6-13）。

具體類型無法調查率 = 某類無須調查的投訴數 / 已處理的投訴數。

表 6-13 具體類型無法跟進比率

年度	受法律限制不得調查的比率	不在公署職權範圍內的比率	中止調查和投訴已撤回的比率	不予繼續處理的比率
2003—2004	29.0%	14.6%	7.5%	0%
2004—2005	22.8%	16.3%	21.3%	0%
2005—2006	8.1%	17.7%	6.6%	25.2%
2006—2007	7.4%	37.3%	4.2%	19.1%
2007—2008	8.1%	18.8%	12.8%	17.8%
2008—2009	8.37%	11.07%	6.23%	27.26%
2009—2010	8.8%	14.6%	6.1%	24.2%
2010—2011	8.0%	13.7%	4.9%	17.2%
2011—2012	8.0%	14.3%	5.5%	21.1%
2012—2013	5.8%	11.2%	7.0%	33.7%

資料來源：整理香港申訴專員 20-25 期年報。

從表 6-13 可知，申訴專員基於多種理由而無須對投訴進行調查的數量和比率總是較高的，特別是因為職權範圍限制和法律條文限制。這個問題也已被申訴專員高度關注。「本署自 1989 年成立至今已經十五年，應該是檢討申訴專員職能和職權範圍的適當時候，本人將之作為新的任期內一項特別任務。」[62] 對於這個問題，申訴專員也採取了相關的行動。在 2006-2007 年度，

公署已完成職權範圍檢討的第一部分，建議在《申訴專員條例》附表 1 加入某些機構，把他們納入申訴專員的職權範圍；也建議放寬條例附表 2 中對公署調查權力的某些限制，以便解決公署人員在執行職務時遇到的某些困難。[63] 在 2007-2008 年度，公署完成職權範圍檢討的第二部分，即探討世界各地申訴專員制度的發展及其對香港申訴專員發展的影響。

2、跟進終結率

（1）跟進終結數與已處理數的比較

衡量申訴專員對投訴調查程度的另一個指標是跟進終結率。跟進終結率 = 已跟進終結的投訴數 / 已處理的投訴數。鑒於公署跟進終結投訴的方式有三種，即查訊、全面調查和調解，跟進終結率可以分為查訊後終結率、全面調查後終結率和調解後終結率。

查訊後終結率 = 查訊後終結的投訴數 / 已處理的投訴數。

全面調查後終結率 = 全面調查後終結的投訴數 / 已處理的投訴數。

調解後終結率 = 調解後終結的投訴數 / 已處理的投訴數。

跟進終結率 = 查訊後終結率 + 全面調查後終結率 + 調解後終結率。

近 10 個年度的跟進終結率統計見表 6-14。

表 6-14 跟進終結率

年度	跟進終結率	查訊後終結率	全面調查後終結率	調解後終結率
2003—2004	2125/4345＝42.2%	1834/4345＝42.2%	284/4345＝6.5%	7/4345＝0.2%
2004—2005	2004/5023＝37.3%	1873/5023＝37.3%	125/5023＝2.5%	6/5023＝0.1%
2005—2006	1825/4309＝40.8%	1758/4309＝40.8%	55/4309＝1.3%	12/4309＝0.3%
2006—2007	1716/5340＝30.77%	1643/5340＝30.77%	71/5350＝1.33%	2/5340＝0.03%
2007—2008	1977/4611＝41.73%	1938/4644＝41.73%	38/4644＝0.82%	1/4644＝0.02%
2008—2009	2684/5701＝42.7%	2437/5701＝42.7%	247/5701＝4.1%	0/5701＝0%
2009—2010	2215/1775＝43.67%	2086/4775＝43.67%	126/4775＝2.64%	3/4775＝0.0%6
2010—2011	3056/5436＝53.24%	2894/5436＝53.24%	155/5436＝2.86%	7/5436＝0.01%
2011—2012	2677/5237＝47.6%	2492/5237＝47.6%	163/5237＝3.1%	22/5237＝0.4%
2012—2013	2285/5401＝38.8%	2094/5401＝38.8%	169/5401＝3.1%	22/5401＝0.4%

資料來源：香港申訴專員公署：《香港申訴專員第二十期年報》，2008 年，第 130 頁。香港申訴專員公署：《香港申訴專員第二十五期年報》，2013 年，第 136 頁。

從表 6-14 可以得知，除了個別年度，香港申訴專員公署對投訴案件的跟進終結比率一直是較低的，即在 50% 以下。

（2）跟進終結方式結構

跟進終結方式結構是指三種跟進終結方式的關係和地位。探究這種結構有助於我們更加具體和深入地掌握申訴專員公署對投訴的調查程度。這個指標是對跟進終結率的補充和加強。我們通過分析查訊率、全面調查率和調查率來剖析跟進終結方式的內部因素及其比重。

查訊率 = 查訊後終結的投訴數 / 已跟進終結的投訴數。

全面調查率 = 全面調查後終結的投訴數 / 已跟進終結的投訴數。

調解率 = 調解後終結的投訴數 / 已跟進終結的投訴數。表 6-15 匯算了近十年的查訊率、全面調查率和調解率。

表 6-15 跟進終結方式結構

年度	查訊率	全面調查率	調解率
2003—2004	1834/2125＝86.3%	284/2125＝13.4%	7/2125＝0.3%
2004—2005	1873/2004＝93.7%	125/2004＝6.2%	6/2004＝0.1%
2005—2006	1758/1825＝96.3%	55/1825＝3.0%	12/1825＝0.7%
2006—2007	1643/1716＝95.7%	71/1716＝4.1%	2/1716＝0.2%
2007—2008	1938/1977＝98%	38/1977＝1.9%	1/1977＝0.1%
2008—2009	2437/2684＝90.8%	247/2684＝9.2%	0/1684＝0%
2009—2010	2086/2215＝94.2%	126/2215＝5.7%	3/2215＝0.1%
2010—2011	2894/3056＝94.7%	155/3056＝5.1%	7/3056＝0.2%
2011—2012	2492/2677＝93.1%	163/2677＝6.1%	22/2677＝0.8%
2012—2013	2094/2285＝91.6%	169/2285＝7.4%	22/2285＝1%

資料來源：整理香港申訴專員公署：《香港申訴專員第二十期年報》，2008 年，第 130 頁。

香港申訴專員公署：《香港申訴專員第二十五期年報》，2013 年，第136 頁。

此表顯示，查訊是香港申訴專員公署跟進處理投訴的主要方式，全面調查使用率低，調解方式的運用率相當低。調解率極低與投訴人和被投訴人的不配合直接相關。黎年認為，「至今仍有些機構和部分市民對這種另類排解糾紛的方式有所顧慮」。[64] 這就需要加強政府部門、公營機構和投訴人對調解方式的認識。

三、公署的工作效率

1、營運開支與產出的比率

評估香港申訴專員公署效率的一個指標是產出與營運開支的比率，因為「效率測量是一種更為細緻的方法，來評價每單位產量或工作數量的資金耗費。」[65]

為了計算的方面，作者把這個比率中的產出界定為已處理的投訴。2003 -2013 年度的營運開支與產出的比率數據計算在表 6-16 中。

表 6-16 香港申訴專員公署的營運開支與產出的比率

年度	已處理的投訴數目（宗）	營業開銷（港幣）	年度盈餘（港幣）	營運開銷與產出的比率（港幣／宗）
2003—2004	4345	63946230	33601981	14717.20
2004—2005	5023	53074200	37546658	10566.23
2005—2006	4309	53536612	36459892	12424.37
2006—2007	5340	57820476	35642067	10827.80
2007—2008	4644	65617386	29182584	14129.50
2008—2009	5701	72526680	28093659	12721.75
2009—2010	4775	75871436	22705283	15889.31
2010—2011	5437	78881194	16434090	14508.22
2011—2012	5237	84439725	18592195	16123.68
2012—2013	5401	92999795	14637816	17218.90

資料來源：經整理香港申訴專員第 16-25 期年報。

如表 6-16 所示，後 5 年的營運開支與產出的比率大於前 5 年的營運開支與產出的比率。這說明每單位產出的開支呈上升趨勢。近幾年營運開支有所增加的主要原因是雇員福利支出規模有所擴大，如根據香港申訴專員公署的年度財務報表，2013 年度的雇員福利支出 76564593 港元，比 2012 年度的雇員福利支出 71020138 港元增加 550 多萬港元；2012 年度的雇員福利支出比 2011 年度的增加 430 多萬港元。從此表也可以得出，香港申訴專員公署嚴格遵循穩健的財務原則，做到每年都有幾千萬港元的盈餘。如果考慮到這些開支同時用在處理查詢和性質更加複雜、難度繫數更大的主動調查（一宗主動調查的花費可能相當於處理幾十宗投訴的花費，特別是以查訊方式處理投訴的費用），那麼它的財務效率或資金利用效率是較高的。

2、工作速度

效率是指以較少的投入獲得較多的產出。投入不僅僅是資金，還應包括時間。而且，遲到的正義就不是正義。所以衡量香港申訴專員公署工作效率的第二個指標是工作速度。公署的工作內容較多，包括回復親臨公署或來電查詢的公民、安排講座、回復書面查詢、發出認收函件、處理投訴等等。

（1）處理投訴的時間

處理投訴的時間包含評審、查訊、全面調查、調解等時間。這個時間具有整體意義。一般而言，公署在收齊投訴人提交的所有相關資料、同意公署向所涉機構轉交或索取其個人資料的回條，以及確認向公署提出投訴的授權書等文件（若是法人團體或代表）的當日，才正式開始計算處理投訴個案的時間。表 6-17 概括了近十年香港申訴專員公署處理投訴的時間。

表 6-17 處理投訴時間

年度	3個月內的比率	3—6月的比率	超過6個月的比率
2003—2004	71.2%	27.0%	1.8%
2004—2005	65.3%	32.9%	1.8%
2005—2006	71.8%	26.2%	2.0%
2006—2007	76.3%	22.3%	1.4%
2007—2008	68.1%	30.4%	1.5%
2008—2009	72.5%	26.0%	1.5%
2009—2010	65.3%	33.1%	1.6%
2010—2011	80.1%	19.3%	0.6%
2011—2012	83.9%	15.4%	0.7%
2012—2013	88.6%	10.7%	0.7%

資料來源：整理香港申訴專員公署：《香港申訴專員第二十期年報》，2008 年，第 141 頁。

香港申訴專員公署：《香港申訴專員第二十五期年報》，2013 年，第 147 頁。

從表 6-17 可以看出，香港申訴專員公署在 3 月內處理完大部分投訴，只有少量的案件花費了 6 個月以上的時間。這說明香港申訴專員公署的工作速度是比較快的。處理某些投訴個案需時較長的原因有：個案性質較複雜，需要進行更加仔細的調查；投訴人初步提交的文件及補充資料數量龐大；在調查過程中，個案有新發展或進一步的資料；投訴人或所涉機構質疑公署的調查結果；被投訴機構需要較長時間回應本署的查訊；投訴人遲遲未能同意公署向被投訴的機構索取他們的個人資料或把他們提供的資料複製給所涉機構跟進；投訴人遲未能提交足夠的補充資料，以確定投訴事項具有表面證據。[66] 如果考慮到這些公署不能控制的因素或變量，那麼公署的工作效率應該得到更高的分數。

（2）服務承諾的履行情況

香港申訴專員公署致力為市民提供高效率的服務，並就各個服務作出時間承諾。如在處理投訴方面，不在公署職權範圍內或受條文所限不得調查的個案，10 個工作天內完成的不少於 70%，11 至 15 個工作天內完成的不超過 30%；其他個案，3 個月內完成的不少於 60%，3 至 6 個月內完成的不超過 40%。香港申訴專員公署很好地兌現在回復親臨本署或來電查詢、安排講座

方面的承諾。「我們一如往年，在回復親臨本署或來電查詢的市民，以及應邀安排講座方面，全部都能夠在服務承諾的時限內完成。」[67] 但在完成書面查詢、發出認收函件、終結個案等方面未能全面實現承諾。如在 2012-2013 年度，在書面查詢方面，有 86.8% 能在五個工作天內回復，而有 12.1% 能在六至十個工作天內回復，還有 1——1% 未能在承諾時間回復。在處理投訴方面，有 98.9% 的個案能夠在五個工作天內發出認收信件，但有 1.1% 的個案未能達到服務承諾的時限。至於不在公署職權範圍內或受條文所限不得調查的個案，有 1.8% 的個案超過 15 個工作天的目標時限。[68] 其他個案的處理時間也基本上實現承諾，但沒有完全實現承諾（見表 6-18）。

表 6-18 其他個案的服務承諾履行情況

年度	3個月內的比率（目標：>60%）	3—6個月內的比率（目標：<40%）	超過6個月的比率
2003—2004	51.1%	45.7%	3.2%
2004—2005	43.3%	53.7%	3.0%
2005—2006	46.0%	41.0%	3.0%
2006—2007	57.1%	40.3%	2.6%
2007—2008	56.4%	41.6%	2.0%
2008—2009	65.9%	32.3%	1.8%
2009—2010	54.7%	43.2%	2.1%
2010—2011	74.5%	24.6%	0.9%
2011—2012	79.3%	19.8%	0.9%
2012—2013	86.3%	12.8%	0.9%

資料來源：整理香港申訴專員公署：《香港申訴專員第二十期年報》，2008 年，第 141 頁。

香港申訴專員公署：《香港申訴專員第二十五期年報》，2013 年，第 25 頁。

從表可知，最近幾年在 3 個月內完成的比例越來越高，超過 6 個月的比率越來越低。這說明香港申訴專員公署在履行承諾方面的表現越來越好。如果考慮到影響履行服務承諾的客觀因素，如個案本身的複雜性，當時接到的投訴數量、投訴人及被投訴機構的合作情況等，就會對公署的表現作出更高的評價。

四、公署的工作質量

申訴專員的工作質量直接影響申訴專員的權威。「影響申訴專員權威的第一個重要因素是工作的質量。當調查結果是有質量的，申訴專員可以不做任何讓步。如果他的工作缺乏質量，他將失去權威，不管其他因素的作用。」

[69] 因此，評估申訴專員的工作質量是必不可少的。香港申訴專員公署主要是一個提供服務的法團，因而對其的質量測量主要是指服務質量測量。要對服務質量進行評估，必須把握質量的內涵。

鮑法德在質量概念的發展演變中區分了 4 種主要概念：

質量要合乎規範（源自工程學和契約文化的觀點）；

質量要適應目標或符合組織目標基本上源自系統論觀點）；

質量要滿足顧客期望，或超越顧客期望（源自顧客心理學）；

質量要充滿激情的感情投入——質量是語言和數字之外的東西（社會心理學）。

[70] 如果接受源自顧客心理學的質量概念，那麼上文分析的香港申訴專員制度公眾滿意度與公署的工作質量直接相關。這裡，我們再嘗試構建案件複檢改變率、司法復核受理率、對公署的投訴成立率等評估指標來補充和加強測量香港申訴專員公署的服務質量。

這幾個指標的計算公式分別為：

複檢改變率＝經複檢作出改變決定的案件數／決定複檢的案件數；

司法復核受理率＝司法復核受理的案件數／司法復核申請的案件數；

對公署的投訴成立率＝成立（含部分成立）的對公署的投訴數／對公署的投訴案件數。

表 6-19 香港申訴專員公署的質裡

年度	複檢改變率	司法複檢受理率	對公署投訴的成立率
2003—2004	14/358＝3.90%	0	4/11＝36.36%
2004—2005	8/334＝2.40%	0/1＝0	4/14＝28.57%
2005—2006	13/361＝3.60%	0/1＝0	2/9＝22.22%
2006—2007	11/336＝3.27%	0/1＝0	3/12＝25%
2007—2008	7/310＝2.26%	0/1＝0	2/9＝22.22%
2008—2009	7/246＝1.64%	0/3＝0	5/15＝33.3%
2009—2010	8/67＝11.9%	0	8/21＝38.1%
2010—2011	8/67＝11.9%	0	5/18＝27.8%

年度	複檢改變率	司法複檢受理率	對公署的投訴成立率
2011—2012	4/39＝10.26%	0/1＝0	3/14＝21.4%
2012—2013	3/48＝6.25%	0	2/23＝8.7%

資料來源：經整理香港申訴專員第 16-25 期年報

從表 6-19 可以看出，近十年，公署複檢改變率低，司法復核受理率為零。

這說明公署的調查質量較高。對公署的投訴成立率比較低，特別是對公署的投訴的成立數量很少。一方面，這表明公署職員態度認真和工作制度或程序優良，因為從投訴內容看，對公署職員的投訴就是對職員態度、工作制度和程序的投訴。另一方面，這表明公署的調查質量高，因為從投訴動因看，對公署的投訴與調查質量相關。「整體而言，針對本署職員的投訴，往往源於投訴人不滿意本署就其投訴個案所作的結論和決定，實際上是針對本署的調查結果」[71]。當然，投訴不管成立與否，對改善公署工作質量是有益的。「這類投訴可以策勵我們不斷改善工作表現，以更佳和更有效率的服務，滿足市民日益提高的期望。」[72]

五、公署對投訴人的幫助程度

香港申訴專員公署對投訴人的直接幫助是在查訊或全面調查後提出補救的意見或建議。這種幫助能夠培養和積累公眾對香港申訴專員制度的信任，保障制度的良好運行。申訴專員蘇國榮認為，「行政事務申訴專員制度的成功，取決於公眾人士對這項制度的信任和信心，而信任和信心則取決於這項制度向公眾人士提供協助的程度。除非能夠為人所共知，且又經證明確實對

社會有所幫助，否則，這項申訴制度不能發揮真正的作用。」[73] 因此，有必要設立投訴成立率等指標來測量申訴專員的幫助程度。

1、全面調查的幫助程度

全面調查後，香港申訴專員公署把結果分為成立、部分成立、「投訴事項不成立，但有關機構另有行政失當之處」（以下簡稱「另有失當」）、不成立、中止調查（含投訴已撤回）、未能定論等類型。投訴成立率＝成立的投訴案件／經全面調查後終結的投訴案件。如果上文分析的全面調查比率、查訊率和調解率是公署幫助程度的先行指標或前置指標或驅動指標，那麼投訴成立率等指標就是衡量申訴專員幫助程度的結果指標。近 10 個年度的投訴成立率等指標數據匯總在表 6-20。

表 6-20 經全面調查後終結的投訴個案結果

年度	成立率	部分成立率	另有失當率	不成立率	中止調查率	未定論率
2003—2004	4.9	8.4	1.1	83.1	2.1	0.4
2004—2005	24.8	36.8	2.4	36.0	0	0
2005—2006	23.6	25.5	0	47.3	3.6	0
2006—2007	21.1	22.6	1.4	54.9	0	0
2007—2008	23.69	34.21	2.63	36.84	2.63	0
2008—2009	8.5	69.2	13.8	8.1	0.4	0
2009—2010	25.4	30.1	4.0	40.5	0	0
2010—2011	15.8	12.3	1.9	58.4	0	0.5
2011—2012	20.2	15.3	2.6	61.4	0	0.6
2012—2013	18.9	32.6	4.1	44.1		

資料來源：整理香港申訴專員第 16-25 期年報

從此表可以得知，經全面調查後，投訴成立率總體上較低，投訴不成立率總體較高。這證明了尼本扎哈的一句話，即「在人部分申訴專員案件中，這種直接影響是不能獲得的。畢竟，申訴專員接受到的絕大多數投訴最終被證明是不正當的。」[74] 這表明香港申訴專員公署的全面調查為少部分的投訴人帶來幫助效果。表中的投訴成立率和不成立率沒有形成既定的比例關係。這說明全面調查的結果依賴於投訴人的指稱是否有事實根據，也說明申訴專員公署盡力客觀公正地審查研究每宗個案，確定事實真相，務求得出公平的結論。正如申訴專員戴婉瑩指出，「我們不能控制（當然亦不會試圖控制）

投訴的性質和調查結果：我們只要求找出真相。」[75] 這意味著申訴專員公署的全面調查的幫助能力是值得信賴的。這也說明公署公平地對待投訴人和被投訴機構。從這個意義上說，這些指標也可以用來測量公署工作的公平性。

2、查訊的幫助程度

以初步查訊或者「提供協助或作出澄清」方式終結的投訴，雖然不會按投訴事項成立或不成立進行分類，但也有幾種結果，即要求採取補救措施、無證據顯示行政失當、未有定論。

要求採取補救措施率 = 要求採取補救措施的投訴數 / 以查訊方式終結的投訴數。

無證據顯示行政失當率 = 無證據顯示行政失當的投訴數 / 以查訊方式終結的投訴數。

未有定論率 = 未有定論的投訴數 / 以查訊方式終結的投訴數。

這幾個指標 2005-2010 年度的數據統計見表 6-21。

表 6-21 以查訊方式終結的投訴個案結果

年度	要求採取補救措施率	無證據顯示行政失當率	未有定論率
2005─2006	17.1%	80.7%	2.2%
2006─2007	18.5%	80.7%	0.8%
2007─2008	34.5%	64.6%	0.9%
2008─2009	15.6%	83.1%	1.3%
2009─2010	22.2%	75.4%	2.4%

資料來源：整理香港申訴專員第 18-22 期年報

如表 6-21 所示，要求採取補救措施率並不高。這反映出「提供協助或作出澄清」方式對投訴人的直接幫助程度並不高。另外，從 2010-2011 年度起，為了從查訊結果得出比較具體的資料，香港申訴專員公署在記錄所有以查訊方式終結的個案結果時，都會列明是否發現行政失當。在 2011-2012 年度，在 2492 宗以查訊方式終結的投訴當中，27.5%（即 685 宗）個案顯示所涉機構有缺失或不足之處。[76] 需要指出的是，公署是否發現行政失當都不會影響其對投訴人的幫助。第四任申訴專員黎年強調，「無論有否發現缺失

或不足之處，本署都會視乎情況而提出適當建議，要求部門及機構採取改善措施」。[77] 改善行政的建議可能既直接滿足了投訴人的投訴要求，又影響了投訴人和其他公民對未來行政服務的享受程度。

六、公署對行政改善的影響

如果說申訴專員幫助投訴人獲得救濟是申訴專員制度的直接影響，那麼申訴專員改善行政可以說是申訴專員制度的間接影響。「申訴專員的直接影響意味著他的顧客——投訴人從他的運作中得到利益。申訴專員的間接影響是指別人包括大眾得到利益。」[78] 香港申訴專員通過改善公共行政幫助公民和公務員。

「像幫助公民一樣，申訴專員公署的活動在促進管理導向的公務員方面有用。……這樣對政府的好處是相當多的，因為申訴專員實際上作為一個獨立的諮詢服務機構有大大改善政府效率進而節約公共資金的潛力。申訴專員公署也有助於改善政府形象和合法性，通過它使政府對公共需要和投訴更具反應性。

這樣，申訴專員公署對政府的好處與對公眾的好處一樣多，不應當被看作香港行政主導型政府的一個對抗角色。」[79] 香港政務司司長也指出，「政府部門及公共機構一直以積極的態度配合申訴專員的調查，而我們從中得到許多面的啟發，改善了公共行政的素質和效率。」[80] 總之，「申訴專員已經成為開放和負責的香港政府的一個重要的公共監督人，在指出行政過程中的管理缺點方面也發揮有價值的作用。」[81] 香港申訴專員的這種影響通過多種途徑加以實施。

1、提出行政改善的建議

提出改革措施的建議是香港申訴專員影響行政改革的主要方式。正如香港第二任申訴專員蘇國榮認為，「其實，顯示本署成績的一個重要指標，就是看看我們完成調查後，有多少地方得以改善。這些部門及機構每實施一項建議，便代表公共行政方面有一處地方獲得改善；這樣一來，投訴人也間接促使有關部門及機構改善公共服務。」[82] 曾任申訴專員公署法律顧問的香港

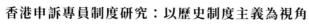

大學法律繫副教授戴耀廷也指出，「雖然申訴專員所作的調查報告和建議並沒有法律上的約束力，但卻能對相關部門產生巨大的影響力。」[83] 衡量這種影響的指標可以是公署提出的建議數。香港第三任申訴專員戴婉瑩也指出，「本署提出並獲得有關機構採納的建議數目，是我們工作成果的一個指標。」[84] 表 6-22 匯總了 2003-2013 年度申訴專員在處理投訴和直接調查後的建議數。

表 6-22 香港申訴專員公署的建議數

年度	查訊後提出的建議（項）	全面調查投訴後提出的建議（項）	主動調查後提出的建議（項）	建議總數（項）
2003—2004	223	121	88	432
2004—2005	181	198	72	451
2005—2006	218	56	54	328
2006—2007	208	76	58	342
2007—2008	237	42	61	340
2008—2009	164	85	68	317
2009—2010	164	141	62	367
2010—2011	194	142	40	376
2011—2012	99	134	35	268
2012—2013	73	161	36	290

資料來源：經整理香港申訴專員第 21、22、23、24、25 期年報

從上表可以看出，香港申訴專員提出的建議數是比較多的。這些建議的內容主要有：制定清晰指引和標準；改進跨部門的協調安排；改善處理市民查詢或投訴的措施；改善服務的措施；為市民提供更清晰的數據；為職員提供培訓；訂立較合理的規則和收費；加強管制。比如，在對個案編號為 OMB2010/1345 的投訴初步查訊後，公署建議房協汲取經驗，及早引進適當措施，改善處理申請表的程序及電話查詢服務，避免日後再有同類事情發生。此外，房協職員必須記錄重要的跟進行動，以便適時監察和檢討個案進度。[85]

公署建議得到政府部門的接受和落實，公共行政就會產生相應的改善。正如香港第三任申訴專員戴婉瑩指出，「大部分建議均獲有關部門或機構落

實，公共行政因而得以改善：指引更清晰、協調更緊密、解答查詢及處理投訴更有效率、職員培訓得以加強、運作更具透明度，而公共問責精神愈發彰顯。」[86] 由此可見，公署提出的建議數這個指標與上文分析的建議落實率指標相輔相成。建議數是先行指標，落實率是結果指標。

申訴專員所提出的建議能夠被普遍接受的一個重要原因是建議的內容符合客觀情況且合情合理。「申訴專員發揮作用並不在於其具有強大且普遍約束力的權力，而在於其通過對案件獨立的、全面的調查所作出的令人折服的分析和判斷。」[87] 申訴專員所提出的建議能夠被普遍接受也受益於香港權力制衡的管治文化。曾任公署顧問的戴耀廷認為，「沒有這樣的管治文化，獨立性是難以維持的。

同樣，因行政部門已有了尊重申訴專員決定的管治文化，故即使申訴專員並沒有法定的懲處權而只可以通過公布調查報告來向犯錯部門施加壓力，但已足可使申訴專員對行政部門的批評及改善建議，大部分都得到行政部門正面的回應。」[88]

2、處理行政體制問題

香港申訴專員不僅在處理投訴和直接調查後提出改善行政的建議，而且在處理投訴的過程中，留意在多個部門或機構出現的問題，或者一些行政體制上根深蒂固的流弊。公署相信「如果能根除這些體制上的流弊，將可大大改善公共行政，避免不少日後衍生的投訴」，因此，公署在處理投訴時會特別留意事件是否顯示所涉機構內部有任何行政體制上的問題。假如發現任何這類問題，公署會要求有關部門或決策局的首長注意；如有充分理據，甚至會促請政府最高當局關注。

如有需要，公署會展開主動調查，進行更深入的探討。簡單地說，這類行政體制問題不能通過處理個別投訴的方式而獲得全面或徹底的解決。如果這類問題還不值得直接調查，申訴專員便會促請所涉機構甚至政府當局留意之。正如申訴專員指出，「本署人員時刻保持警覺，留意是否有同類的問題經常出現，因為他們反映了機構的內部文化，或顯示行政體制本身有問題。如有需要，本署會展開直接調查，或向有關機構的高層管理反映，以期妥善

解決問題。」[89] 香港申訴專員通過要求有關部門或決策局的首長注意、促請政府最高當局關注、主動調查等多種方式處理的行政體制問題，包括協調不足、不負責任、籌劃不足、墨守成規、處事猶豫等等。

3、制定行政標準和指引

制定行政標準和指引是申訴專員間接影響的重要的內容。「間接影響的目標不應當僅僅在特定領域改善實踐，還要建立行政當局能遵循的標竿。」[90] 香港申訴專員確立的行政標竿包括《衡量行政是否公平的準繩》、《衡量行政操守的準繩》、《良好服務指引》、《處理投訴機制》等等。

《衡量行政是否公平的準繩》由香港申訴專員公署於 1995 年 11 月公布給有關部門或機構，於 1996 年 5 月刊印成小冊子。這份準繩可作為公營機構和公署制定具體標準的一個合理的基準，從而能夠公平、貫徹一致及合理地對公共行政作出評估。這份準繩從服務市民、通訊及接待設施、作出決定、市民的申訴、組織架構、諮詢、檢討及策劃工作等方面提出相關的問題。

《衡量行政操守的準繩》是由香港申訴專員公署於 1997 年 4 月發表的。這份文件的目的是把申訴專員認為重要的各項良好的行政操守羅列出來。這份文件在責任感與問責性、作出決定的過程、誠實正直、專業精神與公眾利益、謙恭有禮、平等公正、忠誠篤實、恪盡職守、節約觀念和環保意識等方面提出相關問題。

《良好服務指引》由香港申訴專員公署在 1997-1998 年度編訂和推出。該份指引讓公職人員懂得如何以盡責、合理、積極的態度和公平、公正的原則，圍繞所屬機構的服務目標和使命，為市民提供最佳服務。該指引對盡責、合理、積極的態度和公平、公正的原則作出了解釋。

《處理投訴機制》由香港申訴專員公署於 1998 年 3 月實施。這份小冊子的目的是：推動各機構建立以積極態度處理投訴的文化；提高各機構在處理投訴方面的專業水平；提供指引，使正在計劃或已著手設立或正在檢討內部處理投訴機制的機構（包括不屬申訴專員職權管轄範圍的機構）有所依從。

4、促進行政公開

行政公開是優良行政和良好治理的基本要素。香港申訴專員通過調查違反《公開資料守則》的投訴、主動調查等方式來促進香港公共行政公開。就處理投訴而言，公署有權受理和處理的涉及《守則》投訴的機構範圍大於公署有權受理和處理的涉及一般行政失當投訴的機構範圍。衡量公署這方面績效的指標可以是涉及《守則》投訴成立率，即成立的涉及《守則》投訴數與已處理的涉及《守則》投訴數的比率。在 2012-2013 年度，香港申訴專員公署接到 59 宗有關《守則》的投訴，完成調查其中的 49 宗。公署在其中的 20 宗個案中發現所涉機構出錯或不當地處理公民索取資料的要求。[91] 該年度的涉及《守則》投訴成立率為 40.82%。在成立的投訴中，公署指出問題，提出改善建議，協助部門在處理公民索取數據的要求方面更嚴格地遵從《守則》的精神，進而促進行政公開。

就主動調查來說，香港申訴專員發現政府部門在推行《守則》方面存在的問題，並提出改善建議。以宣布於 2009 年 2 月 26 日和完成於 2010 年 1 月 22 日的個案編號為 OMB/DI/189 的主動調查為例。[92] 通過主動調查，公署發現政府部門在執行《守則》方面有不足之處，如培訓不足、宣傳不足、《守則》的運用指引沒有中文版、政府內部宣傳不足、部門指引過時、未有涵蓋更多公營機構，等等。為了解決這些問題，申訴專員向政制及中國事務局提出 11 項建議，以便更有效地推行《守則》。政制及中國事務局已接納有關建議，採取一系列措施，如為各決策局和部門的職員制定更清晰的指引；透過電子傳媒，以及在公共交通工具及各決策局和部門的網頁上加強宣傳，提高市民對《守則》的認識。

5、發揮威懾效應

申訴專員對行政部門還產生威懾作用。「非常重要的是，申訴專員活動有對官員的威懾效應。公民可以投訴以及他們的投訴將被充分處理的事實影響了公務人員的正確行動。由於擔心被發現錯誤、可能被懲罰、可能在一個公開的報告中不利報導，官員將在工作時更多考慮公眾。申訴專員工作的這個間接影響可能難以數量化，但它不應當超越通過經驗研究的某些證明。」[93]

香港申訴專員也起到了這種作用。香港申訴專員賈施雅指出，「專員在增進政府效率方面，亦有一定的刺激作用，單是因為知道有人專責調查政府人員的行政失當，已足以促使政府人員在執行職務時更加盡責。」[94] 香港申訴專員黎年也認為，「有些部門在本署進行調查期間，主動採取改善措施，這種進取精神令人鼓舞。由此可見我們的調查無形中成為了行政改革的催化劑」。[95] 如在 2009-2010 年度，在公署開始查訊後，機電工程署隨即加強對注冊承辦檢查升降機工作的規制管理，並設定時限促使職員督促承辦商糾正違規行為。公署就政府當局推行《公開資料守則》的成效展開查訊後，政制及中國事務局立即就如何執行《公開資料守則》加強培訓公務員，並且擴大宣傳，讓市民知道有權索取資料。

總而言之，雖然沒有通過技術指標對香港申訴專員制度做出綜合的、系統的、精確的評估，但從大部分單個指標的數據看，香港申訴專員制度的運行是有效的。高績效的香港申訴專員制度歸因於多種因素，如香港的經濟社會發展水平、民主法治程度、公民素質、投訴觀念與文化、申訴專員及其職員的素質與能力、申訴專員的調查質量、政治體制、法律制度、新聞制度、申訴專員制度本身等等。從歷史制度主義的角度看，其中的制度因素是香港申訴專員制度有效的根本動力或關鍵變量。但由於歷史制度主義沒有提出具體的制度與結果的因果模式，所以本章也不深入解釋香港申訴專員制度高績效的原因。

註釋

[1] [英] 理查德·威廉姆斯：《組織績效管理》，清華大學出版社，2002，第 85 頁。

[2] 卓越：《政府績效管理導論》，清華大學出版社，2006 年，第 323 頁。

[3] Steven E.Aufrecht and Marc Hertogh，Evaluating Ombudsman Systems，in R.Gregoryand P.Giddings，eds.，Righting Wrongs：The Ombudsman in Six Continents，Amsterdam：IOSPress，2000，p.389.

[4] Barbara Male，Assessing Ombudsman Performance，in International Ombudsman Institute&Linda C.Reif，The International Ombudsman Institute yearbook，The Hague：Kluwer Law Interna-tional，2000，p.70.

[5] Steven E.Aufrecht and Marc Hertogh，Evaluating Ombudsman Systems，in R.Gregoryand P.Giddings，eds.，Righting Wrongs：The Ombudsman in Six Continents，Amsterdam：IOSPress，2000，p.396.

[6] Barbara Male，Assessing Ombudsman Performance，in International Ombudsman Institute&Linda C.Reif，The International Ombudsman Institute yearbook，The Hague：Kluwer Law Interna-tional，2000，p.60-69.

[7] B.Dauet，Toward a Method to Evaluate the Ombudsman Role，Administration and Socie-ty，Vol.10，No3，1978，p.341.

[8] Steven E.Aufrecht and Marc Hertogh，Evaluating Ombudsman Systems，in R.Gregoryand P.Giddings，eds.，Righting Wrongs：The Ombudsman in Six Continents，Amsterdam：IOSPress，2000，p.400.

[9] Steven E.Aufrecht and Marc Hertogh，Evaluating Ombudsman Systems，in R.Gregoryand P.Giddings，eds.，Righting Wrongs：The Ombudsman in Six Continents，Amsterdam：IOSPress，2000，p.390.

[10] Steven E.Aufrecht and Marc Hertogh，Evaluating Ombudsman Systems，in R.Gregoryand P.Giddings，eds.，Righting Wrongs：The Ombudsman in Six Continents，Amsterdam：IOSPress，2000，p.391-392.

[11] Steven E.Aufrecht and Marc Hertogh，Evaluating Ombudsman Systems，in R.Gregoryand P.Giddings，eds.，Righting Wrongs：The Ombudsman in Six Continents，Amsterdam：IOSPress，2000，p.390.

[12] [美] 西奧多·H·波伊斯特：《公共與非營利組織績效考評：方法與應用》，中國人民大學出版社，2005 年版，第 2 頁。

[13] B.Danet，Toward a Method to Evaluate the Ombudsman Role，Administration and Socie-ty，Vol.10，No3，1978，p.335.

[14] Victor Ayeni，Evaluating Ombudsman Programmes，in Linda C.Reif，ed.，The Interna-tional Ombudsman Anthology：Selected Writings From The International Ombudsman Institute，ThcHague：Kluwer Law International，1999，p170-179.

[15] Hill，L.B.，The Model Ombudsman：Institutionalizing New Zealand』s Democratic Experi-ment，USA：Princeton University Press，1976，p.13.

[16] Victor Ayeni，Evaluating Ombudsman Programmes，in Linda C.Reif，ed.，The Interna.tional Ombudsman Anthology：Selected Writings From The International Ombudsman Institute，TheHague：Kluwer Law International，1999，pp.188-189.

[17] Victor Ayeni，Evaluating Ombudsman Programmes，in Linda C.Reif，ed.，The Interna-tional Ombudsman Anthology：Selected Writings From The International Ombudsman Institute，TheHague：Kluwer Law International，1999，p173.

[18] Victor Ayeni，Evaluating Ombudsman Programmes，in Linda C.Reif，ed.，The Interna-tional Ombudsman Anthology：Selected Writings From The International Ombudsman Institute，TheHague：Kluwer Law International，1999，p173.

[19] Barbara Male，Assessing Ombudsman Performance，in International Ombudsman Institute&Linda C.Reif，The International Ombudsman Institute yearbook，The Hague：Kluwer Law Interna-tional，2000，pp.60-63.

[20] Barbara Male，Assessing Ombudsman Performance，in International Ombudsman Institute&Linda C.Reif，The International Ombudsman Institute yearbook，The Hague：Kluwer Law Interna-tional，2000，p.63.

[21] R.Gregory and P.Giddings，The Ombudsman Institution：Growth and Development，inR.Gregory and P.Giddings，eds.，Righting Wrongs：The Ombudsman in Six Continents，Amster-dam：IOS Press，2000，p.6.

[22] 香港申訴專員公署：《香港申訴專員第七次年報》，香港政府印務局，1995 年，第 43 頁。

[23] Leung Man-kit，The Office of the Ombudsman of Hong Kong：an Evaluation from the Per-spective of Street-level Bureaucrats，the Public and Members of Legislative Council，（unpub-lished MA Dissertation）The University of Hong Kong，1998，.p.67.

[24] 香港申訴專員公署：《香港申訴專員第二十期年報》，2009 年，第 16 頁。

[25] 香港申訴專員公署：《香港申訴專員第十八期年報》，2007 年，第 20 頁。

[26] 香港申訴專員公署：《香港申訴專員第二十期年報》，2009 年，第 17 頁。

[27] Leung Man-kit，The Office of the Ombudsman of Hong Kong：an Evaluation from the Per-spective of Street-level Bureaucrats，the Public and Members of Legislative Council，（unpub-lished MA Dissertation）The University of Hong Kong，1998，p.69.

[28] Ian Scoott，Public Administration in Hong Kong，Singapore：Marshall Cavendish Academ-ic，2005，p.358.

[29] 香港申訴專員公署：《香港申訴專員第十六期年報》，2009 年，第 40 頁。

[30] Ian Scoott，Public Administration in Hong Kong，Singapore：Marshall Cavendish Academ-ic，2005，p.358.

[31] 香港行政事務申訴專員公署：《香港行政事務申訴專員第六次年報》，香港政府印務局，1994 年，第 23 頁。

[32] 香港行政事務申訴專員公署：《香港行政事務申訴專員第六次年報》，香港政府印務局，1994 年，第 10 頁。

[33] 香港申訴專員公署：《香港申訴專員第二十五期年報》，2013 年，第 34 頁。

[34] 香港申訴專員公署：《香港申訴專員第十九期年報》，2007 年，第 28 頁。

[35] 香港政府統計處：《主題性住戶統計調查第三十三號報告書》，2008 年，第 41 頁。

[36] 香港行政事務申訴專員：《香港行政事務申訴專員第五次年報》，香港政府印務局，1993 年，第 8 頁。

[37] 香港申訴專員公署：《香港申訴專員第七次年報》，香港政府印務局，1995 年，第 44 頁。

[38] Izhak E.Nebenzahl，The Direct and Indirect Impact of the Ombudsman，in Caiden G.E.，ed.，International Handbook of the Ombudsman：Evolution and Present Function，Westport：Greenwood Press，1983，p.60.

[39] 香港申訴專員公署：《香港申訴專員第二十四期年報》，2012 年，第 25 頁。

[40] 香港申訴專員公署：《香港申訴專員第二十四期年報》，2013 年，第 11 頁。

[41] 香港申訴專員公署：《香港申訴專員第二十一期年報》，2009 年，第 29 頁。

[42] 香港申訴專員公署：《香港申訴專員第二十二期年報》，2010 年，第 27 頁。

[43] 香港申訴專員：《香港申訴專員第十九期年報》，2007 年，第 21 頁。

[44] 香港申訴專員：《香港申訴專員第十五期年報》，2003 年，第 21 頁。

[45] 香港申訴專員公署：《香港申訴專員第二十一期年報》，2009 年，第 20 頁。

[46] 香港申訴專員公署：《香港申訴專員第十六期年報》，2004 年，第 180 頁。

[47] 香港申訴專員公署：《香港申訴專員第二十三期年報》，2011 年，第 147 頁。

[48] 香港申訴專員公署：《香港申訴專員第八期年報》，香港政府印務局，1996 年，第 15 頁。

[49] 香港申訴專員公署：《香港申訴專員第十八期年報》，2006 年，第 15 頁。

[50] Leung Man-Kit，The Office of the Ombudsman of Hong Kong：an Evaluation from the Per-spective of Street-level Bureaucrats，the Public and Members of Legislative Council，（unpub-lished MA Dissertation），The University of Hong Kong，1998.p.96.

[51] 香港申訴專員公署：《香港申訴專員第十一期年報》，香港：政府印務局，1999 年，第 9 頁。

[52] 胡健：《香港申訴專員的成功之道》，法制日報，2009 年 11 月 03 日。

[53] 香港申訴專員公署：《香港申訴專員第二十四期年報》，2012 年，第 26 頁。

[54] 香港申訴專員公署：《香港申訴專員第二十三期年報》，2011 年，第 128 頁。

[55] 香港申訴專員公署：《香港申訴專員第十六期年報》，2004 年，第 16 頁。

[56] 香港申訴專員公署：《香港申訴專員第八期年報》，1996 年，第 7 頁。

[57] 香港申訴專員公署：《香港申訴專員第二十四期年報》，2012 年，第 5 頁。

[58] [美] 西奧多·H·波伊斯特：《公共與非營利組織績效考評：方法與應用》，中國人民大學
出版社，2005 年，第 50 頁。

[59] [美] 西奧多·H·波伊斯特：《公共與非營利組織績效考評：方法與應用》，中國人民大學
出版社，2005 年版，第 58 頁。

[60] 香港申訴專員公署：《香港申訴專員第二十期年報》，2008 年，第 130 頁。

[61] 香港申訴專員公署：《香港申訴專員第二十五期年報》，2013 年，第 136 頁。

[62] 香港申訴專員公署：《香港申訴專員第十六期年報》，2004 年，第 6 頁。

[63] 香港申訴專員公署：《香港申訴專員第十九期年報》，2007 年，第 24 頁。

[64] 香港申訴專員公署：《香港申訴專員第二十五期年報》，2013 年，第 11 頁。

[65] [美] 尼古拉斯·亨利：《公共行政與公共事務》，中國人民大學出版社 2002 年，第 314 頁。

[66] 香港申訴專員公署：《香港申訴專員第十八期年報》，2006 年，第 19 頁。香港申訴專員
公署：《香港申訴專員第二十期年報》，2008 年，第 23 頁。香港申訴專員公署：《香港申訴
專員第二十二期年報》，2010 年，第 22 頁。

[67] 香港申訴專員公署：《香港申訴專員第二十五期年報》，2013 年，第 24 頁。

[68] 香港申訴專員公署：《香港申訴專員第二十五期年報》，2013 年，第 24 頁。

[69] Marten Oosting，The Ombudsman and his Environment：A Global View，
in Linda C.Reif，ed.，The International Ombudsman Anthology：Selected
Writings From The International Om-budsman Institute，The Hague：Kluwer Law
International，1999，p.12.

[70] [英] 托尼·鮑法德，愛爾克·勞夫樂：《公共管理與治理》，國家行政學院出版社，2006 年，
第 138 頁。

[71] 香港申訴專員公署：《香港申訴專員第二十一期年報》，2009 年，第 34 頁。

[72] 香港申訴專員公署：《香港申訴專員第十九期年報》，2007 年，第 28 頁。

[73] 香港行政事務申訴專員公署：《香港行政事務申訴專員第六次年報》，香港：政府印務局，
1994 年，第 23 頁。

[74] Izhak E.Nebenzahl，The Direct and Indirect Impact of the Ombudsman，in Caiden G.E.，ed.，International Handbook of the Ombudsman：Evolution and Present Function，Westport：Greenwood Press，1983，p.59.

[75] 香港申訴專員公署：《香港申訴專員第十七期年報》，2005 年，第 22 頁。

[76] 香港申訴專員公署：《香港申訴專員第二十四期年報》，2012 年，第 18 頁。

[77] 香港申訴專員公署：《香港申訴專員第二十五期年報》，2013 年，第 23 頁。

[78] Izhak E.Nebenzahl，The Direct and Indirect Impact of the Ombudsman，in Caiden G.E.，ed.，International Handbook of the Ombudsman：Evolution and Present Function，Westport：Greenwood Press，1983，p.59.

[79] Lo，C.& Wickins，R.J.，Towards an Accountable and Quality Public Administration inHong Kong：Redressing Administrative Grievances Through the Ombudsman.International Journalof Public Administration，Vol.25，2002，pp.756.

[80] 香港立法會：《立法會正式過程紀錄》，2001 年 11 月 28 日，第 1235 頁。

[81] Lo，C.& Wickins，R.J.，Towards an Accountable and Quality Public Administration inHong Kong：Redressing Administrative Grievances Through the Ombudsman.International Journalof Public Administration，Vol.25，2002，pp.765.

[82] 香港申訴專員公署：《香港申訴專員第十期年報》，香港政府印務局，1998 年，第 18-19 頁。

[83] 轉引自趙崇強：《香港申訴專員公署探訪：兼具紀委信訪辦等職能》，南方都市報，2012 年 8 月 16 日

[84] 香港申訴專員公署：《香港申訴專員第十七期年報》，2005 年，第 34 頁。

[85] 香港申訴專員公署：《香港申訴專員第二十三期年報》，2011 年，第 67 頁。

[86] 香港申訴專員公署：《香港申訴專員第十六期年報》，2004 年，第 5 頁。

[87] 胡健：《香港申訴專員的成功之道》，法制日報，2009 年 11 月 03 日。

[88] 轉引自趙崇強：《香港申訴專員公署探訪：兼具紀委信訪辦等職能》，南方都市報，2012 年 8 月 16 日。

[89] 香港申訴專員公署：《香港申訴專員第十七期年報》，2005 年，第 25 頁。

[90] Baroness B.Serota，The Evolution of the Rode of the Ombudsman-Comparisons and Per-spectives，in Caiden G.E.，ed.，International Handbook of the Ombudsman：Evolution and PresentFunction，Westport：Greenwood Press，1983，p.39.

[91] 香港申訴專員公署：《香港申訴專員第二十五期年報》，2013 年，第 27 頁。

[92] 香港申訴專員公署：《香港申訴專員第二十二期年報》，7010 年，第 54-55 頁。

[93] Izhak E.Nebenzah1，The Direct and Indirect Impact of the Ombudsman，in Caiden G.E.，ed.，International Handbook of the Ombudsman：Evolution and Present Function，Westport：Greenwood Press，1983，p.63.

[94] 香港行政事務申訴專員：《香港行政事務申訴專員第二次年報》，香港政府印務局，1990 年，第 6 頁。

[95] 香港申訴專員公署：《香港申訴專員第二十二期年報》，7010 年，第 6 頁。

第七章 香港申訴專員制度的借鑑與思考

通過第三章至第六章的分析，我們可以得出一個結論：香港申訴專員制度是有效的，因為香港申訴專員制度，不管是制度的安排，還是制度的運行，都符合申訴專員有效性的標準。

賽內維拉特恩認為下列標準應當被採納來評估申訴專員的有效性：

（1）申訴專員必須獨立於執行部門和任何黨派影響；

（2）申訴專員必須有充分的調查權力和盡可能廣泛的管轄範圍；

（3）申訴專員必須保證，當行政缺點被發現，就對公民權利實施有效的救濟；

（4）申訴專員必須容易被進入；

（5）申訴專員必須被廣泛認識。

[1] 面對這一有效的制度，我們首先會思考建立中國申訴專員制度，其次應該借鑑香港申訴專員制度的有益經驗，改革和健全中國的效能投訴制度、行政覆議制度和行政信訪制度。

▌第一節 中國申訴專員制度的構建

一、建立中國申訴專員制度的原因

建立中國申訴專員制度的必要性已引起國內較多研究者的興趣。如陳宏彩博士從強化權力制約、拓寬權利救濟管道與構建和諧社會、破解公共治理難題、維護政治穩定等多個角度審視中國建立行政監察專員制度的必要性。[2] 塗大海從對現有的行政覆議、行政訴訟、行政信訪等行政救濟機制的微觀考察和宏觀整合的角度論述了中國建立行政監察專員制度的必要性。[3] 這些觀點往往是在研究瑞典、英國等國家行政監察專員制度後得出的。基於香港申

訴專員制度的生成原理，中國應該建立申訴專員制度的必要性或者原因在於：行政行為的多樣性、公民權利的發展、現有行政監督與救濟制度的缺陷。一方面，由於行政權力的擴大與公民權利的發展，行政權力侵犯公民權利的可能性在增加，行政權力與公民權利的衝突與糾紛在增多；另一方面，由於原有行政監督制度和行政救濟制度無法有效地監督行政權力、解決行政糾紛和保護公民權益，所以有必要建立新的制度，即申訴專員制度。

1、行政行為的多樣性

行政權力是憲法和法律賦予國家行政機關管理政治、經濟和社會事務的最重要的國家權力。行政權具有行使領域寬、自由裁量度大、以國家強制力保證行使等特點。這決定了它既是與公民、法人和其他組織切身利益最密切相關的一種國家權力，又是最動態、最活躍、最容易恣意或違反的一項國家權力。在中國，行政權力的範圍比較廣，地位比較高，影響比較大，形態比較多。對於這種複雜的行政行為，可以從多個角度來劃分。

從表現形式來看，行政行為有官僚主義行為與非官僚主義行為之分。對於官僚主義行政行為，鄧小平指出，「它的主要表現和危害是：高高在上，濫用權力，脫離實際，脫離群眾，好擺門面，好說空話，思想僵化，墨守成規，機構臃腫，人浮於事，辦事拖拉，不講效率，不負責任，不守信用，公文旅行，互相推諉，以至官氣十足，動輒訓人，打擊報復，壓制民主，欺上瞞下，專橫跋扈，徇私行賄，貪贓枉法，等等。」[4] 中共《十八大報告》指出，一些幹部領導科學發展能力不強，一些基層黨組織軟弱渙散，少數黨員幹部理想信念動搖、宗旨意識淡薄，形式主義、官僚主義問題突出，奢侈浪費現象嚴重。對於這種官僚主義的行政行為，必須採取有效措施加以淡化和克服。其中一個重要的措施，就是建立申訴專員制度。

從行政行為與法律的關聯程度，行政行為可分為違法行政行為、失當行政行為和合法行政行為。[5] 對不同的行政行為，應採用不同的監督方法；對不同行政行為造成的權力侵害，應採用不同的救濟方法，因為對權利進行行政救濟的一個原則是救濟途徑與被救濟行為相適應。[6] 這個原則要求，對不同的行為應相應設置不同的救濟途徑、方式和手段；反之，救濟途徑、方式

和手段亦應與被救濟的行為相適應，應根據被救濟行為的不同特性設置具有與被救濟行為相適應的程序和制度。根據這個原則，中國應該建立與行政失當行為相適應的行政救濟與監督制度，即申訴專員制度。

2、中國公民資格權利的發展

在改革開放前，中國公民資格權利體繫是不完整的。從 1978 年到 1992 年，中國公民資格權利體繫處於恢復發展期。從 1993 年以來，特別是政府於 1997 年 10 月 27 日和 1998 年 10 月 5 日分別簽署了《經濟、社會、文化權利國際公約》和《公民權利和政治權利國際公約》以後，中國公民資格權利進入大發展時期。[7] 公民資格大發展的一個重要內容是公民權利內容進一步發展。

改革開放以來，不僅公民資格的客觀內容在不斷增加，而且公民的權利意識也開始覺醒和提高。這種權利意識的覺醒和提高表現在以下幾個方面。[8] 第一、日益重視個人利益。首先，在個人、集體和國家利益的關係上，人們再也不認為個人利益無足輕重了，而逐漸意識到，個人利益不能無限度地服從國家或集體利益。其次，當個人利益和集體利益或國家利益發生衝突時，人們不再像以前那樣無條件地甘心情願犧牲個人利益了，而是開始提出疑問，甚至討價還價。第二，尋求救濟的願望日益強烈。這主要表現為：尋求救濟的主動性有所增強；尋求救濟的範圍日益擴大（尋求救濟的內容日益擴大；尋求救濟的途徑不斷增多）；尋求救濟的強度不斷增加。由於公民權利意識的不斷增強，公民不會輕易容忍行政權力對自身權益的侵犯，敢於、善於維護自身的權益。這樣，如果不能及時、有效地化解行政糾紛，救濟公民權利，那麼公民就會不滿，社會就會不和諧、不穩定。因此，必須建立有效的監督和救濟機制來維護公民權益。

3、中國現存行政監督和救濟制度的缺陷

在中國，現存的既有行政監督成分又有行政救濟成分的制度主要是行政訴訟、行政覆議、行政信訪。這些制度本身及其運作都存在一定的缺陷，進而導致這些制度的行政監督和行政救濟功能得不到發揮或充分發揮。行政訴訟制度作為一種司法救濟制度，存在著一般司法救濟的共同劣勢，如救濟成

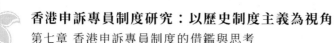

本高、救濟時間長，等等。中國行政訴訟制度還存在運行機制不獨立、起訴難、審理質量差、執行難等特殊問題。行政覆議不僅在制度安排上存在缺陷，而且在實踐中也容易出現問題。在制度安排上，已有的行政覆議的規範不明確；應有的行政覆議的規範匱乏。行政覆議在實踐中存在的問題包括：行政覆議機構和人員的不健全；行政覆議程序過於行政化；行政覆議效果不明顯。行政信訪制度存在的問題有：信訪機構缺乏獨立性、信訪事項不明確、信訪人濫用信訪權利、信訪工作人員素質不高、信訪制度績效較差。最後，信訪的問題還表現在信訪成本大對現行信訪制度的評價。

二、建立中國申訴專員制度的可行性分析

1、法律根據

中國《憲法》第 3 條明確規定，國家行政機關、審判機關、檢察機關都由人民代表大會產生，對它負責，受它監督。《憲法》第 41 條規定：「中華人民共和國公民對於任何國家機關和國家工作人員，有提出批評和建議的權利；對於任何國家機關和國家工作人員的違法失職行為，有向有關國家機關提出申訴、控告或者檢舉的權利，但是不得捏造或者歪曲事實進行誣告陷害。對於公民的申訴、控告或者檢舉，有關國家機關必須查清事實，負責處理。任何人不得壓制和打擊報復。」

憲法的這些規定是建立申訴專員制度的正當性基礎。《憲法》第 71 條規定，全國人民代表大會和全國人民代表大會常務委員會認為必要的時候，可以組織關於特定問題的調查委員會，並且根據調查委員會的報告，作出相應的決議。調查委員會進行調查的時候，一切有關的國家機關、社會團體和公民都有義務向它提供必要的材料。這是構建申訴專員制度的直接憲法依據。

2、文化根基

中國具有建立申訴專員制度的歷史文化基礎。在中國悠久的封建社會裡，封建君主們為了維護統治秩序和權力運行，構建過比較完整和有效的御史監察制度。該制度的優勢是監察權與行政權相互分離，配備一定數量的專職監察官員，賦予其很大的權力。林伯海認為，「御史監察制度雖然難以與代議

制下的議會監督專員制度相提並論，但它歷經兩千多年的發展和完善，已經積澱並成為了中國監察歷史文化的一部分，具有為百姓和官員接受的政治文化基礎，能夠為人大監督專員制度的推行提供啟示和心理對接的因子。」[9] 因此，中國建立申訴專員制度有其歷史文化因素，有其有利的意識條件。

3、制度支撐

中國建立申訴專員制度既要根據申訴專員制度的一般原理，又要結合中國的實際。「我們引進這項制度並不十分的困難，最難的是如何在我們具體運轉過程中，既能適應中國現實的國情和政治狀況，又能最大限度地保持其原有的優點和特點……針對中國的實際情況，最主要的困難在於如何處理好堅持黨的領導和保持監督專員的獨立性問題。」[10] 從西方嫁接、移植並經本土化改造後，中國申訴專員制度能夠與社會主義制度相互適應，能夠得到社會主義制度的強大支持，能夠發揮社會主義的獨特優勢。具有中國特色的申訴專員制度能夠堅持正確的政治方向，能夠加強中國共產黨的領導。「因為從長遠來看，監察專員若能真正獨立行使行政監督權，切實保障民眾的合法權利不受不良行政的侵害，那麼勢必能幫助政府行政部門提高行政水平和效率，達到緩解社會矛盾、促進社會穩定的效果。這實際上有利於黨對政治生活的領導。」[11] 中國申訴專員制度不但有基本制度支撐，而且有具體制度的支持。它是對行政覆議、行政訴訟、行政監察、審計監督、檢察監督、紀檢監督等行政監督與行政救濟制度的補充。「行政監察專員制度的成功引進，必然要使其與中國現有的行政救濟制度相輔相承、相得益彰，既不至於減損現有救濟制度的效力和價值，也不會成為無用之花瓶擺設。」[12] 中國申訴專員制度與這些具體制度相互銜接、相互協調，加強關聯性、協同性和系統性。有了這些具體制度，中國申訴專員制度的存在才有價值，運作才能順暢，功能才能發揮，效果才有保障。

三、建立中國申訴專員制度的設想

借鑑香港申訴專員制度，我們應該建立中國特色的申訴專員制度，因為香港申訴專員制度就具有香港特質。建立中國特色的申訴專員制度也符合申訴專員的一般理論要求。傑科比指出，「作為一種制度的申訴專員的未來取

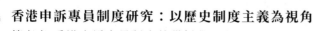
決於社會進化。當被放在歷史和社會背景中，像所有政治制度一樣，申訴專員看起來按照它運作於其中的文化、社會和政治背景被建立、調整和修正。不可避免地，這個機構與這個社會一同進化。因此，它以它的環境為條件。這解釋了不同申訴專員類型的巨大差別。」[13] 格林格利也認為，「每一個國家需要調整申訴專員的版本以適應自己特殊的需要和環境。」[14] 因此，中國應該根據自己的實際情況，建立自身特色的申訴專員制度。

1、中國申訴專員制度的建立模式

在中國申訴專員制度的建立模式上，國內學者的主流觀點是人大監督專員或人大監察專員模式，即在人大的框架內建立中國申訴專員制度。如徐國慶主張，首先，在全國人大常委會設立專門的監督委員會，監督專員的產生由該委員會提名經全國人大常委會投票通過並任命，監督專員直接對全國人大委員會負責。其次，監督專員根據需要在全國範圍內跨行政區劃有選擇性地派出。[15] 羅智敏也認為，「鑒於中國行政監督體制的缺陷，學習借鑑國外經驗建立人大監督專員制度是十分必要的」。[16] 作者認為，借鑑香港申訴專員制度，中國申訴專員應該是一種獨立的法團組織，不隸屬於人大組織，也不隸屬與政府組織，更不隸屬與司法組織。這就需要為中國申訴專員制度的構建進行專門的立法。

2、中國申訴專員制度的建立路徑

建立中國申訴專員制度的路徑有兩種。第一種是改造舊有的制度，如把中國的信訪制度改造為申訴專員制度。如林莉紅認為，只需對信訪制度稍加改造，就可以成功地建立起類似的對行政失當行為進行有效救濟的制度。[17] 應星主張，在時機成熟的時候，我們可以借鑑瑞典首創、多方國家和地區（包括香港）的通行做法，建立申訴專員制度，將信訪救濟正式納入法制的軌道。[18] 第二種路徑是另起爐灶，即建立這種新的制度。如果採用這個思路，最好選擇先試點後推廣的漸進式發展路徑。陳宏彩主張在矛盾比較突出的地方進行試點、或者在經濟比較發達的地方進行試點、或者在東、中、西部地區各選擇一兩個省份進行試點。[19] 作者認為，可以在廣東省，特別是深圳經濟特區先行建立申訴專員制度，因為其有向香港學習的獨特的地理、人文等優勢，

因為其是全國改革的一個重要排頭兵和試驗田，因為其有成功改革的經驗和能力。

3、中國申訴專員制度的具體安排

（1）組織架構

在中國申訴專員的組織架構上，國內學者有兩種不同的觀點。一種觀點認為只建立中央一級的申訴專員。如楊親輝也認為，在全國人大設立行政監察專門委員會，而不宜在地方各級人大逐一設立。[20] 另一種觀點認為建立中央和地方兩級申訴專員。如陳宏彩建議，既要建立全國一級行政監察專員，又要成立而且只成立省級地方監察專員。全國與地方監察專員沒有隸屬關係，全國監察專員只對地方監察專員進行整體性的業務指導，不能干涉地方監察專員公署對具體申訴案件的處理。[21] 我們認為，借鑑香港申訴專員制度，第二種觀點更為可取，應該成立地方級申訴專員制度，以適應中國面積大、人口多的特點。

（2）職務任免

從任免機構看，有的認為，人大監督專員在每屆全國人大第一次會議上由全體代表以得票數的多少選出，由全國人大常委會委員長任命並頒發聘書。[22] 有的建議，全國監察專員與地方監察專員分別由本級人大選舉產生和任命，分別對本級人大及其常委會負責。[23] 我們認為，借鑑香港申訴專員制度，中國申訴專員可以由政府首長任免。任免的基本條件是：不僅要具備豐富的行政工作經驗和扎實的法律功底，並且還必須品行端正。

（3）職責權限

從權力對象範圍看，有多種觀點。

第一種是所有國家機關說。如徐國慶認為，人大監督專員對任何級別的國家機關及其工作人員和各種社會事務享有廣泛的監督權。

[24] 第二種是行政機關和司法機關說。如林伯海認為，中國人大設立的監督專員制度應採用瑞典模式，即其工作範圍既包括對中央一級的行政機關、

司法機關及其工作人員的調查與監督，也涉及對地方的行政和司法機關的調查與監督。

[25] 第三種是行政機關說。

如李雷認為，參照瑞典議會監察專員的職權，結合中國的憲政體制和各部門職權分工，人大監察專員對所有政府機關及其工作人員的行政行為都可以進行調查。[26] 我們認為，學習香港申訴專員制度，中國申訴專員的職責權限是調查一定範圍的行政失當，擁有調查權、建議權、披露權、報告權等。

▌第二節 中國效能投訴制度的改革

在中國，與香港申訴專員制度聯繫最為緊密的是中國效能投訴制度。香港申訴專員制度中投訴處理制度在某種程度上就是效能投訴或績效申訴制度，因為根據《香港申訴專員條例》，公民可以對行政失當提出投訴；而行政失當的內涵和外延與績效或效能相關，如行政欠效率、拖延的行為、不合理的行動。

一、中國效能投訴制度的演變

在中國，福建省是最早建立效能投訴制度的省份。中國行政管理學會課題組指出，「2000 年，福建省充分吸取漳州市政府效能建設的經驗做法，在全國率先成立了政府效能辦，設立效能監督電話，開展政府效能建設活動。」[27] 包括效能投訴在內的福建機關效能建設是在行政效能監察的基礎上產生和發展起來的。

根據中紀委、監察部的部署，1994 年，福建省率先在福安市開展行政效能監察試點的基礎上，在全省範圍內全面推行政府效能監察工作。隨著行政效能監察工作的全面展開，為了克服效能監察的侷限性，紀檢監察機關開始不斷提升效能監察的層次和質量。1998 年 6 月，漳州市長泰縣決定在全縣黨政機關開展勤政建設，並借鑑香港申訴專員公署的經驗和做法，成立了「615 勤政申訴中心」，率先對行政效能監察進行拓展。在總結長泰縣的做法和學習借鑑外地成功經驗的基礎上，為了營造一個寬鬆、規範、高效的投資環境，

漳州市從 1999 年 4 月起在全市鄉鎮以上機關開展機關效能建設。當年，福建省紀委、監察廳對漳州等地開展機關效能建設的情況進行了調研總結，並向省委、省政府建議在全省範圍內全面推行。福建省政協也曾就這一工作提出團體提案。2000 年 3 月，當時的省委、省政府主要領導親赴漳州調研機關效能建設情況，隨即作出了在全省全面開展機關效能建設的決定。2000 年 3 月 23 日，中共福建省委、福建省人民政府發布《關於開展機關效能建設工作的決定》。同年 6 月，福建省機關效能投訴中心成立。同年 8 月 21 日，福建省機關效能建設領導小組頒布和實施《福建省機關效能投訴中心工作規則（試行）》。隨後，福建省各級地方也相繼建立機關效能投訴中心。

繼福建省之後，中國其他省份也建立了效能投訴制度。如 2002 年，山東省政府發布和實施《行政效能投訴處理暫行辦法》。2004 年 10 月，天津市印發和實施《行政效能投訴處理暫行辦法》。天津市行政效能投訴中心自 2004 年 10 月 28 日正式掛牌辦公。2004 年 10 月 11 日，浙江省委辦公廳、浙江省人民政府辦公廳印發《浙江省機關效能監察投訴中心工作辦法（試行）》。2005 年 4 月 30 日，《江蘇省行政效能投訴中心投訴處理暫行辦法》被發布和施行。2007 年 1 月 19 日，重慶市行政效能投訴中心宣告成立。由此可見，中國效能投訴制度的發展比較緩慢和不平衡，它主要集中在東部地區。近幾年，福建機關效能投訴制度在政策、機制、結構等方面得到新發展，如改進制度安排、拓寬投訴管道、建立直接查辦快辦機制、創立「服務海西訊息點」、優化效能監督主體結構。[28] 這些制度在補救公民權益、提高政府效率、改進政府作風、提高政府執行力等方面發揮了重要功能作用。

二、中國效能投訴制度與香港申訴專員制度的比較

考慮到資料獲取和研究的方便，在比較中國效能投訴制度和香港申訴專員制度，以及提出中國效能投訴制度的改革對策時，作者把福建省效能投訴制度當做中國效能投訴制度的代表。

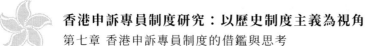

1、工作法律化的比較

福建省效能投訴制度主要是由《福建省機關效能投訴中心工作規則》（以下簡稱《規則》）和《福建省機關效能建設工作條例》（以下簡稱《條例》）構成。《規則》由福建省機關效能建設領導小組在 2008 年 7 月 8 日頒發，自頒發之日起施行，共 6 章 31 條，包括總則、職責與權限、投訴、受理、辦理、附則。《條例》由福建省第十二屆人民代表大會常務委員會第六次會議於 2013 年 11 月 29 日通過，自 2014 年 1 月 1 日起施行。《條例》的第五章專門規定效能投訴，共 6 條，即從第 33 至第 38 條。第 33 條規定了公民、法人和其他組織的效能投訴對象和管道，即投訴什麼和向誰投訴。第 34 條規定了機關效能建設工作機構的辦理原則和方式，即自辦、轉辦、督辦等。第 35 條規定了直接辦理和快速辦結機制。第 36 條規定了轉辦的要求。第 37 條規定了辦理結果的類型，即整改、問責和解釋。

第 38 條規定了對投訴人的保密和保護。由此可見，在 2014 年 1 月 1 日以前，規範福建效能投訴的規則都不是法律；自 2014 年 1 月 1 日起，調整福建效能投訴工作的規則既具有法律性質，也具有非法律性質。即使有法律調整，其法律化程度仍然較低，因為《條例》對效能投訴的規定比較簡單，也沒有專門的福建機關效能投訴法律。

香港申訴專員制度是由《香港申訴專員條例》建立的。《香港申訴專員條例》是由香港立法部門制定的，也是香港申訴專員制度最主要的內容。

因此，中國效能投訴工作缺乏專門法律的調整，而香港行政投訴工作受到法律的調整。

2、機構地位和組成的比較

根據《條例》，福建省機關效能投訴的處理機構包括機關效能建設領導機構、機關效能建設工作機構、職能部門和鄉鎮政府的相關內設機構。機關效能建設領導機構有省級、市級、縣級和鄉鎮級等四級機構。機關效能建設工作機構有省級、市級、縣級等三級機構。機關效能建設工作機構要接受機關效能建設領導機構的領導。根據《規則》，這些專職的機關效能建設工作

機構就是各級效能投訴中心。就省級效能投訴中心來說，它依托於福建省紀委和監察廳，沒有獨立的人事權和財政權。它的工作人員既有行政編制，也有事業編制。

香港行政失當的投訴由申訴專員處理。香港申訴專員從產生開始就是一個獨立的組織，但是在一段較長的時間內，申訴專員公署的運行模式仍等同於政府部門的運行模式。只有從 2001 年 12 月 19 日《2001 申訴專員（修訂）條例》生效起，申訴專員才被確定為單一法團，被授權處理本身的財務與行政事宜以及制定下屬人員的聘用條件和條款。在香港申訴專員制度運行的早期，香港申訴專員公署的大部分職員為公務員。到了 2004 年 12 月 10 日，公署送別了借調到申訴專員公署的最後一名公務員。從此以後，申訴專員公署的職員全部由申訴專員根據《申訴專員條例》聘任。

從機構的地位和組成來看，香港申訴專員公署的獨立性大於福建機關效能投訴中心的獨立性。

3、機構職責的比較

福建機關效能投訴中心的職責多於香港申訴專員的職責。

根據《規則》第六條規定，機關效能投訴中心有 6 項職責：

（1）受理對機關效能問題的投訴；

（2）組織調查、協調處理機關工作人員不履行或不正確履行職責的行為；

（3）受理不服效能投訴工作機構對效能問題處理的申訴；

（4）按規定時限辦理上級機關效能投訴中心轉辦的投訴件，並反饋辦理結果；

（5）組織、協調、督促下級機關效能投訴中心依法依規調查、處理涉及本地區、本單位的效能投訴問題；

（6）對下級機關效能投訴工作進行檢查、指導。

《規則》第十三條對受理關於機關效能問題的投訴這個職責作出進一步的規定。該條規定，機關效能投訴中心受理公民、法人和其他組織對各級機關和具有行政管理職能的單位及其工作人員下列行為的投訴：

　　（1）違反國家法律、法規和政府決定、命令的行為；

　　（2）利用職便假公營私，故意製造、縱容、庇護不正當經濟競爭，造成不良影響的；

　　（3）利用管理職權吃、拿、卡、要的；

　　（4）工作作風粗暴，違反群眾紀律，造成不良影響的；

　　（5）不認真履行崗位職責，推諉扯皮的；

　　（6）紀律鬆弛，擅離職守，使管理對象不能及時辦理有關事項的；

　　（7）工作效率低下，損害管理對象利益或造成不良影響的；

　　（8）刁難、打擊報復投訴人的；

　　（9）違反規定亂收費、亂罰款、亂攤派的；

　　（10）違反政務公開規定，應公開而不公開或公開內容不全面、不真實的；

　　（11）違反《行政許可法》規定，擅自設立行政審批項目的；

　　（12）違反機關效能建設有關制度規定的其他行為。

　　而香港申訴專員的主要職責，是就有關《申訴專員條例》附表 1 第 I 部所列政府部門和公營機構涉及行政失當的投訴展開調查。

　　福建效能投訴中心管轄的機構範圍大於香港申訴專員管轄的機構範圍。福建省效能投訴中心管轄的機構是各級機關和具有行政管理、公共服務（主要是指供電、供水、供氣、公交、醫療衛生等）職能的單位。這裡的機關包括黨委、人大、政府、政協、法院、檢察院等機關。截至 2013 年 3 月 31 日，香港申訴專員的管轄範圍有大部分政府部門（公務員敘用委員會祕書處、香港輔助警察隊、香港警務處、廉政公署除外）和 23 個公營機構或法定機構。

香港申訴專員還有權對公務員敘用委員會祕書處、香港輔助警察隊、香港警務處、廉政公署等在內的所有政府部門違反《公開資料守則》的行動展開調查。

福建效能投訴中心管轄的行為範圍大於香港申訴專員管轄的行為範圍。福建省效能投訴中心可以管轄政黨行為、立法行為、行政行為、司法行為，等等。而前文指出香港申訴專員只管轄部分行政行為。

4、機構權力的比較

福建機關效能投訴中心有調查權、責成權、建議權、檢查督辦權、提辦權、移送權，等等。調查權是指要求被投訴單位和人員提供與投訴事項有關的文件、資料、財務帳目及其他有關材料，並就被投訴問題作出解釋和說明；要求被投訴單位和個人及相關單位和個人協助、配合投訴調查。責成權包括責成被投訴單位和人員停止違反國家法律、法規和政府決定、命令的行為；責成有關單位和人員糾正違反效能建設有關規定的行為，並對其行為造成的損害採取必要的補救措施。建議權包括對違反效能建設有關規定的單位或個人，視情節輕重，向機關效能建設領導小組提出給予通報批評、誡勉教育或效能告誡處理的建議；按照隸屬關係和管理權限對不履行或不正確履行職責的工作人員，建議其所在單位或主管機關給予相應的組織、人事處理。檢查督辦權包括上級機關效能投訴中心發現下級機關效能投訴中心對投訴事項的處理確有不當的，可以責成其重新處理，必要時也可以直接處理；給予承辦機關及其領導、責任人員通報批評或誡勉教育、效能告誡。提辦權是指上一級機關效能投訴中心可以辦理下一級機關效能投訴中心管轄範圍內的投訴事項，必要時也可辦理所轄各級、各部門投訴中心的管轄範圍內的投訴事項。移送權是指對構成違紀的人員，移送紀檢監察機關處理；對觸犯法律的，移送司法機關處理。

前文已經指出，香港申訴專員有調查權、建議權、披露權、報告權、人事權、委任顧問權、盈餘資金投資權、財產權、合同權、收費權、豁免權，等等。

福建機關效能投訴中心和香港申訴專員有不同的權力。其中一個最大的區別是，福建機關效能投訴中心的決定對被投訴單位有較強的約束力，而香港申訴專員沒有權力改變行政決定，香港申訴專員的建議對行政部門沒有法律約束力。

就建議權來說，福建機關效能投訴中心的建議權與香港申訴專員的建議權完全不同。福建機關效能投訴中心的建議涉及組織、人事處分，而香港申訴專員的建議包括疏解不滿和改善行政。

5、工作程序的比較

福建機關效能投訴中心在機關效能建設領導小組的領導下開展工作。機關效能投訴中心處理投訴的工作程序是

「投訴──受理──辦理──結果的反饋」

投訴人可以採用來訪、來函、來電、網絡等形式進行投訴，也可以委托他人投訴。投訴人可以署名投訴，也可以匿名投訴。投訴人可以逐級投訴，也可以越級投訴。凡屬機關效能問題的投訴件，機關效能投訴中心視其輕重緩急，分為一般投訴件和重要投訴件。機關效能投訴中心對受理投訴件實行分級負責、歸口辦理。這個原則的具體內容就是省級機關效能投訴中心負責受理並組織調查處理省直機關和地、市級機關及其領導幹部違反機關效能問題的投訴；反映省直機關工作人員和地市機關工作人員機關效能問題的投訴件，按分級負責的原則，轉有關省直機關和有關地市處理；凡屬效能問題外的投訴件，按歸口辦理原則，交由相應的職能部門處理。辦理投訴件的方式有自辦、轉辦、督辦等方式。屬於自辦的，應由負責受理投訴的工作人員提出辦理意見，報請機關效能投訴中心主任或主任授權副主任簽批。屬於轉辦的，應由負責受理投訴的工作人員提出辦理意見，報請機關效能投訴中心副主任簽批；重大投訴件的轉辦須報請機關效能投訴中心主任或由主任授權副主任簽批。投訴件的轉辦方式是：一般投訴件，用「×××轉辦函」轉辦，並加蓋「×××投訴中心」印章；要緊急報送投訴件辦理結果的，要在轉辦函中注明。屬重要投訴件的，都要以書面方式報告調查處理結果；一般投訴件可簡要反饋辦理結果。對已辦結的投訴件，由直接受理的機關效能投訴中

心在承諾時限內向投訴人答覆，根據實際情況，也可以由承辦單位向投訴人答覆。

香港申訴專員公署處理投訴主要遵循五個步驟，即

第一步驟是接受投訴，

第二步驟是評審投訴；

第三步驟是處理投訴；

第四步驟是向投訴人和所涉機構發出調查報告，

第五步驟是跟蹤建議的落實。

香港申訴專員處理投訴採用查訊、調解、全面調查或正式調查等方法。

因此，從工作程序看，香港申訴專員公署的工作方法更為多樣。香港申訴專員可以採用三種方法處理投訴，而福建機關效能投訴中心只有兩種方法。香港申訴專員的「現處計劃」與福建機關效能投訴中心的「轉辦」存在類似之處。還有，香港申訴專員公署和福建機關效能投訴中心的工作人員都要遵守保密規定。

三、中國效能投訴制度的問題與對策

1、中國效能投訴制度的問題

（1）法律化的缺乏

與福建效能投訴制度有關的文件不多，名稱為「效能投訴」的規範性文件就更少了。除了福建省機關效能建設領導小組每年制定的《福建省機關效能建設工作意見》，福建主要的效能投訴政策文件是在 2000 年、2008 年和 2012 年實施的。2000 年頒發的文件有《關於開展機關效能建設工作的決定》、《關於成立福建省機關效能投訴中心的通知》、《福建省機關效能投訴中心工作規則（試行）》。

2008 年印發的文件有《福建省機關效能投訴中心 24 小時受理來電投訴工作制度（試行）》和《福建省機關效能投訴中心工作規則》。2012 年施行

的文件有《福建省辦理機關效能投訴事項「路線圖」》和《福建省機關工作人員效能問責辦法》（閩委辦發 [2012]15 號）。值得一提的是，2013 年 11月 29 日，福建省人大常委會通過的《福建省機關效能建設工作條例》的第五章第 33-38 條規定了效能投訴。根據《立法法》規定，中國的法包括法律、行政法規、地方性法規、自治條例和單行條例、國務院部門規章和地方政府規章。除了《福建省機關效能建設工作條例》，這些文件不是地方性法規，也不是地方政府規章，不屬於法的範圍。因此，福建效能投訴工作缺乏地方性法規或地方政府規章的調整。

（2）公開化的不足

效能投訴制度公開的內容包括投訴的依據、程序、處理方式、處理時間、辦理結果等等。這裡公開化的不足主要是指投訴事項辦理結果的公開比較有限。公開投訴事項辦理結果原來是有政策依據的。《福建省機關效能投訴中心工作規則（試行）》第 22 條規定，「投訴事項辦理結果應及時反饋，也可視情在適當範圍內公開，自覺接受組織和群眾的監督。」但 2008 年版的《福建省機關效能投訴中心工作規則》取消了這一規定。在這種背景下，投訴事項辦理結果的公開更容易被忽視。我們無法從公開管道，如報紙、網絡、出版物獲得投訴事項的辦理結果，特別是個案的處理結果。當然，投訴人應該可以通過效能投訴制度的反饋機制得知個案的辦理結果，因為福建機關效能制度規定了效能投訴中心向投訴人反饋和答覆的義務。這種不公開不符合行政公開的趨勢，也不利於效能制度功能的全面發揮。

（3）監督功能和改進功能的失衡

效能投訴制度的監督檢查職責和功能從一開始就受到更多的強調和重視。

福建效能建設制度建立的標誌是《關於開展機關效能建設工作的決定》（閩委發 [2000]7 號）。這個文件在第 7 條規定，「建立健全機關效能監督機制；強化監督檢查。」由此可見，這個文件強調監督，突出監督。時任福建省省長、福建省機關效能建設領導小組組長的習近平在 2000 年全省機關效能建設工作電視電話會議上指出，「效能投訴中心是各級黨委、政府和部

門抓效能建設的監督機構，依托在各級紀檢監察機關，直接受理社會各界對效能問題的投訴，負責對各部門開展效能建設工作情況進行監督檢查。」從各級效能投訴中心的表現和成效來看，這個監督和問責功能得到了很好的發揮。根據漳州市效能辦的統計，2010 年 1 月至 2012 年 5 月，漳州市各級機關效能投訴中心共受理投訴件 1458 件，移送紀檢監察機關立案 4 件，給予黨政紀處分 2 人；給予效能告誡 111 人，給予誡勉教育 99 人，組織處理 19 人。

但效能投訴制度的改進工作功能或改善行政管理功能整體上還只處於紙面上。《福建省機關效能投訴中心工作規則（試行）》第 4 條規定，「機關效能投訴工作實行教育與處理相結合、監督檢查與改進工作相結合」。《福建省機關效能投訴中心工作規則》不僅在第 5 條仍然保持這個規定，而且在第 27 明確規定了效能投訴中心的改善行政任務。個別年度的《福建省機關效能建設工作意見》也規定「加強對效能投訴情況的綜合分析，研究提出解決問題的對策建議」。也許由於這項工作難度較大和效能投訴中心人員較少，各級效能中心在實踐中未能較好地完成這些任務。各級效能中心提出的改善行政報告和建議鳳毛麟角。

這導致效能投訴制度功能結構失衡，產生效能投訴工作的不平衡和不協調。

（4）對效能投訴中心的監督乏力

機關效能投訴中心目前主要受到同體監督和層級監督。「同體監督」是指效能投訴中心受到效能投訴中心系統內部或紀檢監察系統內部的監督。如各級機關效能投訴中心必須接受本級機關效能建設領導小組的監督和領導。「層級監督」是指上級機關效能投訴中心監督和指導下級機關效能投訴中心。同體監督或層級監督的手段主要有給予通報批評或效能告誡、追究相關人的責任、責成重新處理等。受到內部監督和上級監督模式自身侷限性的影響，對效能投訴中心及其工作人員的監督力量比較薄弱。

2、完善中國效能投訴制度的對策

（1）中國效能投訴工作的法律化

眾所周知，福建機關效能投訴制度產生於對香港申訴專員制度的借鑑。改革和發展福建機關效能投訴制度應該也可以吸收和轉借香港申訴專員制度的優秀經驗和做法。香港申訴專員制度是由《香港申訴專員條例》建立的。《香港申訴專員條例》的前身《行政事務申訴專員條例》於 1988 年 7 月 20 日在香港立法局獲得通過，成為香港法例的第 397 章。經過 1994、1996、2001 年等多次修訂，《香港申訴專員條例》是香港申訴專員公署的立身之本，也是其開展工作的根本規範。我們應向香港學習，通過法律把機關效能投訴制度的內容固定下來。機關效能投訴法律能夠為機關效能投訴工作提供更為權威、更為穩定的保障和依據。除省人大常委會制定的《福建省機關效能建設工作條例》，省政府還應制定有關效能投訴的地方性政府規章。另外，擁有地方立法權的福州或廈門市人大及其常委會也可以制定有關效能投訴的專門性地方性法規，或者應由擁有地方立法權的福州或廈門市政府制定專門性地方性規章。機關效能投訴法律的主要內容應包括立法目的、法律原則、機關效能投訴主體及其職責、權利或權力、責任、投訴方式、受理範圍、辦理流程、結果的公開和運用等。

（2）提高效能投訴中心的獨立地位

地位獨立是公正處理投訴工作的必要前提。福建省級效能投訴中心現在有了一定的獨立地位，它獨立於省直機關和地、市級機關，但不能獨立於省委、省政府。福建效能投訴中心沒有獨立的人事權和財務管理權，也沒有完全的工作自主權。福建省效能投訴中心要在省機關效能建設領導小組的領導下開展工作。

沒有較高的獨立地位，效能監督的力量就不夠強大，效能監督的公正性就會受到損害，效能監督的公民信任感就會降低。因此，可以借鑑香港申訴專員制度，逐步提高效能投訴中心的獨立地位，賦予其較高程度的工作自主權。

（3）明確效能投訴中心的職責

福建省機關效能投訴中心的一項重要職責是受理和辦理對機關效能問題的投訴。但現有的制度沒有對機關效能問題作出解釋。《規則》第十三條意圖對受理機關效能問題的外延作出劃分，但是這個條文既包括機關效能問題，又包括效能問題以外的問題。這使得這一努力未能取得好的結果。機關效能問題的明確是福建效能投訴制度運行良好的重要條件。機關效能問題的模糊，既不利於公民、法人和其他組織提出投訴，更不利於省機關效能投訴中心開展工作，比如不利於其劃分效能問題的投訴件和效能問題外的投訴件。所以，必須明確地界定效能問題的內涵，明確地劃分地效能問題的類型，以利於效能投訴制度的實施更為順暢。

（4）加大辦理結果的公開力度

香港申訴公署十分重視投訴公開工作，在不披露投訴人及其他有關人員姓名的前提下，隨時公布與公眾利益相關的調查報告。這種做法至少有三個好處：

一是促進香港申訴專員公署自身自覺接受公眾的監督；二是激勵公眾積極維護自身權益；三是利用社會公眾輿論的壓力，增強監督行政行為的效果，促進政府服務質量和水平的提高。因此，可以借鑑香港申訴專員公署的做法，效能投訴中心及時在《福建日報》等傳播媒體上公開個案的受理時間、辦結時間、調查結果等，以便提高效能投訴制度的績效。進一步公開投訴處理結果也是訊息公開和政務公開的需要。效能投訴機構公開辦理結果是實施《政府訊息公開條例》的生動體現，是貫徹《關於深化政務公開加強政務服務的意見》的鮮活樣本。公開效能投訴工作，被投訴人將得到更有力的監督，投訴人的利益將得到更好的維護，投訴的辦理速度、質量和效益將得到提升。

（5）加強對效能投訴中心的監督

對香港申訴專員的決定，投訴人或被投訴機構除可要求申訴專員複檢其決定外，也可以向法院申請司法復核。這意味著香港申訴專員的權力是受到內部和外部監督的。福建機關效能投訴中心擁有較多、較強的權力，如調查

權、責成權、處分建議權、組織人事處理建議權。有權力就必須有監督。為了保證其正確地行使權力，必須加強對效能投訴中心的監督，特別是異體監督或外部監督。第一，對機關效能中心的決定的監督。如果投訴人或被投訴機構不服機關效能投訴中心的決定，就應該為其提供救濟的管道和途徑，比如，可以向機關效能投訴中心申請覆議。第二，向機關效能建設領導小組作工作報告。機關效能投訴中心應該定期向效能建設領導小組提交內容簡明、重點突出的工作報告。工作報告必須披露存在效能問題的機關及其工作人員。效能建設領導小組應當在收到工作報告後的一定時限內向社會公開這一報告。

（6）創新工作方法

福建機關效能投訴中心在接到投訴後，根據分級負責、歸口辦理的原則，採用自辦、轉辦和交辦的方式把投訴加以分流。對於自辦的投訴件，機關效能投訴中心目前只能採用調查方法。為了高效地處理自辦的案件，效能投訴制度應給予機關效能中心多種工作方法。比如，機關效能投訴中心可以運用調解的方法處理一些簡單的自辦案件。也就是說，機關效能投訴中心做為中間人居間解決投訴人與被投訴機構之間的糾紛。

第三節 中國行政覆議制度的改革

行政覆議制度既是行政救濟制度或行政監督制度，也可以說是一種行政申訴制度。中國學者一般認為，行政申訴是公民、法人、其他組織認為自己的合法權益受到損害而向行政機關提出要求獲得救濟或保護的請求的制度。[29] 香港申訴專員制度也可以從申訴的角度來理解。斯科特認為，「申訴（complaint）是公民提出對公共官員不適當行為（特別是腐敗行為）的反對意見。補救（redress）是個人尋求對武斷或不公平行政行為的救濟（remedy）。一個人通過申訴專員尋求補救也是一種申訴。」[30] 因此，借鑑香港申訴專員制度來改革中國行政覆議制度具有可行性。

一、中國行政覆議制度的問題

中國行政覆議肇始於民國時期的「訴願」。改革開放以後，中國重新關注行政覆議，由行政訴訟的「配套制度」發展到與行政訴訟的相對分離。與行政覆議制度直接相關的三次重要立法實踐是：1990 年 12 月《行政覆議條例》的公布、1999 年 4 月《行政覆議法》的公布、2007 年 5 月《行政覆議法實施條例》的公布。

與行政覆議相關的重要規範還有《關於預防和化解行政爭議健全行政爭議解決機制的意見》、《全面推進依法行政實施綱要》、《關於加強法治政府建設的意見》等文件。行政覆議制度雖然在監督行政、維護公民合法權益等方面發揮了作用，但也存在不少困難和問題。

1、性質定位不合理

行政覆議立法把行政覆議制度性質或功能目標定位為內部監督。如《關於〈中華人民共和國行政覆議法（草案）〉的說明》開宗明義地指出：「行政覆議是行政機關內部自我糾正錯誤的一種監督制度」。《國務院關於貫徹實施〈中華人民共和國行政覆議法〉的通知》再次強調：「行政覆議是行政機關自我糾正錯誤的一種重要監督制度。」這種定位是不科學的，導致行政覆議制度的不科學構建，產生較多弊端。如王萬華指出，「內部監督機制的性質定位直接造成覆議組織不獨立、覆議程序高度行政化等重大制度缺陷，導致覆議工作面臨嚴重的公正性質疑，妨礙了行政覆議相對於司法所具有的專業性、便捷性等優勢的發揮，沒有真正發揮行政覆議有效解決爭議的作用。」[31] 行政覆議制度的性質不應只是單一的，而應是復合的。湛中樂認為，「行政覆議的功能不應是單一的，而應是解決糾紛、內部監督與權利救濟的有機結合。」[32] 於凌雲也認為，「用裁決機埋重構行政覆議，一定是混合型的，介於司法和行政之間」。[33] 在這多種功能中，行政覆議的首要或主要功能或目的應是救濟。國務院法制辦公室副主任甘藏春認為，「在監督和救濟兩者之間，行政覆議需要更多地強調權利救濟。」[34] 王青斌也認為，「行政覆議是行政救濟制度而非監督制度，這基本上是行政法學界的共識，其主要功能也應是為相對人提供權利救濟。」[35]

2、覆議機構不健全

行政覆議機構缺乏獨立性和中立性。覆議機構由覆議機關的法制工作機構擔任，不享有獨立地位，不具備獨立能力，在經費保障、幹部任免、獎懲、考核等方面都受到覆議機關的制約。這既導致監督職能無法充分發揮，又造成覆議決定公正性受到質疑，還容易產生覆議工作被立法及其他政府法制工作衝擊的現象。

覆議機關沒有設置專職的覆議機構，有的甚至沒有安排專人承擔行政覆議工作。

約 38.2% 的縣級政府沒有設立法制機構或者只掛牌無編制，平均每個縣級政府專職行政覆議人員不到 1 人，人員素質、經費保障、辦公場所等條件普遍不能滿足辦理行政覆議案件的需要。[36]

3、覆議程序不公正

行政覆議程序目前存在的最大問題是反司法化或非司法化。《關於〈中華人民共和國行政覆議法（草案）〉的說明》指出的一個指導原則是「體現行政覆議作為行政機關內部監督的特點，不宜、也不必搬用司法機關辦案程序，使行政覆議司法化。」王萬華認為，「對司法化的刻意反其道而行之的制度構建定位，導致當前行政覆議程序過於簡化與內部行政化，程序理性與程序公正的基本制度要素缺失，覆議決定的正當性由此失去基礎，難以得到申請人和社會的認同。」

[37] 行政覆議程序要麼過於行政化，要麼缺乏程序公正必需的原則，如中立原則、參與原則、直接言詞原則、理性原則、公開原則。現行行政覆議程序過度行政化表現在覆議案件的辦理按照普通辦件的內部流程逐級報批。這不符合行政覆議作為一種爭議裁決活動的行為特性。

4、覆議範圍不全面

在覆議範圍方面存在的主要問題是過於狹窄。現行行政覆議制度排除了不適合司法審查但適合行政審查的案件範圍，沒有考慮社會行政中因公共治理、公共權力行使而導致的糾紛，如村委會的決定、各種行業協會作出的決

定。可以申請覆議的抽象行政行為的範圍有限，不包括行政法規、規章以及國務院制定的行政規範性文件。現行行政覆議制度還把公務員的行政處分及其他人事處理決定排除在受案範圍之外。

5、制度運行不理想

行政覆議的公眾知曉率和信任度不高。進入覆議管道的行政爭議總量較少，多數省市進入信訪管道的行政爭議數量比進入覆議管道的高出十幾倍甚至幾十倍，呈現「大信訪，中訴訟，小覆議」的格局。行政覆議辦案質量和效率有待提升。有些行政覆議機關不能嚴格依法審查和公正裁決案件，不能及時撤銷和糾正行政機關違法或者不當的行政行為，當事人在覆議後提起訴訟或者信訪的比例偏高。行政覆議辦案效率不高，延期辦理現象較為多見。相當數量的行政覆議決定書只簡單陳述案情，缺乏論證和說理，不能做到以法明理，難以令當事人信服。各級政府行政覆議能力普遍偏弱，與承擔的工作任務不相適應，影響行政覆議機關及時受理和依法辦理覆議案件。對此，有學者總結當前的行政覆議實踐主要存在的問題是：行政覆議案件過少，起不到為法院減負的作用；行政覆議決定維持率極高，行政覆議的公正性被質疑；行政覆議效率低下和救濟效果滯後。[38] 簡而言之，行政覆議制度的實施效果不理想。

二、中國行政覆議制度與香港申訴專員制度的比較

1、制度目的的比較

行政覆議制度的目的是為了防止和糾正違法的或者不當的具體行政行為，保護公民、法人和其他組織的合法權益，保障和監督行政機關依法行使職權。而香港申訴專員制度的目的是為了改善公共行政。香港第一任申訴專員賈施雅指出，「從較長遠方面而言，本署的其中一項主要目標，就是希望能夠協助維繫市民與政府之間的均衡協調，從而最終能夠促使本港政府行政程序更具見效率，更合乎人情道理。」[39] 第三任申訴專員也指出，「申訴專員制度的主要功能，是透過調查後提出建議，改善公共行政制度或行為。」[40]

由此可見，相對於香港申訴專員制度的目的來說，中國行政覆議制度的目的更加多元化。

2、機構設置的比較

履行行政覆議職責的行政機關是行政覆議機關，但由行政覆議機關負責法制工作的機構具體辦理行政覆議事項。行政覆議機關的具體確定，要根據具體的行政行為。《行政覆議法》的第十二條至第十五條規定行政覆議機關的確定規則。比如，對海關、金融、國稅、外匯管理等實行垂直領導的行政機關和國家安全機關的具體行政行為不服的，向上一級主管部門申請行政覆議。總的來說，中國行政覆議採取以「選擇管轄」為主、「條條管轄」和「自我管轄」為輔的混合管轄模式。而根據《香港申訴專員條例》，調查行政失當的機構是香港申訴專員。香港申訴專員是一個獨立的法團。在香港，只有一個申訴專員。申訴專員及其職員組成的香港申訴專員公署也只有一個。香港申訴專員公署沒有設立派出機構。

從這些比較可以看出，香港申訴專員獨立性大於中國行政覆議機關及其行政覆議機構。香港申訴專員是一個專門化、專業化的機構，而中國行政覆議機關是多功能機構。中國行政覆議機關不僅僅履行行政覆議職責，而且要承擔一般的行政管理任務。香港申訴專員具有單一性、統一性，而中國行政覆議機構具有多樣性、分散型。香港申訴專員獨立於行政系統，而中國行政覆議機構屬於行政機關。因此，從行政監督的意義說，香港申訴專員制度是外部監督制度，而行政覆議制度是內部監督制度。

3、機構職責的比較

具體辦理行政覆議事項的行政覆議機構，即行政覆議機關內部的負責法制工作的機構，有七項職責：

受理行政覆議申請；

向有關組織和人員調查取證，查閱文件和資料；

審查申請行政覆議的具體行政行為是否合法與適當，擬訂行政覆議決定；

處理或者轉送對國務院部門的規定、縣級以上地方各級人民政府及其工作部門的決定、鄉鎮人民政府的規定的審查申請；

對行政機關違反本法規定的行為依照規定的權限和程序提出處理建議；

辦理因不服行政覆議決定提起行政訴訟的應訴事項；法律、法規規定的其他職責。

行政覆議機關的一項職責是作出行政覆議決定。簡單地說，行政覆議機關及其法制機構的主要職責就是審查具體行政行為的合法性和適當性。而香港申訴專員的主要職責是調查行政失當。「行政失當」指行政欠效率、拙劣或不妥善。因此，中國行政覆議機關的職能與香港申訴專員的職能存在類似，甚至交叉。

4、管轄範圍的比較

就管轄的機構來說，中國行政覆議機關的管轄範圍包括行政機關（國務院除外）和法律、法規授權的組織，而香港申訴專員的管轄範圍包括政府部門和一些公營機構。這些機構列在《香港申訴專員條例》的附表 1 第 I 部和第 II 部。截至 2013 年 3 月 31 日，附表 1 第 I 部的機構包括大部分的政府部門和 23 個公營機構，第 II 部的機構包括公務員敘用委員會祕書處、投訴警方獨立監察委員會祕書處、香港輔助警隊、香港警隊、廉政公署。

就管轄的事項來看，中國行政覆議的管轄範圍是特定的具體行政行為。《行政覆議法》沒有概括地規定行政覆議範圍，但以列舉的方式從正反兩面規定行政覆議範圍。《行政覆議法》第 6 條從正面規定了行政覆議管轄的十一類具體行政行為，如行政處罰決定、行政強制措施決定、侵犯合法的經營自主權、違法集資、徵收財物、攤派費用或者違法要求履行其他義務;等等。《行政覆議法》第 8 條排除了某些行政覆議的管轄範圍，即行政處分或者其他人事處理決定、行政機關對民事糾紛作出的調解或者其他處理。行政覆議機關管轄的事項範圍不僅在行政行為的類別上是特定的，而且在時間上也是特定的。一般而言，公民、法人或者其他組織可以自知道該具體行政行為之日起六十日內向行政覆議機關提出行政覆議。而香港申訴專員的管轄範圍是

特定的行政行動。《香港申訴專員條例》既以概括的方式規定申訴專員的管轄範圍，又以列舉的和排除或限制的方式規定申訴專員的管轄範圍。《香港申訴專員條例》第 7 條第 1 款概括了申訴專員管轄範圍，即附表 1 第 I 部所列任何機構在行使該機構的行政職能時採取或由他人代其採取的任何行動，以及附表 1 第 II 部所列任何機構在就政府所頒布的《公開資料守則》而行使該機構的行政職能時採取或由他人代其採取的任何行動。《香港申訴專員條例》第 8 條和附表 2 規定了不受申訴專員調查的行動。

這裡的「行動」（action）包括不作為、建議或決定。《香港申訴專員條例》第 10 條第 1 款對申訴專員調查申訴作出了限制，如專員一般不得對這個申訴展開或繼續調查：申訴人對他所申訴的行動已實際知悉超過 24 個月專員才接獲申訴。

由此可見，從時間角度看，香港申訴專員管轄的事項範圍大於中國行政覆議機關管轄的事項範圍。從行政行為的種類看，香港申訴專員管轄的事項範圍也大子中國行政覆議機關管轄的事項範圍。

5、機構職權的比較

中國行政覆議機關及其覆議機構享有受理權、審查權、調查權、聽取權、決定權和建議權等權力。其中，聽取權是指行政覆議機關負責法制工作的機構可以聽取申請人、被申請人和第三人的意見。而香港申訴專員有調查權、建議權、披露權、報告權、人事權、委任顧問權、盈餘資金投資權、財產權、合同權、收費權、豁免權，等等。由此可見，兩者都擁有形式上或名稱上相同的權力，如調查權、決定權和建議權。但是，這些權力的實質內容對不同的享有主體是不同的。

就調查權來說，香港申訴專員不僅可以調查投訴，而且可以主動調查行政失當。也就是說，香港申訴專員可以自己啟動對行政失當的調查程序。而中國行政覆議機關及其覆議機構只能在接受行政覆議申請的基礎上對具體行政行為進行審查或調查。中國行政覆議機關及其覆議機構沒有主動調查權。另外，香港申訴專員的調查權力是充分的，是強有力的，是受到法律保障的。香港申訴專員的調查權力包括獲取任何資料、文件或物件的權力、傳喚權、

詢問權、監誓權、要求他人提供資料及出示文件或物件的權力、進入處所的權力；等等。《香港申訴專員條例》第23條規定，任何人無合法辯解而妨礙、阻撓或抗拒專員行使權力，即屬犯罪，可處罰款 $10000 及監禁6個月。而中國行政覆議機關調查權力的具體內容未得到法律的明確規定。

就建議權來說，香港申訴專員的建議是關於疏解不滿和改善行政的建議。

中國行政覆議機構的建議權是指行政覆議機關負責法制工作的機構發現有無正當理由不予受理行政覆議申請、不按照規定期限作出行政覆議決定、循私舞弊、對申請人打擊報復或者不履行行政覆議決定等情形的，應當向有關行政機關提出建議，有關行政機關應當依照本法和有關法律、行政法規的規定作出處理。

就決定權來說，香港申訴專員的決定不具有法律約束力，而中國行政覆議機關的決定具有法律約束力。如被申請人不履行或者無正當理由拖延履行行政覆議決定的，行政覆議機關或者有關上級行政機關責令其限期履行。申請人逾期不起訴又不履行行政覆議決定的，由有關行政機關依法強制執行或者申請人民法院強制執行。

6、審查標準的比較

中國行政覆議機關的審查標準是合法性和適當性。《行政覆議法》未對合法性和適當性做出解釋。但從該法的第28條得知，合法性包括認定事實清楚、證據確鑿、適用依據正確、程序合法。香港申訴專員的審查標準是行政失當。

《香港申訴專員條例》對行政失當做出解釋。「行政失當」（maladministration）指行政欠效率、拙劣或不妥善，包括不合理的行為；濫用權力（包括酌情決定權）或權能；不合理、不公平、欺壓、歧視或不當地偏頗的程序。由此可知，中國行政覆議機關的審查標準注重合法性，而香港申訴專員的審查標準注重合理性、正當性和公平性。

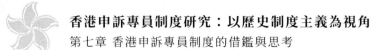

7、決定種類的比較

行政覆議機關在收到行政覆議後，對不符合法律規定的行政覆議申請，做出不予受理的決定。對受理後的案件，中國行政覆議機關可以做出 5 種行政覆議決定：維持的決定；限期履行職責的決定；撤銷的決定（含限期重新作出具體行政行為）；變更的決定；確定具體行政行為違法的決定（含限期重新作出具體行政行為）。除此之外，行政覆議還可以和解和調解方式處理案件。香港申訴專員在評審投訴後可以做出不予跟進的決定。在全面調查後，香港申訴專員在調查報告中根據所指稱的行政失當是否屬實，將投訴分類為「成立」、「部分成立」、「不成立」、「投訴事項不成立，但有關機構另有行政失當之處」。

8、決定的救濟的比較

公民，法人或者其他組織對行政覆議決定不服的，可以依照行政訴訟法的規定向人民法院提起行政訴訟，但是法律規定行政覆議決定為最終裁決的除外。

而香港申訴專員的決定是終局性的，但投訴人和被投訴機構可以申請申訴專員複檢，也可以向法院申請司法復核。

三、中國行政覆議制度的改革

1、增強機構的獨立性

在現有的行政覆議制度下，行政覆議機關與被申請人屬於同一行政系統，存在不可分割的利益聯繫。這使得行政覆議工作難以公正。行政覆議工作容易受到被申請人的猜疑。作為具體辦理行政覆議事項的機構，行政覆議機構更缺乏獨立性。行政覆議機構只是行政覆議機關的內設機構，沒有獨立的人事權和財政權，甚至沒有工作自主權。行政覆議機構要在行政覆議機關的領導下開展工作。這使得行政覆議機構提出的對具體行政行為的審查意見缺乏公正。因此，為了增加行政覆議機構的工作自主性，為了實現行政覆議工作的公正性，應該增強行政覆議機構的獨立性。比如，行政覆議機構的組成人員應由與案件無利益關係的專家、學者組成。也就是說，可以建立行政覆議

委員會。[41] 這是《中共中央關於全面深化改革若干重大問題的決定》所提出的「改革行政覆議體制」的重要內容。

2、保障機構的調查權

雖然行政覆議以書面審查為原則,但是行政覆議工作往往需要調查情況,以弄清事實,找出真相。調查情況的一個重要條件是行政覆議機關及其負責法制工作的機構擁有強大的調查權。但是,現行的《行政覆議法》並沒有對行政覆議機關及其負責法制工作的機構的調查權做出明確的規定,也沒有對它們的調查權提供明確的保障。因此,為了做出正確的決定,法律應該明確它們的調查權,如要求任何人提供與案件有關的證據;進入處所的權力;等等。法律也應對妨礙調查權的行使的責任做出明確的規定,如受到罰款。

3、界定審查標準

行政覆議機關要根據合法性和適當性對具體行政行為進行審查。但是,現行的《行政覆議法》沒有對合法性和適當性做出明確的解釋。這不利於行政覆議機關對具體行政行為的審查和做出正確的行政覆議決定,也不利於社會對行政決定的評價與監督。因此,為了消除這些不利影響,法律應該明確揭示合法性和適當性的內涵,指出它們的外延。這是《中共中央關於全面深化改革若干重大問題的決定》所提出的「健全行政覆議案件審理機制」的必然要求。

4、明確行政覆議範圍

現行的行政覆議範圍是特定的具體行政行為。明確行政覆議範圍的核心,是明確具體行政行為。如果無法理解具體行政行為,就無法理解行政覆議範圍。

行政覆議範圍是否清晰,直接影響行政覆議制度運行的順暢與否。因此,為了保證行政覆議制度得到有效實施,法律應對具體行政行為做出明確的解釋,並適當擴大受案範圍。

第四節 中國行政信訪制度的改革

中國還有一種制度與香港申訴專員制度具有類似功能，即行政信訪制度。國家信訪局副局長張恩璽在 2013 年 11 月介紹信訪工作制度改革情況的新聞發布會上指出，「其實信訪制度不是中國獨有的，也不是中國現在才有，類似的信訪制度中國古代也有，外國也有。……歐盟一些國家，有申訴專員委員會，也是一個制度，也是來做這些工作的……」。

香港申訴專員制度至少可以給中國信訪制度的創新帶來兩種啟示。

第一個啟示，就是把中國信訪制度從形式到內容都轉化為中國申訴專員制度。

第二個啟示，是把香港申訴專員制度的有益做法嫁接到中國信訪制度，以加強中國信訪制度的功能，同時保持中國信訪制度與香港申訴專員制度不同的個性。

第一個啟示已在中國申訴專員制度的構建中提到。這裡重點分析在保持中國行政信訪制度的個性的基礎上，如何改革和完善行政信訪制度。[42] 第二種啟示也符合中國全面深化改革的部署要求。《中共中央關於全面深化改革若干重大問題的決定》明確指出，「改革信訪工作制度，實行網上受理信訪制度，健全及時就地解決群眾合理訴求機制。把涉法涉訴信訪納入法治軌道解決，建立涉法涉訴信訪依法終結制度」。

一、中國行政信訪制度的問題

行政信訪制度是指調整行政信訪活動的規則體繫。這種規則的淵源主要有《憲法》第 41 條、《信訪條例》。行政信訪制度既具有行政和政治屬性，[43] 也具有法律屬性。國家信訪局副局長張恩璽在 2013 年 11 月介紹信訪工作制度改革情況的新聞發布會上指出，「信訪制度是具有中國特色社會主義的一項民主政治制度設計，體現了人民當家做主的權利。……同時，我們國家的信訪制度也是社會主義法治的有機組成部分，信訪工作機構的設置、職責、工作程序以及信訪人的權利、義務等等，都是以信訪條例為依據，信訪問題

的解決也是在法治的框架內依法按政策辦事。」從 1951 年 6 月政務院頒布的新中國第一部關於信訪工作的規範性法律文件《關於處理人民來信和接見人民工作的決定》起,行政信訪及其制度在 60 多年的發展歷程中在發揚民主、了解民情、聯繫群眾、接受監督、維護權益等方面都發揮了不可替代的作用,但現在存在不少問題與困境。

1、體制缺陷

中國行政信訪制度在體制方面的缺陷主要表現在體制結構和運行機制上。

在體制結構方面,行政信訪機構的設置缺乏相應的權力配置;行政信訪機構缺乏明確統一的設置模式,縱橫向結構之間缺乏強有力的聯結紐帶;基層政府信訪機構設置薄弱,人員配備嚴重不足;等等。[44] 行政信訪機構,特別是專職信訪機構的最大問題是權力缺乏或權力有限、軟弱。在運行機制方面,首先信訪管道不夠暢通,如民生熱線、視頻接訪、綠色郵政、信訪代理等做法不夠完善和尚未制度化;網上信訪受理方式未能成為信訪的主管道。其次信訪聽證機制存在著適用範圍不明確、信訪聽證組織機關和主持人缺乏中立性、辦理與復核聽證關係不清、信訪處理意見與聽證程序缺乏銜接、法律責任粗疏等問題。[45] 第三,信訪績效評估機制不科學,過分依靠信訪量等數量指標,忽視信訪工作質量方面的考核,不恰當地進行排名。第四,依法及時就地解決群眾合理訴求機制不健全。

2、功能泛化

從《信訪條例》看,行政信訪的法定職能只有三項:政治參與功能、權利救濟功能、怨情排解功能。

[46] 但在實踐中行政信訪承擔和發揮了過多的功能。如公民政治參與功能、窗口功能、公民權利救濟功能、糾紛解決功能、宣泄和安全閥功能、監督行政功能、維護社會穩定等等。政府和民眾等社會主體都向行政信訪體制賦予了過多的、甚至是不合理的功能要求。信訪功能泛化導致信訪主要功能不清,使得信訪機構在處理信訪問題時分不清主次。信訪功能過多也給公民、

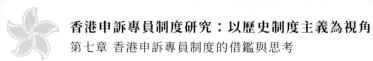
法人或者其他組織提供了更多的信訪誘因，從而出現信訪量增大而信訪解決率較低的困境。在這些過多的功能中，維護社會穩定已成為首要功能。這就會導致政府注重信訪權利救濟和解決糾紛的作用，忽視信訪的民主政治功能。王浦劬也認為，「在實際政治生活中，行政信訪承擔了一系列廣泛職能，涉及範圍幾乎涵蓋了社會轉型時期的所有社會矛盾和社會衝突，這種功能的擴散實際也模糊了它在政治體繫中的法律定位。」[47]

3、效果不佳

解決群眾合理訴求、維護群眾合法權益是信訪工作的核心，也是信訪工作的出發點和落腳點。但在現實中，群眾合理訴求得不到信訪工作的有效解決，群眾的合法權益得不到信訪工作的有效維護。特別是群眾的第一來信或第一來訪得不到在第一時間或第一地點辦理解決。據統計，2004 年信訪問題的解決比率大體在千分之二左右。[48] 雖然近年來解決率有所提高，但是匯集到信訪管道的社會問題與通過信訪管道解決的社會問題的比例嚴重失調。由於信訪部門責重權輕，特別是缺乏明確的、具有法律效力的實質性監督權、督辦權和處置權，信訪工作的效率和效果常常大打折扣。甚至部分信訪問題的解決依靠個別、偶然和人治化的方式，如百姓攔車告狀、領導現場解決等。「如果民眾信訪過程中轉而依靠這種越級上訪、甚至為了政府的高層了解自己的困難不惜走關係、採取極端行動等，其造成的惡劣社會影響和社會成本是難以估量的。」[49] 中國行政信訪制度產生了不利的意外後果。不少案件終而不結，結而又訪，使信訪工作陷入了「無限擴大、無限循環、無限責任」的怪圈。

二、中國行政信訪制度與香港申訴專員制度的比較

1、機構的比較

香港申訴專員是一個獨立的法團。香港申訴專員公署獨立於政府。而中國受理或處理信訪工作的機構有兩類。第一類是縣級以上人民政府設立的信訪工作機構；第二類是縣級以上人民政府工作部門以及鄉、鎮人民政府確定的負責信訪工作的機構或者人員。中國行政信訪工作機構隸屬於政府或政府

部門，沒有獨立於政府。中國行政信訪工作機構之間也沒有隸屬關係，聯繫鬆散。值得注意的是，真正辦理信訪事項的機關主要是對信訪事項有權處理的職能行政機關、複查機關（原處理機關的上一級行政機關）和復核機關（複查機關的上一級行政機關）。

2、職責的比較

縣級以上人民政府信訪工作機構有六項職責：受理、交辦、轉送信訪人提出的信訪事項；承辦上級和本級人民政府交由處理的信訪事項；協調處理重要信訪事項；督促檢查信訪事項的處理；研究、分析信訪情況，開展調查研究，及時向本級人民政府提出完善政策和改進工作的建議；對本級人民政府其他工作部門和下級人民政府信訪工作機構的信訪工作進行指導。而根據《信訪條例》第14條，信訪事項包括對特定組織、人員的職務行為反映情況，提出建議、意見，包括對特定組織、人員的職務行為提出投訴請求，但不包括依法應當通過訴訟、仲裁、行政覆議等法定途徑解決的投訴請求。這裡的特定組織是指：行政機關及其工作人員；法律、法規授權的具有管理公共事務職能的組織及其工作人員；提供公共服務的企業、事業單位及其工作人員；社會團體或者其他企業、事業單位中由國家行政機關任命、派出的人員；村民委員會、居民委員會及其成員。

香港申訴專員的主要職責，是就《申訴專員條例》附表1第Ⅰ部所列政府部門和公營機構涉及行政失當的投訴展開調查。行政失當是指行政欠效率、拙劣或不妥善。香港申訴專員還可以主動地、直接地對行政失當進行調查。

因此，香港申訴專員的職責內容比較單一，而中國行政信訪工作機構的職責內容比較繁雜。香港申訴專員的職責範圍比較窄，而中國行政信訪工作機構的職責範圍比較寬泛。

3、權力的比較

縣級以上人民政府信訪工作機構有受理權、轉送權、交辦權、承辦權、督促權、建議權、指導權、報告權。「轉送權」是指縣級以上人民政府信訪工作機構依照《信訪條例》第21條第二款和第三款的規定把信訪事項轉送

給相應的有權處理的行政機關的權力。「交辦權」是指縣級以上人民政府信訪工作機構依照《信訪條例》第 21 條第四款的規定把信訪事項直接交由有權處理的行政機關辦理的權力。縣級以上人民政府信訪工作機構一般沒有對信訪事項的直接辦理權（含調查權、聽證權）。只有在承辦上級和本級人民政府交由處理的信訪事項時，它才享有和行使對信訪事項的直接辦理權。縣級以上人民政府信訪工作機構沒有自己獨立的人事權，不能自行招募所需的人員。香港申訴專員有調查權、建議權、披露權、報告權、人事權、委任顧問權、盈餘資金投資權、財產權、合同權、收費權、豁免權等等。

由此可見，中國信訪工作機構與香港申訴專員享有不同的權力。即使是同一名稱的權力，它們的內容也不同，如建議權和報告權。縣級以上人民政府信訪工作機構的建議權包括：關於情況重大、緊急的信訪事項的建議權；與督辦相關的改進建議權；關於完善政策、解決問題的建議權；關於向有關行政機關提出對在信訪工作中推諉、敷衍、拖延、弄虛作假造成嚴重後果的行政機關工作人員給予行政處分的建議權。香港申訴專員的建議權包括：向有關部門及公職人員提出改善公共行政的建議權；給予受到違法或不當行為侵害的相對人救濟的建議權。香港申訴專員不提出行政處分的建議。

縣級以上人民政府信訪工作機構的報告權包括：對於信訪人反映的有關政策性問題的報告權；信訪情況分析報告權。信訪情況分析報告的內容包括：受理信訪事項的數據統計、信訪事項涉及領域以及被投訴較多的機關；轉送、督辦情況以及各部門採納改進建議的情況；提出的政策性建議及其被採納情況。這些報告能否公開，《信訪條例》沒有規定。香港申訴專員的報告權包括：調查報告權；年度報告權；特殊報告權。年度報告的內容就是關於申訴專員履行職能有關情況。特殊報告是有關特別嚴重的行政失當和申訴專員的建議不被有關政府部門或公營機構遵循的情況。香港申訴專員可以向社會公開這些報告。

4、審查標準和依據的比較

香港申訴專員的審查標準是行政失當，審查的依據包括法律、政策、慣例、人權國際公約等等。《信訪條例》第 32 條第 1 款規定，對信訪事項有

權處理的行政機關經調查核實，應當依照有關法律、法規、規章及其他有關規定，分別作出以下處理，並書面答覆信訪人：

（一）請求事實清楚，符合法律、法規、規章或者其他有關規定的，予以支持；

（二）請求事由合理但缺乏法律依據的，應當對信訪人做好解釋工作；

（三）請求缺乏事實根據或者不符合法律、法規、規章或者其他有關規定的，不予支持。

根據這一規定，處理訴求類信訪事項的有關機關的主要審查標準是合法性，審查的依據是法律、法規、規章及其他有關規定。

5、對決定的監督的比較

在香港，當事人對香港申訴專員的決定不服，可以要求申訴專員複檢，也可以向法院申請司法復核。在中國，信訪人對行政機關作出的信訪事項處理意見不服的，可以自收到書面答覆之日起 30 日內請求原辦理行政機關的上一級行政機關複查。收到複查請求的行政機關應當自收到複查請求之日起 30 日內提出複查意見，並予以書面答覆。信訪人對複查意見不服的，可以自收到書面答覆之日起 30 日內向複查機關的上一級行政機關請求復核。收到復核請求的行政機關應當自收到復核請求之日起 30 日內提出復核意見。信訪人對復核意見不服，仍然以同一事實和理由提出投訴請求的，各級人民政府信訪工作機構和其他行政機關不再受理。

除了以上有關制度安排幾方面的區別外，兩者在功能、運行和績效方面也有不同的地方。在功能方面，香港申訴專員擔當監察政府的角色；信訪制度的主要功能是反映社情民意、維護公民合法權益、化解社會矛盾。在制度運行方面，就香港申訴專員制度而言，《香港申訴專員條例》得到了很好的貫徹和實施，發揮出應有的作用和功能。香港申訴專員及其職員嚴格依照法律辦事。但就信訪制度而言，「基於信訪實踐的隨意性和人治色彩，作為官方文本的信訪法律的實際效果遠不如其象徵意義。在不同時期和不同地區，信訪實踐的參與各方基於各自的利益和能力創造出了自己的另一套規則，而

它們往往構成了真正意義上的信訪活動中的活法。」[50] 也就是說，《信訪條例》雖然規定了信訪事項的受理、辦理和督辦等程序，但是由於這一程序過於簡單、粗疏，在實踐中又形成一套潛規則。

這套潛規則是模糊的、變動的、特殊主義的，是由有關各方在推拉伸縮的實踐中形成的。因此，應星認為，「行政相對人的權利鬥爭與行政主體的秩序追求之間的張力及其平衡就構成了信訪救濟運作機制的核心。」[51] 而就績效來看，香港申訴專員制度的績效是較高的，較大程度地改善了公共行政，維護了公民的權益；而行政信訪制度的績效是不高的。

三、中國行政信訪制度的改革對策

1、確定行政信訪制度的補充地位

正確地確定它的地位是解決行政信訪制度問題的前提。薑明安認為，「要解決目前信訪制度存在的問題，使信訪制度充分發揮其解紛、救濟和促進和諧社會建立的功能，當前最重要的工作是規範信訪制度本身。」[52] 借鑑香港申訴專員制度，作者認為這個合適的位置是「補充」的地位。這是因為香港申訴專員制度雖然是香港政治體制不可或缺的重要組成部分，但也只是其他投訴處理機制的補充。正如香港第一任申訴專員蘇國榮所說，「本署是為補足及加強現有的投訴途徑而設，並不是用以取代它們。」[53] 行政信訪制度應是行政覆議、行政訴訟等其他行政監督與救濟制度的補充。行政信訪要占領行政覆議、行政訴訟等其他行政監督與救濟制度失靈或失效的地方，要填補行政覆議、行政訴訟等其他行政監督與救濟制度的空白，而不是代替行政覆議、行政訴訟等其他行政監督與救濟制度。國家信訪局副局長張恩璽在 2013 年 11 月 28 日舉行的介紹信訪工作制度改革情況國新辦發布會上鄭重指出，「信訪與司法都是法律規定的救濟管道，各有各的職責任務，法律地位、方式方法，兩者並行不悖，在維護群眾合法權益方面，各自發揮著重要的作用。」在兼顧救濟功能的同時，應把行政信訪制度的主要功能定位在密切聯繫人民群眾與政府關係和保證人民群眾政治參與方面。[54] 在政治參與中，要強化行政信訪的公共政策功能，即「通過參與公共政策過程、提供相應訊息和諮詢意見，通過優化公共政策，來實現行政信訪在民主治理和社會建設中

的功能」。[55] 這就要建立健全人民建議征集制度，鼓勵和引導人民群眾，給黨和政府的工作提出合理化建議，來改進黨和政府的相關工作。

2、培養正面的信訪文化

正面的、積極的投訴文化是香港申訴專員制度有效的重要的文化條件。同樣，正面、積極的信訪文化是行政信訪制度得到有效實施的重要的文化保障。這種信訪文化的核心內容是：正確的信訪是改善公共行政、保護公民合法權益、密切政府與人民關係的重要工具。這種信訪文化要求信訪人依法信訪，但不得濫用、誤用信訪權利；要求行政機關及其工作人員認識到信訪對自身的價值，把信訪當做改善自身的機會，不要害怕被信訪，不要與信訪為敵；要求信訪工作機構認真對待信訪，依法及時、有效地解決信訪問題。用這種文化塑造中國信訪人，在目前尤為必要。因為，有的信訪人員「信訪」而不「信法」，企圖用非法的方式來達到目的。中國要學習香港申訴專員公署公眾教育和對外推廣的有益做法，要加大對全社會公民的教育、宣傳力度，通過多種對外推廣管道，促使信訪人能通過正確的管道、合法的方式和清晰的表達來反映問題，自覺維護社會安定團結。同時，對信訪活動中少數人違反有關法律法規，損害國家、社會、集體利益和其他公民合法權益的行為，要依法嚴肅處理。

3、提高信訪工作人員素質

制度的有效實施必須依靠有素質、有能力的人。香港申訴專員公署取得優秀績效的一個重要原因是香港申訴專員及其職員的高素質、強能力。同樣，信訪制度要取得良好的績效，必須有高素質、專業化的信訪工作人員。因此，要配強配好信訪工作幹部隊伍，加強對信訪工作人員思想和業務水平的教育培訓工作。

這也是中共中央辦公廳、國務院辦公廳 2014 年印發的《關於創新群眾工作方法解決信訪突出問題的意見》提出的「加強信訪幹部隊伍建設」的重要內容。要通過在職學習、辦培訓班等形式，提高信訪幹部的思想、業務素質。信訪幹部在思想上具備「三心」：即有公心，忠於職守，全心全意為人民服務，甘當無名英雄；有愛心，愛戴群眾，理解群眾的呼聲和要求，善於

處理好群眾在信訪中反映出來的各類問題；有耐心，就是要有一種不怕苦、不怕煩以及克制、忍耐、顧全大局的精神。

在業務上具備兩個意識：

其一，法律意識，要求信訪工作人員要懂法、守法，要善於運用法律手段幫助群眾解決困難和問題；

其二，效率意識，要求信訪工作人員在辦理信訪件中講究效率，要注意解決實際問題。

建立一支政治堅定、業務精通、作風優良、愛崗敬業的高素質信訪工作隊伍，是新時期信訪工作的必然要求。

4、創新行政信訪的制度安排

第一，賦予信訪工作機構獨立性質。林莉紅認為，「所有的糾紛解決機制都要求處理糾紛的機構地位獨立，儘管不同的解決制度對獨立的程度要求可以不一樣。這是糾紛解決制度的公平性、公正性要求所決定的。」[56] 李宏勃也指出，「信訪機構應當具有獨立於行政機關的法律地位，這是它可以擔任起監督政府和保護公民的使命的前提。」[57] 香港申訴專員制度有效的最重要保證是香港申訴專員的獨立。因此，中國信訪制度要發揮應有作用和取得理想的效果，就必須賦予信訪機構相對獨立的性質。「行政信訪機構獨立地位的確立，不但便於提高信訪工作效率，更有利於通過立法為其配置具有一定權威性的職權，進而改變信訪工作模式。」[58] 信訪機構的獨立性質要體現在信訪機構與其他機構的關係、信訪工作人員的任免、信訪機構的經費來源、信訪機構工作的自主程度等方面。

第二，轉變信訪工作機構的職能。為了與行政信訪制度功能的重新定位相適應，信訪工作機構的工作重心應從救濟行政權利轉移到改善公共行政。信訪工作機構要注重和突出「完善政策和改進工作的建議」這項職責。對於涉法涉訴類行政信訪事項，信訪工作機構要全面落實中辦、國辦印發的《關於依法處理涉法涉訴信訪問題的意見》，做到「不受理、不交辦、不協調」。所謂不受理，就是行政信訪部門不受理已經進入或者應該進入司法程序解決

的問題；所謂不交辦，就是對群眾來信中反映的涉法涉訴問題，不交辦轉由政法機關依法按程序處理；所謂不協調，就是不協調涉及涉法涉訴的信訪事項。

第三，配置信訪工作機構的披露權。香港申訴專員的建議能夠得到政府部門和公營機構較好實施的一個重要原因是申訴專員能夠以不披露所涉人士的身分的方式向社會公開調查報告和建議。為了使信訪工作機構的決定和建議能得到有效執行，信訪法律和政策應該授予其通過報紙、網絡等載體公開處理過程和結果的權力。配置信訪機構披露權的一個重要好處在於，借助輿論監督的力量，更好地監督行政權力。有了這樣的權力，信訪工作機構特別要全面推進和加強信訪訊息化建設，把受理、辦理和結果等重要環節通過網絡公開，打造「陽光信訪」，加強行政信訪工作透明度，提高行政信訪公信力。

註釋

[1] Seneviratne，M.，Ombudsman in the Public Sector，Buckingham：Open University Press，1994，p.35.

[2] 陳宏彩：《行政監察專員制度比較研究》，學林出版社，2009 年。

[3] 堃大海：《論構建中國行政監察專員制度》，中國政法大學碩士論文，2010 年。

[4] 鄧小平：《鄧小平文選第二卷》，人民出版社，1994 年，第 327 頁。

[5] 林莉紅：《行政救濟基本理論問題研究》，《中國法學》，1999 年第 1 期，第 44 頁。

[6] 林莉紅：《中國行政救濟理論與實務》，武漢大學出版社，2000 年，第 17-18 頁。

[7] 褚鬆燕：《權利發展與公民參與——中國公民資格權利發展與有序參與研究》，中國法制出版社，2007 年，第 126-152 頁。

[8] 高鴻鈞：《中國公民權利意識的演進》，載夏勇：《走向權利的時代——中國公民權利發展研究》，中國政法大學出版社，2000 年，第 60-65 頁。

[9] 林伯海：《關於建立人大監督專員制度的思考》，《人大研究》2002 年第 10 期，第 10-13 頁。

[10] 徐國慶：《中國建立人大監督專員制度的理論探討》，《雲南行政學院學報》，2001 年第 3 期，15-17。

[11] 黃雲鬆：《監察專員制度與中國不良行政救濟初探》，四川大學碩士學位論文，2006 年。

[12] 堃大海：《論構建中國行政監察專員制度》，中國政法大學碩士論文，2010 年。

[13] Daniel Jacoby，The Future of the Ombudsman，in Linda C.Reif，ed.，The InternationalOmbudsman Anthology：Selected Writings From The International Ombudsman Institute，TheHague：Kluwer Law International，1999，p.18.

[14] Roy Gregory，Building an Ombudsman Scheme：Statutory Provisions and Operating Prac-tices，in Linda C.Reif，ed.，The International Ombudsman Anthology：Selected Writings From TheInternational Ombudsman Institute，The Hague：Kluwer Law International，1999，p.130.

[15] 徐國慶：《中國建立人大監督專員制度的理論探討》，《雲南行政學院學報》，2001 年第 3 期，15-17。

[16] 羅智明：《對監察專員（Ombudsman）制度的思考》，《行政法學研究》，2009 年第 4 期，第 104-1ll 頁。

[17] 林莉紅：《中國行政救濟理論與實務》，武漢大學出版社，2000 年，第 259 頁。

[18] 應星，《論作為行政相對人救濟手段的信訪》，載周漢華：《行政覆議司法化：理論、實踐與改革》，北京大學出版社，2005 年版，第 296 頁。

[19] 陳宏彩：《行政監察專員制度比較研究》，2005 年，中國人民大學博士論文，第 162-163 頁。

[20] 楊親輝，《行政監察專員制度比較研究一兼論中國行政監督救濟體繫的完善》，《河南科技大學學報（社會科學版）》，2007 年第 6 期，46-50 頁。

[21] 陳宏彩：《行政監察專員制度比較研究》，學林出版社，2009 年，第 214 頁。

[22] 林伯海：《關於建立人大監督專員制度的思考》，《人大研究》，2002 年第 10 期，第 10-13 頁。

[23] 陳宏彩：《行政監察專員制度比較研究》，學林出版社，2009 年，第 214 頁。

[24] 徐國慶：《中國建立人大監督專員制度的理論探討》，《雲南行政學院學報》，2001 年第 3 期，15-17 頁。

[25] 林伯海：《關於建立人大監督專員制度的思考》，《人大研究》，2002 年第 10 期，第 10-13 頁。

[26] 李雷：《借鑑與論證：中國人大監察專員制度研究──以瑞典議會監察專員制度為樣本》，河北大學碩士論文，2008。

[27] 中國行政管理學會課題組：《政府效能建設研究報告》，《中國行政管理》，2012 年第 2 期。

[28] 陳志勇：《福建機關效能投訴制度的新發展與完善對策》，《莆田學院學報》，2013 年第 6 期。

[29] 茅銘晨：《論憲法申訴權的落實與發展》，《現代法學》，2002 年第 6 期。王莉：《行政視野中公民申訴權保障問題研究》，《江西社會科學》，2005 年第 8 期。卓越：《論行政申訴》，《政治學研究》，2000 年第 1 期。

[30] Ian Scoott，Public Administration in Kong Kong，Singapore：Marshall Cavendish Academ-ic，2005，p328-329〉

[31] 王萬華：《修改的幾個重大問題》，《行政法學》，2011 年第 2 期。

[32] 湛中樂：《〈論中國行政覆議法〉修改的若干問題》，《行政法學》，2013 年第 1 期。

[33] 於凌云：《論行政覆議法的修改》，《清華法學》，2013 年第 4 期。

[34] 甘藏春：《關於行政覆議基礎理論的幾點思考》，《行政法學》，2013 年第 2 期。

[35] 王青斌：《論中國行政覆議委員會制度之完善》，《行政法學》，2013 年第 2 期。

[36] 王勝俊：《全國人民代表大會常務委員會執法檢查組關於檢查〈中華人民共和國行政覆議法〉實施情況的報告》，http://www.npc.gov.cn/npc/xinwen/2013-12/24/content_1819964.htm

[37] 王萬華：《重構公正行政覆議程序制度 保障行政覆議公正解決行政爭議》，《行政法學》，2012 年第 2 期。

[38] 劉莘：《行政覆議的定位之爭》，《法學論壇》，2011 年第 5 期。

[39] 香港行政事務申訴專員公署：《香港行政事務申訴專員第四次年報》，香港政府印務局，1992 年，第 2 頁。

[40] 香港申訴專員公署：《香港申訴專員第十五期年報》，2003 年，第 25 頁。

[41] 劉莘：《行政覆議改革之重——關於覆議機構的重構》，《行政法學》，2013 年第 2 期。王青斌：《論中國行政覆議委員會制度之完善》，《行政法學》，2013 年第 2 期。田昕：《中國行政覆議制度創新：比較與展望》，《中國行政管理》，2012 年第 5 期。

[42] 肖金明：《香港行政法制的啟示——香港法制行政的觀察與聯想》，《山東大學學報》，2001 年第 1 期。季衛東：《上訪潮與申訴制度的出路》，《二十一世紀》，2005 年第 89 期。薑明安：《改革信訪制度，創新中國解紛和救濟機制》，《中國黨政幹部論壇》，2005 年第 5 期。林莉紅：《論信訪的制度定——從糾紛解決機制系統化角度的思考》，《學習與探索》，2006 年第 1 期。李宏勃：《法制現代化進程中的人民信訪》，清華大學出版社，2007 年，第 268 頁。李俊：《從公民權利救濟角度看中國信訪制度改革》，《求索》，2007 年第 6 期。李嚴昌：《文化整合視角下的信訪治理》，《雲南行政學院學報》，2007 年第 4 期。劉國乾：《作為非正式行政救濟的監察專員制度：比利時聯邦的經驗》，《行政法學》，2012 年 3 期。

[43] 王浦劬：《以治理民主實現社會民生——中國行政信訪制度政治屬性解讀》，《北京大學學報》，2011 年第 6 期。

[44] 呂普生：《中國行政信訪的體制結構及其改革》，《華中師范大學學報（人文社會科學版）》，2012 年第 6 期。

[45] 薑蘇莉：《中國信訪聽證制度研究》，《政治學研究》，2006 年第 4 期。

[46] 徐繼敏：《行政信訪的功能分析》，《河南財經政法大學學報》，2013 年第 5 期。

[47] 王浦劬，龔宏齡：《行政信訪的公共政策功能分析》，《政治學研究》，2012 年第 2 期。

[48] 趙凌：《富有中國特色的信訪制度僅千分之二的解決機率》，《南方周末》，2004 年 11 月 4 日。

[49] 倪宇潔：《中國信訪制度的歷史回顧與現狀審視》，《中國行政管理》，2010 年第 11 期。

[50] 李宏勃：《法制現代化進程中的人民信訪》，北京：清華大學出版社，2007 年，第 168-169 頁。

[51] 應星：《論作為行政相對人救濟手段的信訪》，載周漢華：《行政覆議司法化：理論、實踐與改革》，北京大學出版社，2005 年，第 282 頁。

[52] 薑明安：《改革信訪制度，創新中國解紛和救濟機制》，《中國黨政幹部論壇》，2005 年第 5 期，第 15 頁。

[53] 香港行政事務申訴專員公署：《香港行政事務申訴專員第一次年報》，香港政府印務局，1989 年，第 5 頁。

[54] 徐繼敏：《行政信訪的功能分析》，《河南財經政法大學學報》，2013 年第 5 期。

[55] 王浦劬，龔宏齡：《行政信訪的公共政策功能分析》，《政治學研究》，2012 年第 2 期。

[56] 林莉紅：《論信訪的制度定——從糾紛解決機制系統化角度的思考》，《學習與探索》，2006 年第 1 期，第 94 頁。

[57] 李宏勃：《法制現代化進程中人民信訪》，清華大學出版社，2007 年，第 273 頁。

[58] 崔卓蘭，王歡：《行政信訪制度的功能定位與制度完善》，《廣州大學學報》，2009 年第 2 期。

後記

首先，感謝導師卓越教授對我的辛勤培養。卓老師淵博的知識、嚴謹的治學作風、活躍的思維、務實的精神和高尚的人格是我一生學習的楷模。師恩難忘，從我入學的第一天起，卓老師就對我提出了嚴格的要求，指明了學習和研究的方向。除了課堂上的知識傳授和能力訓練外，他還帶領我參加公共部門績效評估等社會實踐。在博士論文的構思和寫作過程中，他不辭辛苦，多次耳提面命，悉心指導，特別是在論文初稿出來之後，他不僅在研究框架和理論運用上提出了寶貴的修改意見，而且還指出了我論文中的多處錯別字和使用不當的標點符號，這都使我既感激又慚愧，這種精神薰陶將使我終身受益。

其次，感謝公共事務學院的全體老師在我學習過程中給予的關心、教育和幫助。陳振明教授的政治學與公共管理專題研究課程、公共政策分析課程和政府改革與治理的理論與實踐課程，以及黃新華教授的新政治經濟學課程不僅使我掌握了大量本專業的最新知識，而且完善了我的知識結構，在研究思路和方法上給我很大的啟迪。感謝徐延輝教授、王雲萍副教授在我的論文開題過程中給我提出了寶貴的意見和建議，使我在論文寫作和一生的學術研究中都受益匪淺。感謝陳炳輝教授、朱仁顯教授、徐輝教授、陳章干教授、黃強教授、王玉瓊教授、林平國副教授、孟華副教授以及其他老師對我的關心和幫助。

在我的學習和寫作過程中，還得到了許多學兄、學弟、學妹和同學的幫助，在此一並深表謝意，多年凝練的許許多多的深厚情誼是我一生的精神財富。感謝在我學習過程中對我鼎力支持和關心的莆田學院的領導、老師。

最後，應該感謝的是我的家人。父親、母親都是善良樸實的農民，卻對我的求學給予默默支持。我的妻子王謙及其父母親承擔了大部分的家務和撫育孩子的重任，使我有足夠的學習時間和精力。還要感謝我的兒子，他的健康成長更給我帶來了做父親的幸福和快樂。

著作寫完了，所有的心情無以表達，受君恩惠，心存感激，謹以拙著獻給那些愛我和我愛的人們。

國家圖書館出版品預行編目（CIP）資料

香港申訴專員制度研究：以歷史制度主義為視角 / 陳志勇 編著.
-- 第一版 . -- 臺北市：崧燁文化，2019.10
　　面；　公分
POD 版

ISBN 978-986-516-072-2(平裝)

1. 司法制度 2. 行政救濟 3. 香港

589.92　　　　　　　　　　　　　　　　　108017310

書　　　名：香港申訴專員制度研究：以歷史制度主義為視角
作　　　者：陳志勇 編著
發 行 人：黃振庭
出 版 者：崧燁文化事業有限公司
發 行 者：崧燁文化事業有限公司
E - m a i l：sonbookservice@gmail.com
粉 絲 頁：　　　　　　網 址：
地　　　址：台北市中正區重慶南路一段六十一號八樓 815 室
8F.-815, No.61, Sec. 1, Chongqing S. Rd., Zhongzheng
Dist., Taipei City 100, Taiwan (R.O.C.)
電　　　話：(02)2370-3310 傳　真：(02) 2388-1990
總 經 銷：紅螞蟻圖書有限公司
地　　　址：台北市內湖區舊宗路二段 121 巷 19 號
電　　　話:02-2795-3656 傳真:02-2795-4100　　　網址：
印　　　刷：京峯彩色印刷有限公司（京峰數位）
　　本書版權為千華駐科技出版有限公司所有授權崧博出版事業有限公司獨家發行
電子書及繁體書繁體字版。若有其他相關權利及授權需求請與本公司聯繫。
定　　　價：450 元
發行日期：2019 年 10 月第一版
◎ 本書以 POD 印製發行